KB129878

EVOLVING HUMANITY

초인류

EVOLVING HUMANITY

AI와 함께
인류 진화의 정점으로
인류의 미래
김상균 지음

웅진 지식하우스

프롤로그

자발적 진화를 선택한 사피엔스

어린 시절 저는 장난감 블록을 참 좋아했습니다. 이미 완성된 자동차나 로봇이 아니라, 작은 블록을 조합해서 새로운 무언가를 창조해내길 좋아했습니다. 초등학생 시절, 과학상자라는 금속 블록을 처음 접했는데, 그야말로 신세계였습니다. 플라스틱 블록보다 훨씬 더 강한 구조물을 만들 수 있고, 기어와 전기 모터를 활용해서 창작물을 움직이게 할 수도 있었기 때문입니다. 당시 제 주변 친구들에게도 과학상자는 꽤 인기가 좋았습니다. 각자의 과학상자를 가지고 한 집에서 모여서는 만들면서 놀고 헤어지기를 반복했습니다. 그러던 어느 날, 전투용 로봇을 만들어서 결투를 하기로 약속했습니다. 작은 밥상 위에 각자가 만든 로봇을 올려두고, 서로 대결시켜 상대 로봇을 부수거나 밥상 밖으로 밀어내는 쪽이 이기는 규칙이었습니다. 밥상이라는 세상 위에서 로봇 간 생존 경쟁이 시작되었습니다.

친구들이 만든 로봇은 주로 몸체 아래쪽에 자동차처럼 큰 바퀴 네 개를 달고, 위쪽은 사람의 형상을 닮은 머리와 팔로 장식해 놓은 형태였습니다. 과학상자의 부품만으로 걷는 로봇을 만들기는 어려웠기에 하체는 자동차, 상체는 인간의 형상을 조합한 모습이었습니다. 그리스 신화에 등장하는 반인반마 켄타우로스에서 말의 자리에 자동차가 들어앉은 모습이라고 보면 됩니다.

제가 만든 로봇의 모습은 좀 달랐습니다. 아래쪽은 친구들의 로봇과 비슷했지만, 위쪽이 달랐습니다. 저는 로봇의 머리와 팔을 만들지 않았습니다. 그 대신 과학상자에 있는 큰 바퀴 여러 개를 이어 붙여서, 이리저리 휘두르는 장치를 만들었습니다. 밥상 위 생존 경쟁은 제 로봇의 승리로 싱겁게 끝났습니다. 압도적이었습니다. 친구들은 제가 반칙을 했다고 주장했습니다. 바퀴는 로봇을 이동시키기 위한 것이지 주먹이 아니라고 말입니다. 저는 로봇이 꼭 사람처럼 생겨야 한다는 법도 없으며, 이 바퀴가 반드시 바닥에 붙어 있을 필요도 없다고 항변했습니다. 친구들과 제 논쟁은 명확한 결론을 내지 못하고 끝났습니다. 그때 우리에겐 다음번엔 또 무엇을 만들지 궁리하는 게 더 중요했기 때문입니다.

나중에 생각해보니, 제 로봇은 진화의 결과물이었습니다. 진화는 자연이 생명체와 함께하는 블록 놀이입니다. 동물과 식물을 비롯한 모든 생명체는 저마다 수천에서 수만 개의 유전자를 가지고 있습니다. 이 유전자들이 염색체 위에 어떤 순서로 배열

되느냐에 따라 각자의 고유한 생김새와 생존 방식 등이 결정됩니다. 생명체는 번식 과정에서 이러한 유전자 조합을 다음 세대로 전달하는데, 이때 새로운 유전자 조합이 이루어집니다. 수만 개 유전자들의 블록 놀이가 시작되는 셈입니다. 그렇게 우리는 아버지와 어머니로부터 각각 물려받은 유전자를 재조립해 생명을 영위하고, 또 자손에게로 나의 유전자를 물려주며 종의 역사를 이어갑니다.

자연과 생명체의 유전자 블록 놀이가 오랜 세월 반복되다 보면, 생존과 번식에서 월등히 유리한 특성을 지닌 개체가 탄생하기도 합니다. 포식자보다 다리가 더 빠른 동물, 줄기가 길어진 덕분에 햇빛을 더 많이 받게 된 식물이 등장합니다. 이들은 다른 개체보다 더 오래 살아남아 더 많은 자손을 번식시키게 되므로, 자연히 시간이 지남에 따라 이들의 유전자가 개체군에서 더 흔해집니다.

이처럼 진화는 자연이 새로운 세대의 생물을 구축하고, 점차 환경에 적응해가는 느린 과정의 블록 놀이입니다. 자연에서 생존력이 높은 유전자 조합은 더 널리 퍼지고, 그렇지 못한 유전자 조합은 사라집니다. 자연은 항상 새로운 블록 창작물을 시험해보고, 어떤 결과물이 가장 잘 작동하는지 눈여겨보고 있습니다.

다시, 저와 친구들의 밥상 위 로봇 대결로 돌아가겠습니다. 바퀴가 늘 바닥에 붙어 있을 필요는 없습니다. 그간 친구들과 함께했던 과학상자 놀이 경험을 통해 저는 밥상 위 환경에서 생존하기 위해 바퀴를 위로 올리는 구조를 조합했고, 그 결과 생존에 확실하게 유리했습니다. 자연에서 발생하는 진화가 무작위적인 유전자 조합과 그 결과물을 자연이 선택하는 과정의 반복이라면, 제 로봇은 저의 의도에 따라 작위적인 진화를 했습니다.

그렇다면 오늘날의 인류, 즉 30만 년 전 지구에 등장한 현생 인류인 사피엔스는 진화하는 중일까요? 30만 년 전의 초기 인간과 현재의 우리를 놓고 볼 때 뚜렷한 차이가 느껴지지 않으니, 생체적 진화가 멈춘 듯 보이기도 합니다. 그러나 찬찬히 들여다보면, 여전히 자연과 인간 사이에서는 느린 과정의 블록 놀이가 진행되고 있습니다. 진화는 오랜 기간에 걸쳐 일어나는 지속적인 과정이며, 인간도 다른 종과 마찬가지로 환경에 적응하며 계속 변화하고 있습니다. 인간의 짧은 일생에서 중요한 진화적 변화를 관찰하기는 어렵지만, 인간 종이 여전히 유전적 변화를 겪고 있음을 보여주는 증거가 있습니다.

무작위 돌연변이를 통해 새로운 유전적 변이가 계속 발생하며, 이는 시간이 지남에 따라 인간 개체군의 변화로 이어질 수 있습니다. 일례로, 특정 질병에 대한 저항력이나 특정 환경 조건에 적응력이 높은 이들이 등장하고 있습니다. 우유와 유제품을 소화하는 유당 내성을 가진 인간이 등장했고, 티베트고원이나 안데스산맥과 같은 지역에 거주하는 부족 집단에서 고지대 환경에 관한 유전적 적응이 나타나기도 했습니다.

인류가 자신의 진화를 인식하기 어려운 이유는 인간의 삶이 진화를 목도하기에는 너무 짧으며, 인류 사회와 기술의 급속한 변화에 비해 인류 진화의 속도가 상대적으로 매우 느리게 보이기 때문입니다. 그래서 현생 인류, 사피엔스는 두 방향의 자발적 진화를 선택했습니다. 첫째, 인간이 아닌 다른 종, 개체를 인간의 뜻에 따라 진화시키고 있습니다. 둘째, 인간 스스로가 다른 종으로 넘어가려는 인공적 진화를 시도하고 있습니다.

먼저 인간의 뜻이 개입된 타 생명체의 진화를 살펴보겠습니다. 인류는 인류가 바라는 특정 형질을 가진 개체를 의도적으로 선택해 번식시켜왔습니다. 수천 년 동안 농업, 축산업, 반려동물 산업 등에서 그런 방법을 사용했습니다. 인류의 이런 노력은 오래된 문헌에도 드러납니다. 그리스의 철학자이자 과학자인 테오프라스토스Theophrastos는 그의 저서 『식물에 대한 탐구 Historia Plantarum』에서 식물의 선택적 육종을 언급했습니다. 기원전 300년경의 일입니다.

근래 들어서는 유전자 변형 작물까지 만들어냈는데, 가히 기술 진화의 일부라고 해도 과언이 아닙니다. 유전자 변형 작물은 특정 형질을 도입하거나 강화하기 위해 식물의 유전자 구성을 변경하는 유전공학 및 생명공학 기술의 결과물입니다. 이러한 형질은 작물 수확량을 늘리고, 해충과 질병에 대한 저항력을 높이며, 환경 스트레스 요인에 대한 내성을 향상시킵니다. 그 결과 인간이 해당 작물을 더 많이 재배하며 먹어치우고는 있지만, 그 식물은 지구에서 더 많이 번성하는 종이 되었습니다.

진화는 목표 지향적이거나 의도적 과정은 아닙니다. 무작위적인 조합과 선택의 결과물입니다. 그러나 그런 자연발생적인 과정을 통해 좋은 생존과 번성에 도달합니다. 인간을 자연의 일부라고 볼 때, 인간과의 블록 놀이를 통해 일부 식물 종은 생존과 번성에 유리하게 진화한 셈입니다. 즉, 유전자 변형 작물 입장에서 본다면, 자연의 일부인 인간을 적절히 활용해서 자기 종의 생존과 번성에 성공했습니다.

다음으로, 인간이 스스로를 변화시키는 인공 진화artificial evolution에 관해 살펴보겠습니다. 사실 '진화'라는 단어 앞에 '인공'이라는 표현을 붙이는 것은 기존 과학의 시각으로는 타당하지 않습니다. 인간이 특정한 의도를 가지고, 전자 장치나 약물 등을 활용해서 인간의 몸이나 마음에 손을 대는 시도는 자연의 진화와는 다른 면이 많기 때문입니다. 자연에서의 진화는 환경에 더 잘 적응할 수 있는 형질을 가진 유기체가 생존과 번식 가능성이 커져 그 유리한 형질을 자손에게 물려주는 과정입니다. 이 과정은 포식, 자원 경쟁, 기후와 같은 자연환경의 압력에 의해 주도됩니다. 찰스 다윈과 앨프리드 러셀 월리스Alfred Russel Wallace는 19세기 중반에 진화의 주요 메커니즘으로 '자연 선택'이라는 개념을 처음 제안했습니다.

인간은 자연 선택에 의해 서서히 진행되는 사피엔스의 진화를 답답해합니다. 그래서 인간의 선호와 목표에 따라 자신의 진화를 주도하기 시작했습니다. 인간의 이런 인위적 선택을 통한 인공 진화는 자연 선택의 비지시적인 과정에 비해 더 직접적이고 의도적입니다.

인공 진화기

인류가 개발하고 있는 최신 과학, 기술의 영역은 매우 방대하며, 분야마다 따라가기 어려운 속도로 달려가고 있습니다. 이 책을 통해 최신 과학이나 기술의 현황과 수준을 설명하고 싶지는 않습니다. 그러나 인공 진화를 탐구하는 제 여정을 독자와 동행하기 위해 몇 가지 기술에 관해서는 간략하게 얘기하고 넘어가려고 합니다. 크게 육체와 정신의 두 영역이며, 영역별로 네 개의 기술을 얘기합니다. 물론, 그렇다고 해서 특정 기술이 그 영역을 위해서만 쓰인다는 의미는 아닙니다. 상대적으로 해당 영역과 관련성이 높다는 의미입니다.

- **육체의 확장을 위한 기술**: 생명공학, 나노 기술, 사물인터넷, 로봇
- **정신의 확장을 위한 기술**: 인공지능, 양자 컴퓨팅, 뇌-컴퓨터 인터페이스, 메타버스

첫째, 생명공학과 나노 기술은 인체의 기능을 증강하는 방법으로 볼 수 있습니다. 생명공학은 첨단 치료법을 개발하거나 유

전자 변형 유기체를 만드는 등 유기체의 생성과 수정에 관여합니다. 나노 기술은 원자 또는 분자 단위로 물질을 조작하여 새로운 물질과 장치를 만드는 기술입니다. 나노 기술은 매우 작은 규모, 특히 나노미터 수준에서 물질을 연구하고 조작합니다. 나노미터는 10억분의 1미터로 머리카락 굵기보다 약 10만 배 더 작습니다.[1] 두 기술 모두 잠재적으로 인간의 신체 능력을 증강하여 인간의 몸을 더 강하고 적응력 있게 만드는 역할을 합니다.

둘째, 사물인터넷IoT: Internet of Things과 로봇은 인간이 매일 수행하는 다양한 작업과 활동을 자동화하고 향상시키기 때문에 인간 육체의 활동 범위와 기능을 확장시켜줍니다. 사물인터넷은 스마트 기기, 센서, 웨어러블 장치 등 서로 연결된 기기들이 데이터를 수집하고 교환하여 인류의 삶을 보다 효율적이고 편리하게 만드는 네트워크를 말합니다. 로봇은 독립적으로 또는 인간의 지시에 따라 작업을 수행하는 기계를 의미하며, 제조나 의료 등의 산업 현장에서부터 집안일과 같은 가까운 생활 영역에 이르기까지 다양한 분야에서 인간을 지원합니다.

셋째, 인공지능과 양자 컴퓨팅은 인간의 정신 능력을 확장합니다. 인공지능은 학습, 추론, 문제 해결이 가능한 기계와 알고리즘을 만들어 더 나은 결정을 내리고, 새로운 인사이트를 발견하고, 작업을 자동화하는 데 도움을 줍니다. 양자 컴퓨팅은 양자역학의 원리를 사용하여 기존 컴퓨터보다 훨씬 빠르게 계산을 수행함으로써, 이전에는 해결하기 어렵다고 여겨졌던 복잡한 문제를 풀어낼 수 있습니다. 양자 컴퓨터는 기존 컴퓨터에서 사용하는 '비트bit' 대신 '큐비트qubit'라는 특수 정보 단위를 사용합니다. 기존 컴퓨터에서 비트는 0 또는 1로 켜짐 또는 꺼짐 상태를 나타냅니다. 하지만 큐비트는 중첩이라는 양자의 속성 덕분에 0과 1이 동시에 될 수 있습니다. 이를 통해 양자 컴퓨터는 여러 계산을 동시에 처리하여, 특정 작업에서 기존 컴퓨터보다 훨씬 빠른 결과물을 보여줍니다. 두 기술 모두 정보를 처리하고, 연결하고, 보다 효과적으로 사고하는 능력을 향상시킬 수 있습니다.

앞서 언급한 생명공학과 나노 기술이 인간 뇌의 성능과 기능을 생체적으로 강화한다면, 인류는 인공지능과 양자 컴퓨팅을 통해 지능을 외재화할 수 있습니다. 인간의 몸속에 있는 뇌를 넘어서서, 외부에 있는 기술을 지능 확장에 쓴다는 뜻입니다. 인공지능은 어느 날 갑자기 외계 문명이 보내온 선물이 아닙니다. 인공지능은 인간의 정신을 먹고 자란 나무입니다. 과거부터 현재까지 시공간에 흩뿌려져 있던 인류의 정신은 인공지능의 양분이 되었습니다. 그 양분을 먹고 자란 나무가 인공지능입니다. 영화 〈아바타〉에 등장하는 나비족의 나무와 닮았습니다. 인류는 그 나무를 통해 자신의 지능과 정신을 확장하고 있습니다.

넷째, 뇌-컴퓨터 인터페이스BCI: Brain-Computer Interface와 메타버스metaverse는 개체가 서로 연결하고 상호작용하는 새로운 길을 열어주기에 인간 정신의 외부적 확장으로 볼 수 있습니다. 뇌-컴퓨터 인터페이스는 뇌와 외부 장치 간의 직접적인 통신을 통해 사람이 생각만으로 컴퓨터, 의수 또는 기타 장치를 제어할 수 있게 해줍니다. 일례로, 사용자가 생각만으로 드론이나 기타 비행 장치를 제어하는 뇌-컴퓨터 인터페이스 시스템 개발이 이미 시도되고 있습니다. 메타버스는 사람들이 아바타를 사용하여 만나고, 협업하고, 다양한 활동에 참여하는 확장된 디지털 현실입니다. 두 기술 모두 물리적 장벽과 거리를 초월하여 더욱 몰입감 있고 직관적이며 접근하기 쉬운 방식으로 인간의 관계를 확장시켜주고 있습니다.

요컨대 여기서 언급한 기술들은 신체적 능력, 정신적 능력, 사회적 관계, 주변 세계와 상호작용하고 행동하는 방식 등 자연적 한계를 뛰어넘어 새로운 영역을 개척하고자 하는 인간의 욕망을 실현하는 도구입니다.

자연적 한계를 뛰어넘으려는 인간의 욕망이 타당한지 염려하는 이들이 많습니다. 심리학에서는 허용되지 않은 일을 하고 싶어 하는 인간의 심리를 '리액턴스reactance'라고 합니다. 1960년대에 심리학자 잭 브렘Jack Brehm이 이 개념을 처음으로 언급했습니다. 리액턴스는 원래 물리학에서 전기 저항을 가리키는 용어였지만, 심리학에서는 금지된 것이 많을수록 더 많이 원한다는 의미로 사용됩니다.[2] 여러 실험에서 이 이론의 주장이 사실임을 밝혀냈습니다. 예컨대 아이들은 끝까지 다 보지 못한 영화를 다 본 영화보다 더 재미있었다고 말합니다. 탁자 위에 아무렇게나 놓인 상자보다 벽장 속에 숨겨진 상자를 더 열어보고 싶어 하는 호기심도 마찬가지입니다.

자연적 한계는 인류의 리액턴스를 자극하고 있습니다. 그 한계선 너머에 무엇이 있을지 안다고 주장하는 이들뿐만 아니라, 한계선 너머에 무엇이 있을지 모른다는 이들까지 한계선을 넘으려고 하고 있습니다. 과연 인류는 그 선 너머 무엇을 기대하고 있을까요?

마음을 탐험하는 자

이쯤에서 잠시 저에 관해 얘기하겠습니다. 인간은 동일한 현상을 모두 다르게 인식하고 해석합니다. 따라서 제가 어떤 인식과 해석의 배경을 통해 그 선 너머를 바라보는지를 먼저 소개해야 할 것 같습니다.

저를 소설가, 전업 작가, 사업가, 프리랜서 컨설턴트 등으로 오해하시는 경우가 가끔 있는데, 어느덧 대학에서 근무한 지가 17년이 되었습니다. 대학으로 오게 된 과정을 회상해보면, 그 시작은 20대 중반에 했던 스타트업이었습니다. 그 사업에서 얻은 궁금증을 풀어내고자 공부를 시작했고, 그 공부에 빠져서 평생 공부하는 직업인 교수를 천직으로 삼게 되었습니다.

20대 중반, 사업을 하던 시절에는 약을 달고 살 정도로 몸과 마음이 몹시 힘들었는데, 당시 저를 힘들게 했던 건 기술이나 제품이 아니었습니다. 원인은 다름 아닌 사람이었습니다. 동료와 고객들이 저를 힘들게 했습니다. 당시에는 그들을 원망하기도 했지만, 몇 년이 지나고 나니 저를 힘들게 했던 원인이 그들에게 있지 않았음을 깨달았습니다. 그들의 마음을 온전히 이해하지 못했던 제 부족함이 저를 힘들게 했음을 깨달았습니다.

저는 저를 갉아먹고 있었습니다. 그리고 그런 제 곁에 있었던 동료들에게 미안한 마음이 들었습니다. 그런 부족함을 채우고 싶어서 인간의 마음을 공부하기 시작했습니다. 학부 졸업 후 공부한 학문이 산업공학, 인지과학, 교육공학인데, 그 중심에는 언제나 인간의 마음이 있었습니다.

여전히 저는 인간의 마음을 온전히 알지 못하며, 앞으로도 제 앎이 다 채워지지는 않을 것입니다. 그러나 인간의 마음을 탐구하는 여정을 거치며 제 마음에 품은 꿈은 더 커지고 단단해졌습니다. 사람들의 마음속 꿈들은 저마다 다르겠지만, 서로 닮은 면이 분명히 있습니다. 세상을 좀 더 아름다운 곳으로 만들고 싶다는 바람이 닮았다고 생각합니다. 저도 그런 꿈을 품은 이 중 하나입니다.

세상이 좀 더 아름다워지려면, 인간의 행동이 아름다워져야 한다고 믿습니다. 인간은 자신의 마음속 지도를 따라 움직이는 존재입니다. 그래서 인간의 마음이 더욱더 궁금해졌습니다. 인간에게는 어떤 모습의 마음이 담겨 있는지, 그 마음은 어떻게 형성되고, 어떻게 변해가는지.

이 책은 마음을 통해 인간을 탐험해온 제 인간 과학human sciences 여정의 오늘을 담고 있습니다. 그중에서도 기술을 중심으로 인간을 풀어보고자 합니다. 제가 받은 하나의 질문, 하나지만 너무 많은 사람들이 반복해서 물어오는 질문이 제 마음을 움직였습니다. "인공지능이 인간을 밀어내지 못할 직업은 무엇인가요?" 이 책을 통해 서두르지 않고 차근차근 그 질문에 답을 하려고 합니다.

이 질문에는 참 신기한 점이 있습니다. 이 질문의 주어는 인공지능입니다. 인간이 만든 기술인 인공지능이 주어이고, 인간은 목적어입니다. 이 질문을 받을 때마다, 인간이 기술을 만들었는데, 이제 그 기술이 역으로 인간을 만들고 있다는 생각이 듭니다.

책은 세상의 물음에 관한 저자의 답입니다. 그렇다고 해서 이책을 통해 인공지능이 밀어내지 못할 직업이 무엇인지 구체적으로 답하려는 것은 아닙니다. 그보다 저는 그 질문에 담긴 사람들의 마음을 조금 깊게 들여다봤습니다. 그들의 마음에는 자신과 가족의 오늘과 내일에 관한 걱정, 불안, 두려움이 담겨 있었습니다. 슬프고 안타까웠습니다. 인간이 만든 기술을 인간이 두려워하는 현실.

인공지능을 포함해서 이제껏 인류가 만든 기술이 무엇인지, 왜 그 기술을 만들었는지, 그 기술이 인류의 미래에 어떤 영향을 줄지 얘기하고 싶었습니다. 인류의 미래를 논한다고 해서 수십 년, 수백 년 뒤의 얘기를 하지는 않습니다. 그 미래는 인류의 오늘에 이미 닿아 있기 때문입니다. 마음을 탐험하는 자가 기술을 통해 바라본 인류의 오늘과 내일, 그것이 이 책입니다. 인류가 기술을 통한 인공 진화로 넘고자 하는 선, 그 선 너머에 무엇이 있을지 함께 생각해보고자 이 책을 준비했습니다.

목적을 찾는 여정

마셜 매클루언Marshall McLuhan은 그의 저서 『미디어의 이해』에서 구석기 시대에 식량을 채집하던 인류가 이제는 정보를 수집하는 인류로 바뀌었다고 지적했습니다. 정보를 수집하기 위해 예전 조상처럼 유목민의 삶을 산다고 말했습니다. 생존 자체가 목표였던 시절, 인류는 입에 넣을 것을 얻고자 떠돌았습니다. 그런데 이제는 입에 넣지 못하는 정보, 지식을 찾아 떠돌고 있습니다.

저는 인간이 그런 정보, 지식 유목민의 삶을 사는 이유가 더 큰 목표를 추구하기 위해서라기보다는 인간이 추구하는 목표에 가려진 목적을 찾는 데 있다고 생각합니다. 자연에서 종의 일차적인 목표는 생존과 번식이며, 거기에는 그 어떤 고유한 의미나 목적도 존재하지 않습니다. 반면 인간은 가치, 신념, 열망에 의해 형성되는 개인적, 집단적 의미와 목적을 찾고자 합니다. 목표만이 존재하는 자연 속에서 인간은 목적을 찾는 존재입니다. 목적을 통해 인간은 의미를 찾고자 하며, 의미에 관한 인류의 욕망은 다양한 문화, 사회 체계, 철학에 관한 탐구로 이어졌습니다.

저는 인간이 인공 진화의 시대를 연 이유가 목적을 찾는 여정을 이어가기 위해서라고 생각합니다. 인공 진화를 통해 얻게 되는 확장된 몸, 마음, 관계, 행동은 그 자체로 끝이 아니라, 인류의 존재 목적을 더 담대하게 탐험하기 위한 여정의 과정일 뿐입니다. "살아야 할 이유가 있는 사람은 거의 모든 방법을 견딜 수 있다." 니체의 말입니다. 인류의 길고 긴 여정이 이어지기 위해 인류는 목적을 찾아야 합니다.

그러나 목적을 찾는 인공 진화의 여정에서 걱정되는 부분도 있습니다. 뇌는 움직임을 만드는 기관입니다.[3] 들판에 있는 꽃과 나무는 움직이지 않아도 생존할 수 있기에 뇌를 갖고 있지 않습니다. 그게 꽃과 나무가 각자의 진화에서 도달한 현재입니다. 그런데 만약 들판에 있는 꽃과 나무에 뇌가 있다면 어떨까요? 뇌가 있고 귀와 입이 달려 있어서, 꽃과 나무가 인간과 대화를 나눈다면 말입니다. 동화 같은 아름다운 상상으로 느껴지시나요? 아니면 기괴한 디스토피아의 모습같이 들리시나요? 인류가 추구하는 인공 진화의 파편으로 인해 그런 꽃과 나무가 탄생한다면 어떨까요?

본문 중에 다시 다루겠으나, 리처드 도킨스Richard Dawkins는 『확장된 표현형』에서 유기체가 가진 유전자의 영향이 물리적 신체를 넘어 환경과 다른 유기체에 영향을 미친다고 가정했습니다. 인간의 유전자는 인간 몸 안에 존재하지만, 인공 진화를 통한 영향은 도킨스의 가정보다 더 넓고 더 무겁게 인간의 몸을 넘어서 지구상에 존재하는 모든 종과 전체 환경에 영향을 주기 시작했습니다. 인류는 인류의 행동이 불러올 광범위한 결과와 그에 따른 책임을 인정해야 합니다.

인류가 만든 기술은 이제 인간 진화를 넘어서 지구, 모든 생명의 공동 진화를 요구하고 있습니다. 인류가 의도했건 아니건, 지구상 모든 생명체는 이미 공진화共進化, coevolution 단계에 접어들었습니다. 공진화 단계에 들어선 인류에게는 어떤 미래가 펼쳐질까요? 인간, 생명, 신이 어떻게 진화할지를 먼저 둘러보겠습니다. 그리고 인간의 마음, 관계, 행동이 각각 어떻게 진화할지를 논하겠습니다. 인공 진화를 통한 인류 문명의 거대한 전환점에 서 있는 당신, 목적을 찾는 여정을 이어가는 당신에게 제가 바라본 미래를 전하겠습니다.

목차

PART 1 존재의 진화

PART 2 마음의 진화

PART 3 관계의 진화

PART 4 행동의 진화

PART 1

장대한 역사를 통해 인류는 수많은 다른 생명체와 지구를 공유해왔으며, 한편으로는 신이라는 수수께끼 같은 존재와 씨름해왔습니다. 인간, 다른 생명체, 신이라는 존재 사이의 복잡한 상호작용을 거치며 지구 생태계는 여기까지 진화해왔습니다.

역사를 통틀어 인류는 초자연적인 힘이나 신의 존재를 가정하여 주변 환경을 이해하려고 노력해왔습니다. 신에 관한 개념은 이해하기 어렵고 불확실한 세상을 살아가는 인류에게 목적의식과 도덕적 나침반의 기틀이 되어주었습니다. 부정적이건 긍정적이건 신의 존재는 인간 사회 형성의 원동력이 되어 제도, 전통, 문화 등에 지대한 영향을 미쳤습니다.

21세기를 살아가는 인류는 기후 변화, 생물 다양성 손실, 사회적 불평등과 같은 거대한 문제와 직면하고 있습니다. 인류와 지구 생태계의 지속성을 놓고, 인류는 중요한 전환점에 서 있습니다. 인간, 다른 생명체, 신이라는 존재 사이의 복잡한 연결 구도 속에서 어떤 움직임이 나타나느냐에 따라 인류와 지구 생태계의 미래가 달라집니다. 그렇다면, 그 미래는 어떤 결과로 나타날까요?

무언가의 결과값을 정확히 예측하려면, 관련된 요소의 변화량이 적어야 합니다. 그런데 인간, 다른 생명체, 신이라는 존재를 놓고 볼 때, 인간이라는 존재의 변화량이 급격하게 커지고 있습니다. 30만 년 가까이 생물적 진화가 거의 멈춘 듯 여겨졌던 사피엔스는 자신이 쌓아 올린 지식의 토양 위에 새로운 기술들을 잉태시키고 있습니다. 그리고 그렇게 탄생한 기술들을 바탕으로 자신의 종 자체를 인공적으로 진화시키고 있습니다. 인간이라는 요소의 변화량이 급증하고 있습니다.

인간을 육체와 정신으로 나누는 이원론의 관점으로 보면, 인공 진화를 통해 인류는 자신의 육체와 정신을 다른 차원의 존재로 만들어가고 있습니다. 앞서 프롤로그에서 언급한 바 있는 다음 여덟 가지 기술이 정신과 육체의 확장에 깊게 관여하고 있습니다.

- 육체의 확장을 위한 기술: 생명공학, 나노 기술, 사물인터넷, 로봇
- 정신의 확장을 위한 기술: 인공지능, 양자 컴퓨팅, 뇌-컴퓨터 인터페이스, 메타버스

이번 챕터에서는 이 여덟 가지 기술을 중심으로 인간, 다른 생명체, 신이라는 존재가 각각 어떻게 진화할지 살펴보겠습니다. 저는 각 존재의 진화 방향에 관한 밑그림을 제시하려고 합니다. 각 존재의 진화에 따라 펼쳐질 인류와 지구 생태계의 미래 모습은 독자들의 몫으로 남겨두겠습니다.

CHAPTER 1

인간

모든 인간은 별이다. 이젠 모두들 까맣게 잊어버리고 있지만,

그래서 아무도 믿으려 하지 않고

누구 하나 기억해내려고조차 하지 않지만,

그래도 그건 여전히 진실이다.

— 임철우, 『그 섬에 가고 싶다』

제 두 딸이 어렸던 시절, 가족이 미국의 자연사 박물관에 방문한 적
이 있었습니다. 그곳에는 원시 시대 사람들의 생활상을 재현한 실
물 크기의 모형들이 있었습니다. 여럿이 힘을 모아 사냥을 하는 모
습, 사냥해 온 동물을 동굴 안에 모여서 나눠 먹는 이들의 모습 등
이 있었습니다. 다양한 재현 모형을 관람하던 딸아이가 제게 이런
말을 건넸습니다. "가만히 살펴보니 아빠가 훨씬 더 잘생기고 멋지
다!" 그게 무슨 말이냐고 물어보니, "저 사람들은 지저분하고 좀 이
상해. 아빠는 멋진데"라며 웃었습니다. 박물관을 나서면서 아이들
에게 커다란 아이스크림을 사줬습니다. 아이스크림을 받아 들고
기분 좋아하는 아이와 대화를 나눠보니, 아이는 전시물 속 사람과
현대의 사람을 완전히 다른 존재, 문화나 생활 방식뿐만 아니라 생
물학적으로도 다른 존재로 인식하고 있었습니다. 원시 시대 사람
이 진화해서 현재 인류가 되었다고 생각하는 듯했습니다.

앞에서도 얘기했지만, 호모 사피엔스라고 불리는 현생 인류는 대략 30만 년 전에 아프리카에 등장한 이후 지금까지 유전적으로는 큰 변화가 없습니다. 그런데 제 딸아이가 그런 오해를 하게 된 배경은 과거와 현재의 인간의 삶이 너무도 크게 달라졌기 때문입니다. 그런데 10년 후쯤 누군가가 마주할 인류는 지금의 인류와는 완전히 다른 종으로 느껴질지도 모르겠습니다. 인공 진화를 통해 인간의 정신과 육체가 너무나도 빠르게 변화하고 있기 때문입니다. 인공지능, 양자 컴퓨팅, 뇌-컴퓨터 인터페이스, 메타버스, 생명공학, 나노 기술, 사물인터넷, 로봇 등 인류가 탄생시킨 기술들이 인류를 어떤 종으로 진화시킬지 살펴보겠습니다.

정신을 확장한다

"코끼리가 무엇인지 설명해보세요." 제가 수업 중 학생들에게 가끔 묻는 말입니다. 이런 질문을 던지면 학생들은 매우 당황합니다. 학생들이 코끼리가 무엇인지 모르지는 않습니다. 다만 저 교수가 어떤 의도로 이런 질문을 하는지 알 수가 없어서 답변을 주저하게 됩니다. 이때 질문을 좀 바꿔봅니다. "지구를 탐사하러 외계인이 몰래 지구를 방문했습니다. 외계인이 당신을 찾아와서 묻습니다. 코끼리가 무엇인지 외계인에게 어떻게 설명할까요?" 이렇게 질문을 바꾸면 학생들의 표정에 여유가 좀 묻어납니다. "지상에서 가장 큰 동물이며, 길고 강력한 코를 자유자재로 움직입니다. 초식 동물이고, 주로 동남아시아나 아프리카 지역에 서식합니다." 내용의 맞고 틀림을 떠나서, 학생들이 주로 하는 답변은 이 정도입니다. 혹시 이 책을 읽는 당신은 외계인에게 코끼리를 뭐라고 설명할지 잠시 생각해보면 좋겠습니다.

이쯤에서 학생들에게 다음 질문을 던집니다. "그 외계인이 이번에는 이렇게 묻습니다. 그러면 인간은 무엇인가요?" 이번에도 당신이라면 어떻게 답변할지 머릿속에 떠올려보기를 바랍니다. 제 학생들은 주로 이렇게 답했습니다. "인간은 지구상에서 가장 지능이 높은 존재이며, 오랜 세월 동안 집단 거주를 통해 지식과 시스템을 축적하고 다듬어서 문화를 만들어냈습니다. 지구상 거의 모든 지역에 거주하며, 생물학적으로는 유인원과에 속하고, 흔히 현 인류를 호모 사피엔스라고 분류합니다." 전반적으로 크게 흠잡을 부분이 없는 설명입니다.

실제 학자들도 인간을 비슷하게 설명합니다. 인간 종을 호모 사피엔스로 분류하며, 인지 능력과 언어 능력이 뛰어나고, 이를 바탕으로 문화를 창조한 부분을 다른 동물과 구별되는 특징으로 설명합니다.[1] 특히 어떤 사물을 직접 보고 만지고 느끼지 못하거나, 어떤 상황을 직접 경험하지 못하는 추상적 상태에서도 머릿속에 이를 떠올려보고 문제를 풀어가는 인지 기능을 인간의 특징으로 강조하는 이들도 많습니다.[2] 언어를 통해 자기 생각과 감정을 표현하고, 지식을 전달하는 복잡한 의사소통이 가능한 면을 특징으로 보기도 합니다.[3]

코끼리에 관한 설명과 인간에 관한 설명, 이 둘에 어떤 차이가 있을까요? 코끼리에 관한 설명에는 물리학이나 생물학 같은 물질의 관점이 주로 담겨 있습니다. 지구에 존재하는 물질인데, 그 물질이 코끼리라는 생명체를 형성해서 이렇게 살아서 움직인다고 설명하는 느낌입니다. 반면, 인간에 관한 설명에는 정신적인 부분이 많습니다. 또한 재미난 점은 현재 시점만으로 설명하지 않고, 과거까지 묶어서 설명합니다. 요컨대 코끼리에 관해서는 물리적, 물질적인 면을 중심으로 설명하고, 인간에 관해서는 정신적인 면을 더 강조해서 설명합니다.

코끼리와 인간 모두 수십만 년간 생물학적 진화는 거의 멈춘 상태입니다. 만 년 전 코끼리와 오늘날 코끼리의 생활상은 인간이 만든 환경적 변화를 제외하고는 바뀐 게 없습니다. 그러나 인간은 다릅니다. 다양한 기술로 윗세대의 정신을 축적하여 다음 세대에 전달하며, 다음 세대의 삶을 바꾸고 있습니다. 또한 한 세대의 삶에서도 탄생에서부터 죽음에 이르는 여정에서 정신적 성장을 통해 삶의 모습이 크게 바뀝니다. 인간이라는 종에게 있어 정신은 자기 종의 우수성을 나타내는 본질입니다.

특별한 기술이 없던 시절부터 인류는 시간의 축을 넘어서 정신을 축적하고 전달하고자 노력했습니다. "조상들의 입에서 얻어들은 이야기를 통해 죽은 자들의 시간, 선조들의 시간이라는 역사적 과거와 기억 사이에 다리가 놓이고 그 기억들의 고리를 거슬러 올라가 역사의 연속선상에서 보게 되면, '나'와 관련이 없었던 '너'였던 선조들이 '우리'라는 관계로 변하게 된다." 이는 프랑스 철학자 폴 리쾨르Paul Ricoeur가 역사와 집단적 정체성의 관계를 얘기하는 부분입니다.[4] 인류는 어떤 형태와 방법으로건 과거의 인간, 현재의 인간, 미래의 인간 간의 정신을 연결하고자 애써 왔습니다.

폴 리쾨르가 언급한 '얻어들은 이야기의 시대'는 인공지능, 메타버스 등을 활용해 달리, 렘브란트를 '만나는 시대'로 확장되고 있습니다. 오늘날 인류가 탄생시킨 각종 기술들은 본질적으로 폴 리쾨르가 언급한 '다리'와 같습니다. 폴 리쾨르의 다리가 인공 진화기에 어떤 형태로 나타나고 있는지, 어떤 형태로 인류의 정신을 축적하며 확장하고 있는지 몇 가지 사례를 통해 살펴보겠습니다.

초현실주의 화가로 잘 알려진 살바도르 달리Salvador Dali는 "나는 일반적으로 인간의 죽음을 믿지만, 달리의 죽음은 절대 믿지 않는다"라고 인터뷰에서 밝힌 바 있습니다. 그런데 달리는 이런 말을 남기기도 했습니다. "당신이 천재라면, 당신은 죽을 권리가 없다. 왜냐하면 인류의 진보를 위해 당신이 필요하기 때문이다." 이 두 말을 묘하게 겹쳐서 떠올리게 하는 일이 2019년에 생겼습니다. 미국 플로리다주 세인트피터즈버그에 위치한 달리 박물관Salvador Dali Museum은 딥페이크deep fake 기술을 활용해서 관람객이 달리와 만나는 이벤트를 열었습니다. 딥페이크 기술은 기존 미디어나 데이터를 조작해서 사실적인 가공의 영상, 음성 등을 만드는 인공지능 기술의 일종입니다. 이 기술을 활용해서 특정 사람의 얼굴 표정과 목소리까지 거의 똑같은 가공의 영상물을 만들 수 있습니다.

〈달리의 삶〉이라고 명명된 이 전시는 광고 대행사인 굿바이, GS&P가 추진한 프로젝트입니다.[5] 달리는 1989년에 사망했습니다. 프로젝트팀은 달리의 사망 전 모습을 담은 6,000개 이상의 영상물을 활용해서 인공지능 알고리즘을 학습시켰습니다. 그런 다음, 달리와 신체 비율이 유사한 배우의 얼굴에 표정을 입히고, 프랑스어, 스페인어, 영어가 섞인 특유의 억양까지 흉내 내도록 했습니다.[6] 자판기처럼 커다란 조형물에 관람객이 다가가면 달리와 얼굴을 마주하고 대화할 수 있는데, 대략 45분에 걸쳐서 20만 가지 이상의 문장으로 조합된 대화가 가능합니다. 마지막 부분이 재미났습니다. 달리는 관람객에게 셀카를 찍자고 제안합니다. 관람객이 셀카를 찍듯이 돌아서면 사진을 찍어서 스마트폰으로 보내주는 방식이었습니다. 달리가 세상을 떠났던 1989년에는 태어나지도 않았을 젊은 관람객들이 달리와 만나 그의 삶과 작품에 관해 소통하는 순간이었습니다.

이런 방식의 시도에 대해 대중들은 윤리적, 법률적 문제점을 언급하는 경우가 많습니다. 이런 부분을 의식했는지 달리 박물관의 관장인 행크 하인은 해당 전시에 관해 설명할 때 윤리, 법률에 관한 언급은 피하는 눈치였습니다. 행크 하인은 "한 인간으로서 이 사람에게 공감할 수 있다면 훨씬 더 직접적이고 열정적으로 작품에 공감할 수 있다"라고 〈달리의 삶〉에 담긴 의미를 정리했습니다.[7] 전시를 경험한 관람객들은 "진짜로 달리와 대화하는 듯 살아 있는 경험이었다", "혁신적 기술을 활용한 미래의 교육 도구로 이러한 모델이 사용될 수 있으리라 기대한다"라는 등의 반응을 보였습니다.

〈증언의 차원Dimensions in Testimony〉이라는 전시도 살펴보겠습니다. 이 전시는 유대인 홀로코스트 생존자들의 기억을 후세에 전하기 위한 목적으로 서던캘리포니아대학교에서 제작한 콘텐츠입니다. 일리노이 홀로코스트 박물관 및 교육 센터, 뉴욕의 유대인 유산 박물관, 뉴올리언스의 국립 제2차 세계대전 박물관 등을 비롯해 전 세계의 박물관과 문화 기관에서 함께 진행되었습니다. 상호작용이 가능한 조형물을 통해 관람객에게 홀로코스트의 참상을 목격한 이들과 대화하는 경험을 제공했습니다.[8] 인공지능과 실감 현실 기술을 활용해서 현재의 인간이 과거의 인간과 대화하고 공감할 수 있도록 했다는 점에서 달리 박물관의 〈달리의 삶〉과 유사합니다. 역사적 사건에 딥페이크 인간을 등장시켜서 관람객의 정서적 반응을 효과적으로 불러일으켰습니다.[9]

예술 분야의 사례 중에서 이번엔 〈넥스트 렘브란트The Next Rembrandt〉를 살펴보겠습니다. 이 프로젝트는 인공지능과 3D 프린팅 기술을 활용했습니다. ING은행, 마이크로소프트, 델프트공과대학교 등이 참여하여, 캔버스에 칠해지는 물감의 높이와 질감까지 네덜란드의 화가 렘브란트Rembrandt Harmenszoon van Rijn를 모방해서 초상화를 그리는 시스템을 창조했습니다.[10] 〈넥스트 렘브란트〉 프로젝트에 참여한 이들은 인터뷰에서 이런 말을 남겼습니다. "우리의 목표는 렘브란트처럼 작동하는 기계를 만드는 것이었다. 무엇이 명작을 명작으로 만드는지 더 잘 이해할 수 있을 것이다. 그러나 우리가 렘브란트를 대체할 수는 없을 것 같다. 렘브란트는 유일무이하다."[1]

〈달리의 삶〉, 〈증언의 차원〉, 〈넥스트 렘브란트〉 등을 소개하면, 청중이나 학생들은 보통 이런 의문을 던집니다. "죽은 이를 살려내서 후세가 이용하는 게 윤리적으로 괜찮다고 생각하나요?" 저는 이 질문 자체가 매우 흥미롭습니다. '살려내서'라는 표현이 그렇습니다. 질문자는 플로리다 박물관에 있는 살바도르 달리의 3차원 홀로그램을 보면서, 달리가 홀로그램을 통해 살아났다고 표현합니다. 〈넥스트 렘브란트〉를 창조한 팀조차 자신들이 렘브란트를 대체할 무언가를 만들지는 않았다고 설명했으나, 제삼자는 이것을 렘브란트가 살아난 상황으로 일부 인식하고 있습니다.

그래서 질문을 던진 이에게 이런 질문을 다시 보내봅니다. "그 질문에 답하기 전에 한 가지 궁금한 부분이 있습니다. 말꼬리를 잡아서 논쟁하려는 의도는 전혀 없습니다. 질문하신 내용 중에 살려내서라는 표현이 흥미로운데, 살아 있음을 어떻게 정의하거나 판단할 수 있을까요?" 물론 이 질문에 관한 의학적 답은 명확합니다. 호흡, 심장박동, 뇌파 등 생물학적 기능이 제대로 작동하는가를 놓고 판단합니다. 그러나 제게 질문을 받은 청중

중 그 누구도 생물학적 기능을 놓고 답변하지는 않았습니다. 즉, 인간은 '살아 있음'에 대해 정의하거나 판단할 때, 생물학적 작동 여부 이외의 무언가를 고려하고 있다고 생각합니다.

이 섹션의 도입부에서 했던 이야기를 다시 생각해보겠습니다. 외계인에게 코끼리, 인간을 설명하는 상황입니다. 인간을 설명하기 위해 정신의 축을 사용했습니다. 달리, 렘브란트, 홀로코스트의 목격자들은 생물학적으로 이미 사망하여 소멸했고, 현재 시간, 공간에 존재하지 않습니다. 그러나 인공 진화기의 기술을 통해 시공간을 넘어서서 현세대와 만납니다. 폴 리쾨르가 언급한 '얻어들은 이야기의 시대'가 '만나는 시대'로 진화하고 있습니다. 인공 진화기의 기술이 새로운 정신의 '다리'를 놓고 있는 셈입니다.

이런 '다리'의 구조와 활용성은 발달한 인공지능을 통해 새로운 국면을 맞이하고 있습니다. 인공지능 파운데이션 모델은 과거부터 현재까지 인류가 만들어온 정신의 기록물을 학습하여 축적한 결과물이며, 그 학습은 현재 진행형입니다. 파운데이션 모델은 방대한 분량의 원시 데이터를 주로 비지도 학습unsupervised learning 또는 준지도 학습semi-supervised learning 형태로 학습한 인공지능 신경망을 의미합니다. 즉, 인공지능 시스템에 무언가를 학습시킬 때, 사람이 개입해서 무언가를 분류하거나 표기하는 노력을 최소화하여, 대규모 데이터를 학습시키기에 유리한 접근입니다. 방대한 양의 텍스트, 이미지, 소리 등을 쏟아부으면, 스스로 학습해서 다른 데이터를 만들어낼 준비를 하고 있는 셈입니다.

인공지능 파운데이션을 통해 인류는 방대한 인류의 정신적 축적물에 점점 더 쉽고, 깊게 다가가고 있습니다. 인공지능 파운데이션의 크기가 커지고, 거기서 파생된 서비스와 인간이 인간의 언어로 대화하면서, 인간의 사고가 필요한 영역 전반에 걸쳐 인공지능이 스며들고 있습니다. 인류는 인공지능을 통해 인류의 축적된 정신과 연결하며, 자기 정신을 확장하고 있습니다. 그러나 인공지능을 통한 인류 정신의 확장에는 필연적인 문제점이 존재합니다.

첫째, 인간 스스로 사고하는 역량이 퇴화할 수 있습니다. 다양한 지식, 정보를 조합하여 스스로 정리, 분석, 판단하던 것을 인공지능 서비스에 의존하면서, 그런 지적 역량이 퇴화할 가능성이 있습니다. 수학 문제지를 풀면서 답안지를 빨리 열어보는 학생은 수학을 제대로 익히기 어려운 것과 같은 맥락입니다. 그런데 현재 인류는 인공지능에게 모든 답을 내놓으라고 급하게 조르는 양상입니다.

둘째, 인간의 사고가 획일화될 수 있습니다. 인공지능 서비스는 기본적으로 알고리즘을 통해 결과물을 제시합니다. 따라서 여러 사람이 하나의 인공지능 서비스를 활용할 경우, 그 인공지능 서비스의 알고리즘에 따라 집단의 사고가 한쪽으로 편향, 획일화될 가능성이 큽니다. 인공지능 서비스의 결과물을 자기 생각이라고 믿는 사람이 많아질수록 그런 문제는 더 심각하게 나타납니다.

또한 첨단 기술은 과거와 현재를 연결하는 정신의 다리를 넘어서서, 한 시대를 살아가는 인류의 정신을 연결하는 다리로도 작용하고 있습니다. 메타버스, 초고속 네트워크, 클라우드 서비스 등을 통해 인류는 시공간과 언어의 장벽을 뛰어넘어서 서로의 지식, 경험, 철학을 공유하고 있습니다.

그리고 이런 공유 과정에서 실재감을 높이기 위해 인류는 텔레프레즌스telepresence 기술까지 개발하고 있습니다. 텔레프레즌스는 각종 디지털 기술을 활용해서 물리적으로 그곳에 있지 않아도 그곳에 있는 것처럼 느끼게 해주는 접근을 의미합니다. 흔히 공간적 실재감(원격의 그곳에 물리적으로 위치한 느낌), 사회적 실재감(원격에서 실제 사람들과 상호작용하는 느낌), 정서적 실재감(원격에서 정서적 감정을 느낌)을 포함합니다.[12] 구글은 수년 전부터 사무실에서 스타라인Starline이라는 시스템을 사용하고 있습니다. 멀리 떨어진 직원들끼리 마치 맞은편에 앉은 듯이 대화하도록 지원하는 시스템입니다. 테이블 맞은편에 상대방이 3차원으로 나타나서, 눈을 맞추며 대화하는 형태입니다. 메타버스, 초고속 네트워크, 클라우드 서비스, 인공지능, 텔레프레즌스 등은 모두 인공 진화기의 정신적 다리입니다.

인류가 새로운 정신의 다리를 놓을 수 있었던 배경은 '나'를 담는 그릇이 탈물질화, 탈육체화되고 있기 때문입니다. 인간이 그렇게 되는 게 가능할지 의문이 든다면, 인간이 아닌 대상에 관한 가벼운 사례를 잠시 살펴보겠습니다. 스탠리 큐브릭Stanley Kubrick 감독은 영화 〈샤이닝〉(1980년)을 제작할 때 엘리베이터에서 피가 쏟아져 넘치는 장면을 찍기 위해 300갤런이나 되는 실제 물감을 사용하고, 9일간 닦아내야 했습니다. 그러나 이제는 유체역학 공식을 품은 컴퓨터그래픽 시스템으로 실제 물 한 방울 사용하지 않고도 쓰나미 규모의 파도까지 자유롭게 구현할 수 있습니다.

정보와 지식을 담기 위해 필요한 물질의 양과 가격도 꾸준히 감소하고 있습니다. 최초의 종이인 파피루스 한 뭉치의 가치를 현대의 가치로 환산하면 최소한 USB 저장 장치 하나는 구매가 가능합니다. 그런데 파피루스 한 뭉치, USB 하나가 각각 담을 수 있는 정보의 양은 비교가 안 되는 수준입니다. 수백 년 전에 살았던 자기 조상의 얼굴을 아는 이는 매우 드뭅니다. 알고 있다면, 그 조상은 꽤 권세가 높거나 부유했던 이였을 것입니다. 그 귀한 초상화를 남길 정도의 인물이었으니까요. 그러나 오늘날은 어떤가요? 개인이 가진 스마트폰 속에 저장된 영상, 음성, 사진, 텍스트 등을 추출하여 인공지능에 학습시키면, 그 사람을 눈앞에 환생한 듯 만날 수 있는 시대입니다. 이렇듯 디지털은 어떤 실체에서 보다 본질적인 것을 증류해서 거의 물리적 특성이 없는 상태로 만드는 경향을 극대화하고 있습니다.

인공 진화기에 접어든 인류는 정신의 확장을 통해 무엇을 이루게 될까요? 크게 두 관점으로 정리해보겠습니다. 첫째, 인류 정신의 연결입니다. 르네 데카르트는 코기토 명제, 즉 "나는 생각한다. 고로 나는 존재한다Cogito, ergo sum"를 통해 자아의 존재를 주장했습니다. 데카르트의 주장에 따르면, 인간의 모든 감각적 지각과 경험이 속임수이거나 환상일지라도, 인간이 자신의 존재를 의심하고 생각하며 질문할 수 있다는 것만으로도 인간은 존재한다는 뜻입니다. 데카르트는 나 자신의 사유를 강조하고 있습니다.[13] 그러다 보니 타자와의 소통, 집단의 중요성을 잊게 만든다는 비판을 받아왔습니다. 데카르트의 주장대로라면, 내가 사망해서 삶이 끝나면 세상 자체가 끝나는 것과 같습니다. 생물학적 측면에서는 타당합니다.

그러나 정신의 다리를 통해 개인이 가진 지식, 견해, 철학을 아우르는 정신의 기억은 서로 연결되고 집단화됩니다. 오늘 당장 당신이 죽어서 물리적으로 사라진다고 해도, 생물학적인 당신의 신체가 지구의 다른 자원으로 돌아가는 것일 뿐, 당신의 정신은 시간과 공간의 축을 넘어서 전파되며 집단의 정신 속에 남겨집니다. 인공 진화기의 다양한 기술은 그런 작업을 효율화하고 확장합니다.

둘째, 인류의 진화입니다. 다음 섹션에서 육체적 확장을 설명하겠으나, 육체적 확장이 없더라도 인류는 정신의 다리를 통해 새로운 종으로 진화하고 있습니다. 인간은 자신의 본질적인 가치, 자기다움을 비물질적인 무언가로 전환하는 과정에 있고, 이에 따라 인간이 품은 '마음', 그 마음이 연결되는 '관계', 그런 관계가 움직이는 '행동'이 순차적으로 연결된 상태에서 진화하고 있습니다.

요컨대 코끼리와 인간에 관한 물음에서 봤듯이 인간은 스스로를 정신적 존재로 보고 있습니다. 그리고 폴 리쾨르가 언급한 다리를 통해 세대 간 정신을 연결해왔으며, 이제 그런 연결의 다리가 인공 진화기의 기술을 바탕으로 새로운 국면을 맞이하고 있습니다. 인류는 기술을 통해 이룩한 정신의 다리를 통해 인류 집단의 정신을 연결할 것입니다. 그리고 개인의 정신을 확장해서 새로운 마음, 관계, 행동을 나타내는 확장된 인간으로 진화할 것입니다. 다음 섹션에서는 이런 정신적 확장이 육체적 확장을 통해 어떻게 더 강화될지 살펴보겠습니다.

육체를 확장한다

인간은 육체의 한계성을 넘어서서, 몇 살까지 생존할 수 있을까요? 2021년 《네이처 커뮤니케이션스Nature Communications》에 발표된 연구에서는 인간의 최대 수명을 120~150세로 설정했습니다. 좀 실망스러운 수치일 수 있으나, 전 세계 인구를 놓고 월드데이터WorldData.info가 발표한 자료에 따르면, 2020년 인간의 평균 수명은 남성 69.8세, 여성 74.9세였으니 그보다는 꽤 희망적인 수치입니다. 물론 월드데이터가 제시한 수치는 전 세계 평균치여서 국가 간 편차는 적잖은 편입니다.

구글의 자회사 중 하나인 캘리코Calico는 벌거숭이두더지쥐를 연구해서 인간 수명을 극단적으로 높일 수 있는 가능성을 찾았다고 발표했습니다. 벌거숭이두더지쥐는 땅속에 사는 작고 볼품없는 동물인데, 보통 설치류의 수명이 기껏해야 4년 남짓인 데반해 이들은 무려 30여 년을 살아갑니다. 이를 인간 기준으로 환산해보면 800세 정도가 됩니다. 또한 통증을 느끼지 않으며, 특히 암에 걸리지 않는다는 특성을 갖고 있습니다. 이 생명체의 메커니즘을 인간에 적용하면 수명을 500세 가까이 늘릴 수 있다는 얘기입니다.[14] 또한 미래학자이자 발명가인 레이 커즈와일Ray Kurzweil은 인간 게놈 구조가 마치 구식 소프트웨어 같아서 공학적으로 계속 업데이트해가면 머지않아 매년 수명을 1년씩 더 연장해서 무한히 살 수 있는 시대가 온다고도 예견했습니다.[15]

육체를 영원히 유지하는 더욱 현실적인 방법을 제시하겠습니다. 바로 장기 이식입니다. 현재 심장 이식의 성공률은 70~80% 정도이며, 간 이식 성공률은 80~90%에 이릅니다. 그 밖에 신장, 폐, 췌장 등 거의 모든 장기에 대해 이식이 이루어지고 있습니다.[16] 비록 뇌, 척수, 생식기관 등 아직 이식이 어려운 장기가 남아 있기는 하지만, 장기 이식과 관련된 연구가 꾸준히 진행되고 있으며, 전 세계 장기 이식 건수가 1990년 약 3만 건에서 2019년 약 15만 1,000건 이상으로 증가하고 있기에, 장기 이식을 통해 육체를 유지하는 방법은 어느 정도 실현 가능해 보입니다.

또한 로봇을 활용한 인체 증강 기술을 통해서 육체를 강화하거나 노화를 늦출 수도 있습니다. 팔다리에 로봇을 착용하는 형태로 인간의 생물학적 근력을 넘어서는 활동이 가능하며, 감각

장치를 기계로 대체하거나 보완하여 타고난 감각 기능의 한계를 넘어설 수도 있습니다. 한 명의 노동자가 열 명의 육체노동을 대신하거나, 90세 노인이 20대처럼 뛰는 것도 가능해집니다.

자, 그럼 이제 방금 설명한 장기 이식과 인체 증강 기술을 놓고 당신에게 질문을 해보겠습니다. 첫째, 당신이 타인으로부터 또는 실험실에서 배양된 심장, 간, 신장, 폐, 췌장 등 신체 장기를 전부 인식받았다면, 당신은 여전히 당신인가요? 둘째, 아직은 불가능한 기술이지만, 만약 당신의 몸 전체에 암이 퍼져서 뇌사자로부터 기증받은 몸에 당신의 뇌를 이식한다면, 그 존재는 당신인가요?

위의 두 질문은 상황은 달라도 공통점이 하나 있습니다. 타인의 신체를 당신 쪽으로 이식했든, 당신의 뇌를 타인의 신체 쪽으로 이식했든 간에, 당신은 여전히 생물학적 육체를 갖고 있다는 점입니다. 좀 더 진도를 나가보겠습니다. 이번에는 당신의 뇌를 누군가로부터 기증받은 생물학적 육체가 아니라, 공장에서 제작한 인간 형상의 기계 장치에 이식해봅시다. 마치 영화 〈로보캅〉의 주인공처럼 말입니다. 이 경우에도 그 존재는 당신이 맞나요? 당신의 답변에 좀 더 확신을 주기 위해 단서를 붙이겠습니다. 당신의 뇌가 이식된 이 기계 장치는 내부는 전자회로, 금속 기계 부품으로 가득하지만, 겉으로 보이는 모습은 실제와 구분할 수 없이 똑같은 인조 피부, 안구, 모발 등으로 매우 아름다운 사람의 모습을 갖고 있습니다.

그렇다면 이런 상황은 어떤가요? 이제 날개 달린 문어 모양의 기계 장치에 당신의 뇌를 이식합니다. 당신은 하늘, 땅, 바닷속을 마음대로 다닐 수 있습니다. 날개 달린 문어는 당신인가요? 아마도 로보캅까지는 일부 수긍하는 분들이 있겠으나, 날개 달린 문어부터는 매우 불편한 감정을 느끼리라 봅니다. 내 정신이 담겨 있으나 그 모습이 특정한 물리적 특성을 벗어나면, 그 존재를 '나', 인간으로 보기는 어렵다고 생각하기 때문입니다.

'테세우스의 배ship of Theseus'라는 사고 질문이 있습니다. 신화 속 인물인 테세우스 왕은 배를 타고 길고 긴 항해를 합니다. 시간이 지나며 테세우스는 그 배의 부품을 꾸준히 교체합니다. 결국 배의 모든 부품이 교체되어 원래 부품은 하나도 남지 않았습니다. 이런 경우 지금의 배는 처음에 항구에서 출발했던 배와 같은 배일까요? 이 역설적 사고 질문은 개체의 지속성에 관한 의문을 품고 있습니다.[17] 정답은 없습니다. 어떤 이는 정체성이란 물질과 형태의 연속성에 기반하고 있기에 그 정도로 다 바뀐 것이면 더 이상 같은 대상이 아니라고 주장합니다. 다른 이는 정체성은 그렇게 물질적 요소에 얽매이는 것이 아닌 추상적이고 본질적인 가치이기에 두 배를 같다고 봐야 한다고 주장합니다.

테세우스의 배에 관한 질문을 읽고, 로보캅과 날개 달린 문어에 관한 질문을 다시 생각해보기를 바랍니다. 역시 정답은 없습니다. 하지만 저는 인간이 결국 인간의 형상을 벗어나는 길로 진화하지는 않으리라 예상하기에 당신의 선택은 로보캅에서 끝나리라 봅니다. 즉, 정신은 이식이 가능하니 논외로 하고, 몸은 아무리 이리저리 교체한다 해도 그 최종 형상이 인간의 원형을 유지하고 있어야만 자신이라는 존재가 물리적으로도 지속한다고 여기리라 생각합니다.

그러면 왜 인간은 인간의 형상에 집착할까요? 어린 시절, 학교 수업이 끝나고 집으로 돌아오면 TV를 켜고 만화 프로그램을 기다리곤 했습니다. 그런 만화 프로그램의 플롯은 큰 틀에서 비슷합니다. 지구를 파멸시키려는 막강한 악당이 있는데, 그 악당은 거대한 로봇을 만들어서 지구를 공격해옵니다. 소수의 과학자와 특공대가 위기 끝에 간신히 그들을 물리치지만, 번번이 악당은 복수를 기약하며 사라집니다.

저는 그 만화를 볼 때마다 의문이 들었습니다. 지구를 공격하는 악당은 왜 공격용 로봇을 인간의 형태로 만들었는지, 악당에 맞서 싸우는 지구의 로봇도 왜 늘 인간의 형태인지에 관한 의문이었습니다. 로봇의 얼굴을 없애고 그 자리에 미사일 발사대를 더 설치하거나, 아니면 아예 전체 형상을 탱크에 커다란 날개를 단 모습으로 만들면 전투에 더 효율적일 텐데 말입니다. 하지만 이런 의문은 친구들과 블록을 갖고 놀면서 조금 풀렸습니다. 친구들과 모여서 악당 로봇, 우리 편 로봇을 만들어서 놀 때면 거의 대부분은 사람 형태의 로봇을 만들었습니다. 간혹 탱크나 비행기 또는 처음 보는 형태의 로봇을 만들기도 했으나, 그런 낯선 형태의 로봇은 늘 초반에 악당에게 당하는 역할이었습니다. 최종 전투에서는 언제나 사람 형태의 악당 로봇과 사람 형태의 우리 편 로봇이 싸웠습니다. 인간은 스스로를 지구상에서 가장 우월한 존재로 인식하고 있습니다. 따라서 인간을 지켜줄 인간 편의 로봇은 인간의 형상을 닮아야 하고, 인간을 공격해오는 악당 로봇도 인간의 모습을 닮아야 인간과 맞붙어볼 수준이 된다는 믿음이 마음속 깊이 자리 잡고 있습니다.

인간의 육체적 확장은 공간을 초월해서도 이뤄집니다. 멀리 떨어진 곳에 있는 로봇을 원격으로 조작해서 물건을 움직이거나, 드론을 작동시켜 하늘에서 세상을 내려다보는 것 등은 이미 지금도 가능합니다. 앞으로는 로봇, 사물인터넷, 메타버스, 뇌-컴퓨터 인터페이스 기술이 발전하면서, 마치 영화 〈써로게이트〉 속 주인공처럼 활동할 수도 있게 됩니다. 〈써로게이트〉는 2009년 개봉했던 SF영화인데, 근 미래에 사람들이 자신을 대리하는 로봇 아바타를 세상에 내보내서 활동하게 하고, 자신은 안전한 집에 머문다는 설정입니다. 물론 영화에서는 디스토피아적으로 이런 상황을 묘사하고 있으나, 공간을 초월한 육체적 확장은 인간 행동을 확장할 수 있는 다양한 가능성을 내포하고 있습니다. 이런 미래를 예측할 수 있는 현재 모습은 4부 '행동의 진화'의 '공간' 편에서 상세히 다루겠습니다.

그런데 만약 이번 섹션에서 설명한 육체 확장 기술이 극단에 도달해서 인간이 죽지 않고 영원히 살 수 있다면, 이는 인간에게 축복일까요? 인구 과잉으로 지구가 폭발한다는 우려, 사회적 및 경제적 불평등이 더 심화된다는 우려가 있습니다.[18] 저도 그런 우려에 공감하지만, 제가 가장 걱정하는 면은 다른 데 있습니다. 인간의 육체가 소멸하지 않고 정신과 더불어 영원히 물리적 삶을 이어간다면, 인간 삶에는 어떤 의미, 목적이 남겨질까요? 사회심리학자 로이 바우마이스터Roy F. Baumeister는 인간은 필연적으로 자신이 죽을 것임을 알기에 자기 삶에 의미를 부여하고, 그 의미에 맞는 것을 이루기 위해 노력한다고 얘기합니다. 즉, 죽음에 관한 인식이 없다면 인간의 삶은 무의미하고 목적 없이 흘러간다는 견해입니다.[19]

물론 삶에 꼭 목적이 있어야 하냐는 질문을 해볼 수 있으나, 이 섹션에서 그 부분까지 깊게 파헤치지는 않겠습니다. 다만, 저는 개인적으로 철학자 칸트의 의견에 공감합니다. 인간 삶에 있어서 행복을 추구하는 것만으로 삶이 채워지지는 않으며, 인간은 자기 삶의 의미와 목적을 찾아야 한다는 것입니다. 따라서 저는 인간의 육체는 유한하기에 아름답다고 생각합니다.

인공 진화를 통해 정신과 육체를 확장한 인류는 어떤 가치를 추구하게 될까요? 흔히 현생 인류인 사피엔스를 설명할 때, 지구를 지배하는 종이라고 표현하는 이들이 많습니다. 지배라는 단어가 거북하고 무책임하게 들리기는 하지만, 지배라는 단어를 붙일 정도로 인류가 지구 생태계 전체에 지대한 영향을 주는 것은 사실입니다. 따라서 인공 진화한 인류가 추구하는 가치가 무엇인가는 지구 생태계 전체에도 큰 영향을 줄 것입니다.

자유를 갈망한다

다시 외계인을 소환해봅시다. 외계인이 다시 당신에게 묻습니다. "인간은 행복한 존재인가요? 시대가 흐를수록 인간은 점점 더 행복해지고 있나요?" 많은 철학자들이 인간 삶의 근원적 목적, 이유를 물을 수 없는 목적을 행복이라 말합니다. 그런데 인간은 행복이 무엇인지, 자신이 행복한지에 관해 삶의 여정 대부분에서 매우 막연한 편입니다.

과거와 현재의 인류, 어느 쪽이 더 행복했는가에 대해서는 학자들마다 견해가 다릅니다. 행복이 무엇인지 정의하고 판단하기 어렵다는 점, 인류 집단이 커지고 집단 내 삶의 편차가 커지면서 그 집단 전체를 하나로 놓고 행복 여부를 가늠하기 어렵다는 점

등에서 견해를 일치하기 어렵습니다.

저는 원시 또는 수렵채집 사회로 언급되는 초기 인간 사회가 현대 인류의 막연한 짐작에 비해 행복했으리라는 견해에 공감하는 편입니다.[20] 수렵채집 사회에서 사람들은 한곳에 오래 머무르지 않고 이동하며 사냥, 낚시, 채집을 통해 생활했습니다. 수렵채집 사회에서 구성원들은 사회적 연결 측면에서 연대 의식이 강하고, 상호 신뢰와 협력 수준이 높았으며, 동시에 충분한 자율성을 누렸다고 합니다.[21]

약 1만 년 전 농업의 출현과 함께 인간 사회의 근본에 큰 변화가 발생하기 시작했습니다. 사람들은 마을을 만들고 정착하기 시작했고, 농작물을 경작하고 가축을 키웠으며, 점점 더 크고 복잡한 사회 시스템을 만들어갔습니다. 이런 변화를 통해 식량이 풍부해지고 인구가 증가했지만, 그 과정에서 전에 없던 사회적 불평등, 질병, 전쟁 등이 발생했습니다.[22]

18세기 후반 산업혁명이 시작되면서 변화는 더 빨라졌습니다. 새로운 기계와 기술의 발전으로 사람들은 밀집된 공장에서 일하기 시작했으며, 더 많은 재화를 생산하고 누리게 되었습니다. 그러나 그와 함께 새로운 형태의 오염, 착취, 사회적 소외 등이 발생했습니다.[23] 인간은 끝없이 진보하고자 노력해왔으나, 아이러니하게도 그 결과 속에서 인간은 오히려 과거보다 행복하지 못한 상태입니다.

인간 삶을 행복하게 만드는 필수 요인으로는 흔히 자기 삶을 결정할 수 있는 자유, 삶의 의미와 목적을 찾는 것, 다른 이들과의 친밀한 소통과 관계, 신체와 정신의 건강, 자연과 연결된 경험 등을 꼽습니다. 건강하고 좋은 식단을 섭취하는 것, 안락한 곳에서 거주하는 것은 여기서 신체와 정신의 건강에 포함됩니다.[24] 이 중 자유가 다른 네 가지 요인을 지탱하는 핵심이라 판단합니다. 삶의 의미와 목적, 다른 이와의 관계, 신체와 생활환경 모두 자유를 통해 온전한 자기다움에서 벗어나지 않았을 때, 행복의 온전한 요소로 작용하리라 봅니다.

　그렇다면 현대인은 자유로운 존재일까요? 현대인과 자유의 관계를 살펴보겠습니다. 8, 14, 17, ( ), ( ), 여기서 첫 번째 괄호에 들어갈 숫자는 무엇일까요? 제가 청중에게 가끔 던지는 퀴즈입니다. 제가 의도한 답은 20입니다. 국가마다 차이가 있겠으나, 한국에서 이 숫자들은 각각 초등학교, 중학교, 고등학교, 대학교 입학 연령입니다. 그러면 두 번째 괄호에 들어갈 숫자는 무엇일까요? 사실 저는 첫 번째 괄호까지만 물어봤는데, 언젠가 모 대학교 강연에서 한 청중이 그다음에 따라오는 숫자가 있다며 말을 꺼냈습니다. 그리고 그 청중이 얘기한 답은 65였습니다. 대학교수로서 자신의 은퇴 시점이었습니다. 대학교수의 정년이 65세입니다.

　2021년 기준으로 OECD 회원국 중 가장 긴 노동시간을 기록한 국가는 멕시코로 평균 근로시간이 2,128시간이었습니다. 주말과 휴일을 따지지 않고, 깨어 있는 전체 시간의 40%를 노동에 쓰고 있는 셈입니다. 한국의 평균 근로시간은 1,915시간이었습니다. 국제금융협회가 2022년 발표한 보고서에 따르면, 2022년 1분기 한국의 GDP 대비 가계 부채 비율은 104.3%로 조사 대상 36개 국가 중에서 가장 높게 나타났습니다. 경제 규모가 커지고 소비문화가 활성화되면서 부채가 많아지고, 부채를 갚기 위해 일도 더 많이 하는 형국입니다.

국가의 정치 이념이나 사회 시스템에 따라 차이가 있으나, 대부분 국가에서 개인은 스스로 자신의 삶을 결정한다고 생각하지만, 막상 오랜 역사를 통해 형성된 관습, 문화, 제도에 따라 움직이는 부분이 많습니다. 특정 연령이 되면 학교에 가고, 직장을 다니고, 결혼하고, 아이를 낳고, 거금을 투자해서 집을 사고, 빚을 갚고, 은퇴하고, 사회에서 한발 뒤로 물러나는 과정을 사회 구성원 대부분이 따르고 있으며, 이 흐름에서 벗어나는 삶을 사는 구성원을 불안한 눈으로 보는 경우가 아직도 많습니다.

이 책에서 언급했던 여러 기술을 통해 인간은 최근 몇십 년간 더 자유로워진 게 아니냐고 반문할 수도 있습니다. 3부 '관계의 진화'의 '완전히 발가벗다' 섹션에서 다시 다루겠으나, 디지털 기술이 사회 전반에 침투하면서, 개인의 모든 삶은 시스템에 의해 감시, 기록, 분석되고 있습니다. 간단한 예로, 운전할 때 사용하는 스마트폰 내비게이션 프로그램만 살펴봐도, 프로그램이 안내해주는 길은 나에게 가장 빠른 길이 아닙니다. 교통량을 적절히 분산시켜서 전체 교통 흐름이 좋아지는 쪽으로 여러 운전자들을 유도하는 알고리즘을 쓰고 있습니다. 좋은 취지임은 분명하지만, 내비게이션 프로그램은 자칫 디지털 독재자로 전락할 위험을 안고 있습니다. 개인의 건강, 이동, 소비, 학습 등 일상의 모든 활동이 시스템에 의해 분석되고 추천되는 상황에서, 현대 인간을 움직이게 하는 동인이 개인의 자유의지인지, 아니면 시스템의 알고리즘인지 판단하기가 쉽지 않습니다.

현대 인류는 스스로 자유롭다고 믿고 있지만, 삶의 전체 여정은 점점 더 자유와 멀어지고 있는 느낌이 듭니다. 그렇다면 삶의 여정이 끝나는 죽음의 단계는 자유로울까요? 현대 사회에서 상당수 사람은 요양원에서 죽음을 맞이합니다. 일반적으로 요양원은 기본적인 의료 서비스를 갖추고, 의식주와 관련된 서비스를 제공해줍니다. 그래서 안정적으로 편안하게 삶을 마감하는 곳으로 요양원을 바라보는 이들이 적잖으나, 다른 관점에서 볼 때 요양원은 인간 삶의 마지막을 자유가 아닌 구속으로 마무리하는 시스템입니다.[25] 요양원에 있는 이들의 대부분은 큰 질병을 앓고 죽음을 목전에 둔 이들입니다.

모든 시스템은 그러한 환자들을 효율적으로 관리하기 위해 극도로 최적화되어 있습니다. 그곳에 머무는 환자들은 죽기 전까지 직원들을 제외하고는 다른 환자들과만 소통이 가능합니다. 정해진 시간에 식사하고, 약을 먹으며, 잠자리에 듭니다. 위험을 낮추기 위해 외부에 외출하는 경우도 드뭅니다. 어찌 보면 감옥에 갇힌 이들과 생활 패턴에서 큰 차이가 없습니다. 삶의 마지막 단계에서 그들은 자유를 극도로 제한받고 있습니다. 죽음을 목전에 둔 이에게 타인과 사회는 가장 관대합니다. 그럼에도 불구하고 그 죽음의 과정은 자유와 거리가 멉니다.

개인의 의지를 배제하고 집단과 공동체의 목표와 관습을 강조하는 사회 시스템,[26] 자원과 기회가 소수 집단에 편중된 경제 체계,[27] 정보 접근성 제약과 무분별한 추적이나 모니터링,[28] 그리고 요양원까지, 현대인을 자유로부터 멀어지게 하는 것들입니다. 문명이 고도화되고 인류는 더 많은 가치를 만들고 누리고 있다고 자평하지만, 탄생에서부터 소멸에 이르는 전 과정에서 인간이 가진 자유는 점점 더 작아지고 있습니다.

물질적인 풍요 속에서도 수렵채집인보다 행복하지 못한 삶을 영위하는 현대 인류. 인류의 박탈된 자유가 인공 진화를 통해 복원될지, 인류의 미래는 오늘보다 행복할지, 일단 이번 섹션에서는 문제를 제기하고, 답을 내리지는 않겠습니다. 크고 복잡하게 얽힌 주제이기에 이 섹션에서 몇 줄로 요약하기보다는 이 책의 남은 부분을 통해 독자들과 함께 생각해보겠습니다.

CHAPTER 2
생명

사람들은 모두 나를 얼마나 증오하겠는가! 하지만 당신, 내 창조자인 당신이 나를 혐오하고 내치다니. 나는 네 피조물이고, 우리는 둘 중 하나가 죽음을 맞지 않는 한 끊을 수 없는 유대로 얽혀 있다. 당신은 나를 죽이려 하겠지. 감히 당신이 이렇게 생명을 갖고 놀았단 말인가? 나에 대한 당신의 의무를 다하라. 그러면 나도 당신과 나머지 인간들에 대한 의무를 다하겠다. 내 조건에 동의한다면 나도 인간들과 당신을 평화롭게 내버려두겠다. 하지만 거절한다면, 살아남은 당신 친구들의 피로 배부를 때까지 죽음의 밥통을 채울 것이다.

— 메리 셸리, 『프랑켄슈타인』

제 아이들이 어렸던 시절, 두 아이는 장난감 블록을 가지고 자주 놀았습니다. 둘이 함께 집을 만들고, 그 속에서 살아가는 우리 가족을 만들어 넣었습니다. 실제 존재하는 인물은 아니지만, 이런저런 가공의 친구를 만들어서 집으로 초대했습니다. 그리고 덩치 크고 사나운 악어를 만들어서, 집에서 좀 먼 곳에 두었습니다. 두 아이가 장난감을 가지고 역할 놀이를 하던 중 큰아이가 집에 악어가 쳐들어오는 상황을 연출했습니다. 문을 부수고 들어온 악어는 작은아이에게 말을 걸었습니다. "한 명을 내어주면 그 사람만 잡아먹고 나머지는 살려주겠다!" 작은아이의 반응이 몹시 심각했습니다. 진땀을 흘리며, 가공의 친구를 악어에게 건넸습니다. 그리고 다시 악어가 돌아와서 한 명을 더 내놓으라 으름장을 놓으니, 작은아이는 이내 울음을 터트리며 블록으로 만든 자기 자신을 내놓았습니다. 다른 친구, 가족을 더 죽이느니 자신이 죽겠다고 했습니다. 저는 아이를 따뜻하게 안아주며, 나쁜 악어를 아빠가 물리칠 테니 걱정하지 말라고 달래주었습니다.

아이들 대부분은 어른보다 훨씬 더 넓고 관대한 테두리를 가지고 생명을 바라봅니다. 어른의 관점으로는 생명이 아닌 것도 아이들은 생명체로 대합니다. 인간이 아닌 다른 생명체를 인간과 동등한 소중한 존재로 바라보는 경우도 많습니다. 생명이란 무엇일까요? 생명은 고정된 존재일까요? 인공 진화의 물결이 인류가 품은 생명에 관한 인식을 어떻게 변화시킬지 살펴보겠습니다.

본능이 저항한다

유엔식량농업기구의 자료에 따르면, 2020년 도살된 소, 닭, 돼지, 양의 총수는 731억 마리에 달합니다. 세계 인구의 9~10배에 달하는 수치입니다. 오늘날 소, 닭, 돼지 등은 공장식 사육장에서 생산됩니다. 생산 효율을 높이기 위해서입니다. 여러 언론, 문헌의 가축 사육과 관련된 글에서 '공장', '생산'이란 표현을 쓰고 있습니다. 생명체에게 공장, 생산이란 단어를 붙이는 게 이상하지 않습니까? 단어, 표현을 순화한다고 해서 그들이 사육되는 환경이 바뀌는 않습니다. 인간은 동물을 이런 환경에서 사육하고, 도살하여, 식품으로 활용하는 상황을 당연하게 여깁니다. 동물들도 고통을 느낄 것이라고 짐작하지만, 동물이 인간처럼 자의식을 갖고 있지는 않으리라 생각하는 경우가 흔합니다.

자의식은 자신을 이 세상의 독립적 존재로 인식하는 것, 자기에 관한 의식을 뜻합니다. 그럼 의식이란 무엇일까요? 자신과 주변 환경에 관해 인식하는 것을 뜻하는데, 여기에는 주변을 감각하여 받아들이고, 이에 관해 생각하며, 감정을 느끼는 주관적 경험을 포함합니다. 드라마에서 혼수상태의 환자가 깨어나면 주변 사람들이 "나를 알아보겠어? 여기가 어디인지 알겠어? 본인이 누구인지 아나요?" 등을 물어보는데, 바로 이에 관해 답하는 것이 의식입니다. 사람은 거울을 보고 자신을 알아보지만, 개나 고양이는 거울에 비치는 모습이 자신인지 모른다는 점에서 동물은 자의식이 없다고 단정합니다. 이런 상황은 이솝 우화에도 등장합니다. 고기 한 덩어리를 입에 물고 다리를 건너던 개가 다리 아래를 내려다보니, 어떤 개가 큰 고기를 물고 있었습니다. 그것을 뺏어 먹으려고 짖다가 자기 입에 있던 고기를 물속에 빠트리는 이야기입니다.

그러면 동물은 정말 자의식이 없을까요? 동물이 자의식을 갖고 있는가에 관해서는 자연과학의 영역을 넘어서 철학적 논점도 있으나, 자연과학적으로는 이미 적잖은 실험이 진행되었습니다. 1970년 심리학자 고든 갤럽Gordon G. Gallup Jr.은 《사이언스Science》에 침팬지 실험을 다룬 논문을 발표했습니다. 침팬지에게 큰 거울을 주고 침팬지의 반응을 관찰하는 이른바 '거울 테스트'를 실시했습니다. 침팬지는 거울을 보며 사람처럼 이빨 사이에 낀 찌

꺼기를 빼내고, 자기 엉덩이를 비춰 봤다고 합니다. 침팬지를 마취한 상태에서 한쪽 눈 위에 빨간 점을 찍었더니, 침팬지는 거울 앞에서 점이 있는 눈썹을 쳐다보고 손가락으로 문질러댔습니다. 자기 몸임을 인지하는 것입니다.[29] 그 후 돌고래, 까치 등 다른 동물도 자의식이 있음이 증명되었으며, 물고기 중에도 거울 테스트를 통과하는 개체가 등장했습니다. 물론 거울 테스트만으로 온전한 자의식의 존재 여부를 단정하기는 어렵습니다. 그러나 적어도 인간이 편리하게 단정했던, '동물은 인간과 달리 의식, 자의식이 없어서 막 다뤄도 된다'는 생각은 재고되어야 합니다.

그렇다면 기계, 다시 말해 인공지능 시스템이나 로봇은 의식이 있을까요? 또는 의식이 생길 수 있을까요? 기계의 의식을 테스트하기 위한 방법에 관한 연구가 다양하게 진행 중이지만 아직 확실하게 합의된 방법은 없습니다. 다만 아직은 의식을 갖고 있지 않다는 의견이 지배적이며, 앞으로도 인간이 통제할 수 있다면, 기계장치가 의식을 갖는 상황을 막아야 한다는 견해가 많습니다. 인류는 인간의 도구로써 비의식적 기계를 원합니다. 인공지능이 그것입니다. 따라서 인류는 앞으로도 인공지능과 의식이 결부되는 상황을 거부할 것입니다.

동물들은 일부 의식이 있을지 모르지만, 인간과 견줄 수준은 안 되며, 기계장치는 의식을 갖고 있지 않으니, 인간이 동물이나 기계장치를 인간과 동등한 생명, 존재로 놓고 고민할 필요까지는 없다는 것, 이게 인간의 관점입니다. 그러나 과학과 기술의 힘이 동물에게 인간과는 다른 형태이지만 높은 수준의 의식이 있음을 발견하거나, 기계장치가 의식을 갖는 순간이 온다면, 인간은 그들과의 공생을 위한 무거운 논의를 시작해야 합니다.

의식의 존재 여부를 떠나서, 인간은 인간이 아닌 무언가가 일정 선을 넘어서 인간처럼 보이는 것 자체를 거부하는 경향이 큽니다. 최근 들어 인간의 형상을 닮은 시각적 캐릭터의 수준이 점점 더 높아지고 있습니다. 이런 시각적 캐릭터를 버츄얼 휴먼virtual human, 혹은 디지털 휴먼, 가상 인간이라고 칭합니다. 이런 표현은 디지털 기술로 창조한 인간형 캐릭터를 언론에서 지칭할 때 쓰입니다. 실존하는 인물이 아닌 가공의 인물을 창작하고, 그 인물의 외모, 음성, 행동, 성격, 취향까지 섬세하게 설정해서 상업적으로 쓰는 경우입니다. 가수, 배우, 광고 모델 등으로 주로 쓰이며, 최근 들어 특정 기업의 홍보 대사, 사내 강사 등으로 쓰임새가 커지고 있습니다. 그런데 버츄얼 휴먼에 관한 기사가 언론 사이트에 올라가면, 그런 시도가 역겹다는 내용의 댓글이 적잖게 붙습니다. 사람이 아닌데 사람처럼 만들려 하고, 사람처럼 대하는 상황을 역겨워합니다.

그런 역겨움을 일으키는 이유로 두 가지를 생각해볼 수 있습니다. 첫째, 불쾌한 골짜기uncanny valley 이론입니다. 불쾌한 골짜기는 로봇이나 버츄얼 휴먼이 거의 실제 사람처럼 보이지만 자세히 보면 어색한 부분이 있을 때, 사람들이 이를 불편하거나 불안하게 받아들인다는 이론입니다. 실제 사람과 매우 흡사한 마네

킹이나 밀랍 인형을 마주하면, 뭔가 이상하거나 소름 끼치는 느낌이 드는 현상입니다. 인간이 보고 있는 대상이 거의 실제 인간처럼 보이지만, 실제 인간은 아니기 때문에 인간의 두뇌가 이에 어떻게 반응할지 혼란스러워하는 상황입니다.[30]

인간이 아닌 동물 캐릭터를 볼 때도 비슷한 현상이 나타납니다. 예를 들어 미키마우스와 같은 만화 캐릭터를 보면 편안한 감정이 듭니다. 그 캐릭터가 진짜 쥐가 아니라는 것이 확실하기 때문입니다. 그런데 당신 눈앞에 로봇 쥐가 있다고 상상해봅시다. 진짜 쥐와 매우 비슷하게 만들어졌지만, 당신은 그게 진짜가 아니라 로봇인 것을 알고는 있습니다. 그래도 진짜 쥐와 흡사하게 생기고 움직인다면 매우 오싹한 기분이 듭니다.

둘째, 진화심리학 관점에서 이 현상을 해석해볼 만합니다. 인간과 비슷하지만 실제로는 인간이 아닌 존재. 이것은 인간이 생존해온 역사를 거슬러 올라가면 마치 네안데르탈인과 같은 느낌이 들 수도 있다는 설명입니다. 네안데르탈인과 현생 인류가 직접적으로 생존 전쟁을 하지는 않았으나, 동시대에 경쟁했던 관계는 맞습니다. 따라서 로봇이나 버츄얼 휴먼을 보고 네안데르탈인을 본 듯이 불안해할 수 있다는 견해입니다. 호모 사피엔스의 마음속 어딘가에 남겨진 본능적 불안이라는 뜻입니다.

위협의 대상과 마주하면 인간의 뇌는 투쟁이나 도피 반응을 유발하여, 인간이 위협에 맞서 싸우거나 도망치게 유도합니다. 자신을 안전하게 지키고 생존하기 위해서 그렇게 작동합니다.

현대적으로 이 현상을 해석해보면, 버츄얼 휴먼을 볼 때 생명의 위협이 되는 경쟁의 대상은 아니지만, 자신의 사회적 위치, 일자리를 놓고 경쟁하는 대상으로 느낀다고 볼 수 있습니다.

인간은 테두리 안에 낯선 존재가 들어오는 상황을 두려워합니다. 동물을 인류의 테두리 밖에 두고는 지배자와 피지배 대상의 관계에서 동물을 대해왔습니다. 그나마 반려동물이라는 개념으로 이런 테두리가 일부 흐려지기는 했으나, 저는 인류가 지배와 피지배의 틀을 벗어버리기를 두려워한다고 생각합니다.

또한 기계장치가 도구의 위치를 넘어서 생명의 테두리로 들어오는 상황, 그 테두리 중에서도 인간의 테두리를 넘어서는 상황을 두려워합니다. 인간이 인간 집단의 테두리를 지키고자 하는 욕망, 테두리에 새로운 존재가 들어올 때의 불안감은 꽤 강력합니다. 그런데 그 테두리를 넘어설지 모르는 존재, '지능'이란 단어를 품고 있는 존재가 밀려오고 있습니다. 그 존재와의 공생 가능성을 살펴봐야겠습니다.

지능은 허상이다

인공지능의 눈부신 발전을 바라보면서 인류는 경외감과 두려움을 동시에 느낍니다. 흔히 다음과 같은 세 가지 가설을 놓고 논의하는 경우가 많습니다.

1. 인공지능은 인간의 지능을 넘어서지 못한다.
2. 인공지능은 인간의 지능을 넘어서지만, 인간의 역할을 대체하지 못하도록 규제된다.
3. 인공지능은 인간의 지능을 넘어서고, 인간의 역할을 대체한다.

여러분은 이 중 어떤 가설이 가장 눈에 들어오나요? 독자에

게 무엇이 눈에 들어오는지 묻는 저의 모호한 질문에는 몇 개의
관점이 녹아 있습니다. 첫째, 어떤 가설이 현실화되길 바라나요?
둘째, 어떤 가설이 현실화될 가능성이 가장 높을까요? 셋째, 현
재는 어떤 가설에 가까운 상태라고 판단하나요?

초거대 인공지능의 급격한 발전을 보며, 놀람을 넘어서 경악
의 감정을 느끼는 이들이 적잖습니다. 초거대 인공지능은 인간
의 뇌 구조와 작동 원리를 모방하여 대용량 데이터를 스스로 학
습하고 답을 추론하는 형태로 작동합니다. 기존 인공지능과 비
교하면, 보다 더 인간의 뇌에 가까운 구조로 학습과 판단을 처리
합니다. 챗GPT ChatGPT 서비스로 유명한 기업, 오픈AI OpenAI가 초
거대 인공지능의 문을 열었다고 보는 시각이 많습니다.

초거대 인공지능을 바탕으로 대화를 통해 다양한 정보와 지
식을 정리해주는 플랫폼, 내가 원하는 그림을 설명만 하면 순식
간에 그려주는 플랫폼, 음악을 작곡하는 플랫폼 등이 등장하는
상황에서, 이미 인공지능이 인간의 지능을 넘어섰으니 1번 '인공
지능은 인간의 지능을 넘어서지 못한다'는 가설은 틀렸다고 보
는 이들이 적잖습니다.

일례로, 저는 이런 요청을 초거대 인공지능 플랫폼인 챗GPT
에 보내보았습니다. "인공지능의 도움으로 동물들이 인간과 대
화가 가능해진 세상을 주제로 한 영화의 줄거리를 만들어주라."
이에 관한 답변으로 인공지능이 만들어준 이야기는 아래와 같습
니다. 인공지능이 한국어로 보내온 내용을 토씨 하나 바꾸지 않

고 그대로 보여드립니다.

인공 지능을 통해 동물이 인간과 소통할 수 있는 능력을 갖게 된 세상에서 릴리라는 젊은 동물 권리 운동가는 강력한 기업이 이 새로운 기술을 자신들의 이익을 위해 악용하려는 음모를 발견합니다. 지혜로운 늙은 코끼리, 장난꾸러기 원숭이, 충성스러운 개 등 동물 동료들의 도움을 받아 릴리는 기업의 사악한 계획을 폭로하고 새로운 기술에 의존해 인간과 소통하게 된 동물들을 보호하기 위해 나섭니다. 진실을 밝히기 위해 다투는 과정에서 릴리와 동물 친구들은 회사가 고용한 용병들에게 쫓기고, 동료들의 배신에 대처하는 등 여러 가지 도전과 장애물에 직면하게 되죠. 모든 희망이 사라진 것처럼 보였던 릴리와 친구들은 회사의 CEO가 사실은 인간 세계에 침투해 기술을 이용해 조종하는 동물이라는 충격적인 반전을 발견합니다. 이 새로운 정보를 통해 릴리와 친구들은 회사의 상황을 뒤집고 그들을 정의의 심판대에 세울 수 있게 됩니다. 기업의 CEO가 동물이라는 반전은 이야기에 새로운 차원의 음모와 미스터리를 더할 뿐만 아니라 동물의 권리와 소통의 힘이라는 영화의 주제를 더욱 강화합니다. 궁극적으로 이 영화는 우정과 용기, 그리고 어떤 역경 속에서도 신념을 지키는 것의 중요성에 대한 가슴 따뜻한 이야기입니다.

어떤가요? 아이디어와 내용 구성이 꽤 그럴듯하지 않나요? 이 정도의 이야기를 인공지능이 꾸며내고 있으니, 인공지능은 이미 인간의 지능에 도달했다고 보는 게 맞을까요? 이 질문에 답하려면, 먼저 지능이 무엇인지 파헤쳐봐야 합니다. 인공지능에서 '지능', 인간의 지능에서 '지능'은 어떤 의미일까요? 일상에서 인간은 지능을 평가할 때 특정 과업의 결과를 통해 판단하는 경향이 강합니다. 예를 들어 복잡한 퍼즐을 잘 푼다, 시험 성적이 좋다, 업무 성과가 좋다, 이런 결과를 놓고 그 사람의 지능이 높다고 생각합니다. 의학적으로 보면 지능은 상황에 적응해서 배우고, 추론하여, 문제를 해결하는 능력으로 봅니다. 심리학에서는 학습 능력 관점에서 지능을 보는 경향이 좀 더 강하며, 대인 관계 능력까지 지능으로 보는 편입니다.

더 깊게 들어가면 지능이 무엇인가에 관해서만 한참을 얘기해야 하니 결론적으로 보면, 인간의 지능이 인공지능의 지능과 다른 점은 창의성과 감성 지능에 있다고 주장하는 이들이 많습니다. 앞서 설명했듯이 인공지능이 음악, 그림을 만드는 마당이니 인공지능이 창의성을 가졌다고 볼 수 있으나, 기존에 학습한 데이터와 입력된 알고리즘을 통한 결과라는 점에서 창의성이라고 보기는 어렵다고 주장합니다. 또한 특정한 상황이나 타인의 감정을 인지하고 반응하는 능력인 감성 지능은 아직 인간만의 능력이라 주장하기도 합니다. 제가 여기서 '주장'이라고 표현한 이유는 인공지능이 창의성, 감정 지능이 없다는 점에 관해 아직은 확신할 근거가 부족하다고 보기 때문입니다.

앞서 등장했던 호기심이 많은 외계인을 다시 만나보겠습니다. 그 외계인이 이렇게 물어봅니다. "인간과 침팬지 중 어느 쪽의 지능이 더 높은가요?" 대부분은 아마도 인간의 지능이 당연히 더 높다고 바로 대답할 것입니다. 그런데 외계인이 다시 묻습니다. "두 종 간의 지능을 어떻게 비교해서 그렇게 판단이 가능한가요?"

외계인의 질문에는 처음부터 함정이 있었습니다. 서로 다른 종 간의 지능은 그렇게 간단하게 비교할 수 없습니다. 종 간의 지능을 비교하는 게 어려운 이유는 여러 가지가 있습니다. 첫째, 서로 다른 종은 서로 다른 인지 영역이 탁월하게 진화했을 수 있어서, 이를 전체로 통쳐서 비교하기는 어렵습니다.[31] 예를 들어 대부분의 조류는 넓은 공간에 관한 인지력이 좋은 반면, 영장류는 사회적 인지와 손으로 물체를 조작하는 능력이 발달해 있습니다. 이 경우 전체적으로 어느 한쪽이 더 지능이 높다고 단정하기는 어렵습니다. 둘째, 단일 종 내에서도 개체별로 지능적으로 뛰어난 부분과 미흡한 부분이 서로 달라서, 이를 종합하여 어느 한쪽이 우세하다고 판단하기는 쉽지 않습니다. 셋째, 서로 다른 종을 하나의 평가 기준으로 묶어서 평가하는 접근이 타당한지가 의문입니다. 인간이 사용하는 지능 테스트는 인간에게 최적화되어 있습니다. 이를 다른 동물에 적용하기란 쉽지 않습니다.[32]

제가 처음에 열거한 세 가설은 그 자체에 오류가 있습니다. 인공지능과 인간의 지능은 본질적으로 비교의 대상이 아닙니다. 다만 인간은 특정한 과업을 놓고 인간과 인공지능의 경쟁을 시키는 경우가 많았습니다. 그렇게는 비교가 가능합니다. 학술적으로 정의한 지능을 놓고, 어느 쪽이 더 우세한가를 판단하기란 어렵고 모순되는 부분이 많지만, 앞서 예시했던, 복잡한 퍼즐을 잘 푼다, 시험 성적이 좋다, 업무 성과가 좋다, 이런 특정 과업에 관한 결과를 놓고 인간과 인공지능 중 어느 쪽이 더 좋은 성과를 내는지는 판단할 수 있습니다.

그래서인지 인류는 인공지능이 인간과 대결하는 판을 만들어 놓고, 어느 쪽이 우세한가를 관찰하는 작업을 참 흥미롭게 여깁니다. 1997년 IBM은 인공지능 딥블루Deep Blue를 활용해서 인간과 체스 경기를 펼쳤습니다. 딥블루는 결과적으로 당시 체스 세계 챔피언이었던 가리 카스파로프Garry Kasparov를 이겼습니다. 전세계 사람들은 이 경기 결과에 적잖은 충격을 받았으며, 인공지능이 특정 영역에서 인간의 지능을 능가할 가능성에 대한 우려와 기대를 불러일으켰습니다.[33] 2011년에는 미국 ABC 방송의 인기 퀴즈쇼인 〈제퍼디!Jeopardy!〉에서 IBM의 인공지능 왓슨Watson은 퀴즈 챔피언인 켄 제닝스와 브래드 루터를 상대로 퀴즈 대결을 벌였습니다. 왓슨이 최종 우승하여 7만 달러가 넘는 상금을 받았습니다. 당시 언론이 왓슨의 핵심 개발자인 페루치 박사와 했던 인터뷰에서 "왓슨이 정말로 '사고think'를 하나요?"라는 질문이 있었는데, 이에 페루치 박사는 "왓슨이 인간과 같은 방식으로 사고하는 것은 아니지만, 사고를 합니다"라고 답변했습니다. 이렇듯 특정 과업의 정량적 결과만 놓고 어느 쪽이 이겼는가를 가늠하는 것은 명확합니다.

앞으로 인공지능은 더 다양한 과업에 투입되고, 점차 단일 과업이 아니라 복합적 역할을 수행하는 쪽으로 발전하리라 예상합니다. 인류가 두려워하는 최악의 시나리오는 이런 상황입니다. 인간이 가정, 직장, 사회에서 하는 모든 역할에 대해 인간보다 더 뛰어난 결과를 도출하는 단일 인공지능의 등장입니다. 그러나 이런 경우가 온다고 해도 인공지능 쪽이 더 우월하거나, 지능이 높다고 단정하기는 어렵습니다. 인간은 무언가를 행동으로 옮길 때 목적을 생각합니다. 반면 인공지능은 인간이 제공한 과업의 목록을 수행할 뿐입니다. 인간의 성과는 결과만으로 판단해서는 안 됩니다.

예를 들어 환경보호를 주제로 에세이를 썼다고 가정할 때, 돈을 벌기 위해 고등학생의 과제를 대필해준 경우, 환경문제로 고통받는 동물들을 보호하기 위해 쓴 경우, 이 둘의 가치를 같다고 볼 수는 없습니다. 인간의 수행 결과는 목적과 묶여서 가치가 나타납니다. 인공지능은 인간의 목적을 이루기 위한 부분적 도구로 존재하며, 그러기에 어느 쪽이 더 우세한가를 비교하는 것은 별 의미가 없습니다. 계산기가 인간보다 사칙연산을 더 잘한다고 해서 계산기가 인간보다 더 지능이 높다거나 훌륭한 존재라고 할 수는 없습니다. 왜 그런 계산을 하는지, 계산 결과를 어디에 어떻게 쓸지를 정하는 것은 인간의 몫이고, 바로 그 몫에 인간의 가치가 달려 있습니다.

요컨대 인간과 다른 생명체, 인공지능의 지능을 하나의 저울에 올려놓고 비교하는 작업에 매달리지 않았으면 좋겠습니다. 그런 비교, 판단이 무의미하다는 뜻은 아니지만, 그보다 더 중요한 것이 있습니다. 인류가 다른 생명체와 지능형 기계를 어떻게 대할지, 관계를 어떻게 규정할지를 고민하고 결정해야 합니다. 인공 진화를 통해 지구상 생명체들이 공진화하는 단계로 접어드는 상황에서, 수십만 년에 걸쳐 형성된 사피엔스와 다른 종들의 관계는 이대로 좋을지, 사피엔스가 부족한 준비 상태로 맞닥트린 기능형 기계와는 어떻게 공생할지를 말입니다.

경계가 무너진다

인공지능은 인류의 새로운 도구 역할을 하며, 기여 대상과 규모를 키우고 있습니다. 질병을 조기에 발견해 정밀한 진단을 내릴 수 있게 해주고, 새로운 의약품의 개발 기간을 단축시키고 비용을 낮추어 의학 발전에 기여하며, 폐기물을 줄이고 자원을 재활용하여 환경문제를 해결하는 데도 쓰입니다. 교육 비용을 낮춰서 더 많은 이들에게 교육의 기회를 제공하며, 개인의 특성에 맞는 일대일 맞춤 학습이 가능해집니다. 음악, 영상 등의 창작에도 활용되어 더 많은 콘텐츠를 낮은 비용으로 빠르게 제작하여 엔터테인먼트 산업에도 기여할 것입니다.[34]

그럼에도 불구하고 이전 섹션 '지능은 허상이다'의 서두에서 제시했던 세 개의 가설처럼, 왜 인간은 인공지능을 바라보며 불안함을 느낄까요? 크게 몇 가지 이유를 생각합니다. 첫째, 일자리 상실에 대한 두려움입니다. 결론부터 말씀드리면, 오히려 인공지능이 기존 일자리의 노동 여건을 좋게 하거나, 새로운 일자리를 창출하는 데 도움이 되리라 예상합니다. 이 부분에 관한 상세한 논의는 이 책의 후반부에 다시 다루겠습니다.

둘째, 윤리적 우려가 있습니다. 인공지능의 판단을 믿고 따르다가 한쪽으로 사고가 편향되거나, 집단 간 갈등이 심화하리란 우려입니다. 더불어 인간이 인공지능의 판단을 믿고 따르면서 자율적 의사결정을 하는 능력이 약해지리라 걱정합니다. 인류는 이미 그런 상황에 적잖게 노출되어 있습니다.[35] 영상 스트리밍 사이트에서 알고리즘의 추천에 따라 무의식적으로 연속해서 영상을 시청하고, 때로는 쇼핑몰에서 알고리즘이 추천한 물건을 충동적으로 구매하기도 하는데, 최종 결정을 자신이 하기는 하지만 자율성에 상당한 영향을 받고 있기는 합니다.

셋째, SF영화에서 많이 다뤄지는 모습인데, 인공지능에 관한 인간의 통제력이 상실된 상황을 걱정합니다. 인공지능이 인간을 강제적으로 지배하고 몰아내는 상황을 두려워합니다.

앞서 인간은 기계장치가 도구의 위치를 넘어서 생명의 테두리로 들어오는 상황, 그중에서도 인간의 테두리를 넘어오는 상황을 두려워한다고 설명했습니다. 장기 기증과 인격 기증이라는 주제를 놓고, 인간이 가진 테두리를 생각해보겠습니다. 대다수 국가에서는 장기 기증을 장려하고 있습니다. 문화적, 종교적 장벽이 장기 기증을 꺼리게 만들고 있다는 의견이 있으나, 자신의 삶을 타인에게 나눠 주는 숭고한 희생, 나눔으로 인식하는 분위기가 지배적입니다. 스페인 국립장기이식기구가 발표한 자료에 따르면, 장기 기증률이 높은 국가는 크로아티아, 스페인, 벨기에이고, 낮은 국가는 중국, 인도, 나이지리아였습니다. 2020년 스페인의 장기 기증률은 인구 백만 명당 기증자 48.9명으로 조금씩 증가하고 있습니다.[36] 미국의 장기 기증률도 증가하고 있습니다. 장기 조달 및 이식 네트워크Organ Procurement and Transplantation Network에 따르면, 2021년 미국에서 수행된 장기 이식 건수는 39,135건으로 2020년 39,027건에서 소폭 증가했습니다.

여기까지 읽고 나서, "예상보다 장기 기증률이 잘 증가하지 않는구나. 나도 장기 기증을 해볼까?"라고 생각하는 독자들이 있으리라 짐작합니다. 장기 기증을 고려할 때, 자신의 장기가 혹시라도 악당이나 범죄자의 수명을 늘리는 데 쓰일까 봐 주저하는 이는 극히 드뭅니다. 즉, 내 장기를 받은 이가 건강하게 살아나서는 세상에 악을 행할까 염려하는 이는 드뭅니다. 그러면 자신의 지식, 견해, 철학에 대해서는 어떨까요? 앞의 섹션 중 '정신을 확장한다'에 관한 이야기입니다.

미국 스타트업 기업인 히어애프터AIHereAfter AI는 사랑했지만 먼저 떠나간 사람의 삶과 이야기를 남겨진 이들에게 전달하는 서비스를 제공합니다. 살아 있는 사람의 라이프로그, 대화 등을 기록하고 분석해서 사후에 가족과 친구들이 그와 대화하는 기회를 만들어줍니다. 삶을 기록하기 위해 27개 분야에 대해 수백 개이상의 질문에 답변하도록 유도합니다. 3D 카메라를 활용해 얼굴과 표정을 기록하여 딥페이크에 활용합니다. 또 다른 기업인 라이프넛LifeNaut은 히어애프터가 삶을 기록하는 방식에 덧붙여서 유전자 정보까지 기록하고 있습니다. 화면 속에서 대화하는 아바타를 넘어서서, 먼 훗날 유전자 정보를 바탕으로 생물학적으로 아바타를 재현하고자 하는 계획입니다.

조니 뎁이 주인공으로 등장했던 영화 〈트랜센던스〉에서는 라이프넛과 유사한 아이디어로 죽음에서 돌아온 조니 뎁의 삶을 보여주었습니다. 또한 영국 드라마 〈블랙 미러〉 시즌 2의 '돌아올게Be Right Back'는 이와 똑같은 상황을 다룹니다. 주인공 여성이 죽은 사람의 인격을 복제해서 채팅 서비스를 제공하는 회사를 알게 됩니다. 처음에는 이 서비스를 통해 죽은 연인의 아바타와 채팅을 하다가 나중에는 실제 연인과 똑같이 생긴 휴머노이드를 주문해서 같이 삽니다. 하지만 죽은 연인의 성격과 버릇까지 완벽히 복제한 휴머노이드에게서 점차 진짜 인간과는 다른 이질감을 느끼게 된 주인공은 결국 그 존재에 대해 괴로워하다가 끝내 감금해버리는 결론에 이릅니다. 히어애프터AI, 라이프넛 등은 SF 영화 속 상상을 실행으로 옮기고 있는 상황입니다.

이쯤에서 독자에게 질문을 던집니다. 만약 히어애프터AI, 라이프넛이 당신에게 그들의 서비스를 무상으로 제공하겠다고 제안한다면, 당신은 그 제안을 받아들이겠습니까? DEAD Digital Employment After Death라는 단체는 이 주제를 놓고 설문을 진행했습니다. 미국과 일본에서 2020년 초에 1,030명을 대상으로 진행한 조사인데, 응답자의 연령은 15세부터 60세 이상까지 비교적 균등한 분포를 보였습니다. 본인이 죽은 후에 디지털 기술을 통해 부활하는 것에 대해 동의하냐는 질문에 응답자 중 63.2%가 반대, 36.8%가 찬성 의사를 밝혔습니다. 반대 의사를 밝힌 응답자 중 절반 정도는 이런 작업이 비윤리적이라고 답변했습니다. 15.9%는 이런 작업이 삶에 대한 감사, 관점에 악영향을 주리라 우려했으며, 15.3%는 죽어서까지 일하고 싶지 않다는 뜻을 표명했습니다. 또한 응답자들은 부활한 자신의 아바타가 자기 뜻과 다르게 폭력, 성적인 용도로 쓰이거나, 특정 정치나 종교를 위해 악용될 것을 두려워했습니다.

인간의 정신이 초거대 인공지능 시스템에 녹아들건, 인간을 상징하는 아바타에 녹아들건, 이 둘은 모두 인간의 정신을 기증하는 행위와 유사합니다. 도발적으로 들릴 수 있지만, 이런 의문이 듭니다. "장기 기증은 숭고하고 장려되는 행위인데, 정신 기증은 왜 거북하고 기피되는 행위일까요?" 복잡한 디지털 기술을 논하지 않더라도 인류는 이미 다양한 매체를 통해 누군가의 정신을 부활시키고 있습니다. 드라마, 영화, 만화를 통해 이순신 장군은 다양한 모습으로 후대에게 다가가고 있습니다. 영화나 드라마에서 이순신 장군의 역할을 맡았던 배우만 해도 십여 명은 됩니다.

이순신 장군이 이에 대해 동의한 적은 없지만, 그의 정신이 현대를 사는 후대에게 필요하기에 그 정신을 되살려낸 것입니다. 이런 맥락으로 보면, 정신을 되살리는 행위, 정신을 기증하는 행위는 앞으로 어떤 방법으로건 더 증가하리라 예상합니다. 일례로 DEAD는 앞서의 조사를 현재도 진행하며 결과를 업데이트하고 있는데, 찬성 의사를 밝히는 이들의 비율이 꾸준히 증가하고 있습니다. 다만 인간은 자신의 본질적 가치, 보다 높은 가치가 몸이 아닌 정신에 있다고 보고 있으며, 자신이 죽은 뒤에도 그 가치가 지켜지길 기대하기에, 그 가치를 지키기 위한 기술과 제도가 동반해서 발달하게 됩니다.

앞서 '본능이 저항한다' 섹션에서 인류가 자신의 집단에 다른 존재가 들어오는 것을 얼마나 꺼리는지 살펴봤고, '지능은 허상이다'를 통해 다른 종 또는 존재 간 지능을 비교하며 우월성을 따지는 것은 무의미하다고 설명했습니다. 그리고 이번에는 자신의 정신을 기계에게 남기는 것 또는 인간들의 정신을 물려받은 기계가 살아 있는 인간들의 자리를 위협하는 상황을 두려워하는 인간의 마음을 얘기했습니다. 이제 이야기를 정리해보겠습니다. 크게 세 가지 방향으로 생명에 관한 테두리에 변화가 옵니다.

첫째, 인간의 우려에도 불구하고 결국 인류는 지능형 기계와 공존하는 세상을 살아가게 됩니다. 인구 규모의 변화를 살펴보겠습니다. 한국은 장기적으로 인구가 감소하는 추세에 들어섰으나, 지구 전체를 놓고 보면 인구는 당분간 증가하는 추세입니다. 다만 인구가 증가하는 속도, 즉 인구 증가율은 지구 전체적으로 둔화하고 있습니다. 그렇다면 세계 인구는 끝없이 증가할까요? 여기에는 너무나도 복잡한 요소들이 얽혀 있기 때문에, 아직 누구도 이에 대해 명확한 예측을 내놓지는 못했습니다. 그러나 UN 인구국UN Population Division이 발표한 보고서에 따르면, 2050년까지 세계 인구는 80억 명에서 100억 명 사이까지 증가할 것으로 보입니다. 세계 인구수는 2100년 이전에 정점에 다다른다는 예측이 많습니다.[37] 그 시기가 지나면 80~90%의 확률로 인구가 감소한다는 예측입니다.

그러면 2030년, 2050년, 인류 곁에는 얼마나 많은 인공지능, 로봇, 기계장치가 존재할까요? 하나의 지능형 기계가 여러 사람처럼 행동할 수 있기에 이를 몇 명이라고 표현하기는 어렵습니다. 질문을 바꿔서, 미래에 인간은 하루 중 몇 개의 지능형 기계와 마주하게 될까요? 이것 역시 정확하게 숫자로 언급하기는 어렵지만, 사람이 하루 중 소통하는 대상의 비율에서 지능형 기계의 비율이 꾸준히 증가할 것은 명백합니다. 인간은 이미 인터넷이 보급되기 시작한 이래 일상의 많은 소통을 인간이 아닌 기계와 하고 있습니다. 상점 주인이 아닌 쇼핑 앱과 거래해서 물건을 사고, 전화로 얘기를 주고받는 방식이 아닌 목록화되고 기호화된 버튼을 누르며 음식을 주문하며, 증권과 은행을 포함한 금융업 전반은 모든 국가에서 오프라인 점포와 상담사를 줄이고 소프트웨어로 대체되고 있습니다. 이런 상황의 옳고 그름, 또는 좋고 싫음을 떠나서 앞으로 인간은 실제 인간이 아닌, 인간이 창조한 지능형 기계와 소통하며 살아가는 시간의 비율이 증가합니다. 이 상황을 거스르기는 어렵습니다.

앞 섹션에서 설명했듯이 인간의 지능과 직접 비교하기는 무리이지만, 어떤 형태건 지능을 가진 기술의 결과물과 인류의 공생이 시작되었으며, 점점 더 공생의 영역은 넓고 깊어집니다. 인류가 창조한 존재와 인류가 공생하기 위한 윤리, 철학, 법 등을 차분하고 꾸준히 준비해가야 합니다. 일례로, 사회에서 공생하며 무언가를 생산하는 존재는 세금을 내기 마련입니다. 그렇다면 앞으로 인간과 공생하는 지능형 기계들도 세금을 내야 합니다. 이에 관해서는 4부 '행동의 진화'의 '노동' 편에서 다시 다루겠습니다. 여기서는 인간의 테두리에 다른 존재들이 들어왔으니, 그에 맞게 기존 제도와 사고 관점을 늦지 않게 바꿔가야 한다는 것만 기억해주시기를 바랍니다.

둘째, 인간 외의 생명체를 대하는 태도에 큰 변화가 발생합니다. 인간 집단이 가진 테두리를 완전히 허물어서 다른 동물들을 포용하지는 않겠으나, 지구 생태계에 포함된 개체들을 현재와 같이 지배자와 피지배 대상으로 나눠서 사고하는 관점은 무너지게 됩니다.

인공 진화를 통해 확장된 정신을 가진 인간은 동물의 생각과 감정에도 더욱 깊은 이해와 공감을 형성하게 되며, 그 과정에서 인간과 다른 종의 관계를 다시 설정하는 다양한 움직임이 발생하게 됩니다. 예컨대 공장식 사육 환경이 크게 달라질 것입니다. 이에 관해서도 4부의 '노동' 편에서 다시 살펴보겠습니다.

셋째, 종족의 우상을 버려야 합니다. 앞서 설명한 대로 인류는 인간이라는 테두리의 벽을 높이 쌓고, 그 안과 밖에 있는 존재를 양분하는 경향이 있습니다. 인간의 입장에서 인간 중심의 시선으로 세상과 자연을 해석합니다. 자연을 지켜야 한다, 환경을 보호해야 한다고 주장하며, 이런 주장을 가치 있고 아름답다고 여깁니다. 그런데 이렇게 자연과 환경을 보호한다는 관점에도 인간 중심, 인간 지배적 의식이 나타나는 경우가 있습니다.

후손을 위해 자연을 보호하자, 인류의 미래를 위해 환경을 지키자고 주장하는데, 이런 배경에는 인간이 자연을 지배하고, 자연의 모든 자원을 인간이 주인이 되어서 미래에도 사용한다는 의식이 깔려 있습니다. 철학자 프랜시스 베이컨Francis Bacon이 주장한 '종족의 우상idols of the tribe'이 떠오르는 부분입니다. 세상의 모든 현상과 관계를 인간의 관점으로 해석한다는 점에서 그렇습니다. 인류의 탄생부터 지금까지 일부 변동은 있었으나, 큰 틀에서 인류는 그 관점을 고수해왔습니다. 그런 관점은 현재 인류가 안고 있는 자연, 환경과 관련된 문제의 상당 부분을 만들어낸 배경입니다.

이제 그런 관점을 내려놓아야 합니다. 그런 관점을 온전히 내려놓을 때 인류는 새로운 세상을 꿈꿀 수 있습니다. 새로운 존재와 인류가 조화롭게 공생하는 세상을 창조할 수 있습니다. 다만 솔직히 말해서, 현 상황에서 인간의 의식에 그 정도의 변화가 생길지는 저도 장담할 수 없기에, 그저 그렇게 바란다고 말할 뿐입니다.

CHAPTER 3

신

나를 거쳐서 길은 황량의 도시로

나를 거쳐서 길은 영원한 슬픔으로

나를 거쳐서 길은 버림받은 자들 사이로.

나의 창조주는 정의로 움직이시어

전능한 힘과 한량없는 지혜

태초의 사랑으로 나를 만드셨다.

나 이전에 창조된 것은 영원한 것뿐이니,

나도 영원히 남으리라.

여기 들어오는 너희는 모든 희망을 버려라.

— 단테 알리기에리, 『신곡』

인간이 신을 믿고 의지하는 행위에는 긍정적인 면과 부정적인 면이 공존합니다. 긍정적 효과 중 하나는 도덕적 행동을 촉진할 수 있다는 것입니다. 종교적 가르침에는 종종 윤리적 행동에 대한 지침이 포함되어 있으며, 많은 사람들이 자신의 신앙이나 동료 신자들에 대한 의무감으로 이러한 지침에 따라 행동하도록 동기를 부여받습니다. 이는 자선 기부 및 자원봉사와 같은 친사회적 행동의 증가로 이어집니다. 즉, 종교인이 비종교인보다 자선 기부에 참여할 가능성이 더 높은 것으로 나타납니다.[38] 비슷한 신념과 가치를 공유하는 개인들이 사회적 네트워크를 형성하여, 도움이 필요할 때 정서적, 실질적 지원을 제공할 수 있습니다. 종교 활동에 활발한 노년층의 경우 사회적 소속감이 강하고, 우울증이 낮게 나타났으며, 삶에 관한 만족도가 높게 조사되었습니다.[39]

그러나 부정적인 영향도 있습니다. 종교적 차이는 역사적으로 민족 간 깊은 갈등을 불러일으켰으며, 차별과 편견의 원인이 되기도 했습니다. 또한 일부 종교적 신념은 과학적 증거와 상충하여, 과학과 기술의 발전을 저해하기도 했습니다.

무한을 향하는 인류의 기술은 신의 영역까지 다다를 수 있을까요? 인공 진화가 신의 영역에 어떤 영향을 줄지 살펴보겠습니다.

신처럼 놀아본다

독일의 과학자이자 수도사였던 아타나시우스 키르허Athanasius
Kircher는 17세기에 등불을 이용한 환등기를 만들었습니다.[40] 환등
기 내부에는 등불이 있고 위쪽으로는 연기를 빼내는 굴뚝이 있
었습니다. 등불에서 나오는 빛을 렌즈로 모으고, 렌즈 앞에 그림
이 그려진 팔레트를 꽂아서 보는 방식이었습니다. 키르허가 보
여준 그림은 한 사내가 지옥 유황불에서 고통받는 모습이었습니
다. 지금이라면 그 정도 이미지는 아이들 장난 같은 수준이지만,
당시에 그 이미지를 본 사람들은 엄청난 충격에 빠졌습니다. 말
로만 들었던 지옥이 머릿속 관념이 아닌 눈앞의 생생한 감각으
로 전해졌기 때문입니다. 이런 효과로 인해 당시에 종교계에서

이런 장치를 많이 사용했다고 합니다. 중세 시대 마술사들도 오목거울과 연기를 이용해서 악령을 만들어 대중을 선동했다고 합니다.[41] 예전부터 사람들은 영상의 힘이 대단함을 잘 알고 있었나 봅니다.

발달한 기술은 종교적 사후 세계까지 점점 더 인간의 눈앞에 가져다줍니다. 각 종교는 그들이 믿고 있는 신과 사후 세계를 물리적 현실의 실재감에 근접하게 창조하여 신도들에게 보여줄 수도 있습니다. 키르허가 만들었던 환등기 속 지옥을 인류에게 물리적 현실처럼 전해주는 시대가 됩니다. 17세기 키르허의 기계는 현대의 기술 수준에서 보면 참 허술한 장치이지만, 그것만으로도 신과 인간을 연결해주는 신성한 존재의 역할을 했을 것입니다. 인공 진화를 통해 키르허가 했던 신의 놀이가 어디까지 갈지 생각해보겠습니다.

미국 작가 어니스트 클라인Ernest Cline은 2011년 SF소설 『레디 플레이어 원Ready Player One』을 발표했습니다. 2044년의 디스토피아적 미래 세계를 배경으로 대부분 인류가 오아시스라는 거대한 가상현실 시뮬레이션 안에서 시간을 보내는 이야기입니다. 소설은 현실 세계에서는 가난하게 살지만 대부분 시간을 오아시스에서 보내는 웨이드 와츠라는 십 대의 이야기를 다룹니다. 오아시스의 창시자 제임스 할리데이가 사망한 후 웨이드와 수천 명의 플레이어는 게임 내에 숨겨진 이스터에그를 잠금 해제할 수 있는 세 개의 숨겨진 열쇠를 찾기 위한 여정을 시작합니다. 이스터에그를 가장 먼저 찾는 플레이어는 할리데이의 막대한 재산과 오아시스의 통제권을 상속받게 된다는 설정입니다. 소설 속에 등장하는 오아시스는 매우 거대한 세계로 묘사됩니다. 앞서 언급했듯이 엄청나게 많은 사람들이 그 속에서 삶을 살아가는 공간으로 묘사됩니다. 그런데 소설은 이 오아시스라는 거대한 공간을 마치 제임스 할리데이가 그의 친구 오그던 모로와 둘이서 창조한 것처럼 묘사합니다. 소설 속에 상세한 묘사가 있지는 않으나, 아마도 할리데이와 모로는 고도화된 생성형 인공지능generative AI 기술을 바탕으로 오아시스를 만들었을 것으로 보입니다.

생성형 인공지능은 디지털 기기가 그림, 음악, 이야기와 같은 것을 스스로 만드는 기술입니다. 단순하게 보면, 사람이 미술 선생님이나 다양한 책, 기존 그림 등을 따라 해보며 그림 그리는 방법을 배우는 것과 비슷합니다. 생성형 인공지능은 수많은 예제를 보고 스스로 새로운 것을 만들려는 시도를 반복하면서 무언가를 만드는 방법을 학습합니다. 컴퓨터에게 고양이를 그리는 방법을 가르친다고 해봅시다. 우선 고양이 사진을 많이 보여주며 고양이가 어떻게 생겼는지 알려주고, 컴퓨터가 스스로 고양이를 그릴 수 있게 학습시킵니다. 더 많은 예를 보여줄수록 컴퓨터는 더 잘 그릴 수 있습니다. 컴퓨터가 고양이를 그리는 방법을 충분히 학습하고 나면, 이제 한 번도 본 적이 없는 고양이를 그릴 수 있게 됩니다. '한 번도 본 적이 없는 고양이', 이것이 핵심입니다.

생성형 인공지능의 가장 흥미로운 응용 분야는 예술 창작입니다. 예를 들어, 생성형 인공지능은 특정 아티스트나 장르와 유사한 스타일의 새로운 음악이나 예술 작품을 생성하는 데 사용될 수 있습니다. 아티스트와 디자이너가 새로운 아이디어와 프로토타입을 빠르게 만들 수 있도록 돕는 강력한 도구가 되는 셈입니다.

소설 『레디 플레이어 원』에서 할리데이와 모로가 사용했을 법한 생성형 인공지능을 실제 도입한 사례가 등장했습니다. 2022년 봄 로블록스Roblox는 인공지능 기술을 자사 서비스에 더 강력하게 도입하겠다고 발표했습니다. 로블록스는 사용자가 직접 디지털 공간을 만들고, 또 다른 사용자가 만든 디지털 공간을 경험할 수 있는 온라인 플랫폼입니다. 로블록스에서 사용자들은 '루아Lua'라는 프로그래밍 언어를 사용하여 디지털 공간과 물체들을 만들 수 있습니다. 2006년에 처음 출시된 이후, 최근 활성 사용자는 3억 명에 육박하는 것으로 알려져 있습니다. 2022년 말 기준으로 매일 4,300만 명 이상이 접속하고 있으며, 사용자들이 창작한 디지털 공간의 개수는 4천만 개를 넘어섰습니다. 사용자 중 67%가 16세 이하입니다.

로블록스가 2022년 봄에 발표한 것은 사용자가 디지털 공간과 물체를 창작할 때 복잡한 프로그래밍 언어를 사용하지 않고, 대화하는 형태로 만들 수 있게 지원하는 방식입니다. 예를 들어

"밤이 되면 바람이 불고 비가 내리게 해줘"라고 말하면, 생성형 인공지능이 사용자의 말을 이해하여 사용자가 만든 디지털 공간을 변화시키고, "중세 시대에 제작된 느낌의 비행기를 만들어줘"라고 얘기하면 그런 비행기를 디지털 공간에 올려주는 방식으로 플랫폼을 발전시켜가겠다는 선언입니다.

신이 말로 세상을 창조했다는 생각은 많은 종교 전통, 특히 유대교, 기독교, 이슬람교에서 흔히 볼 수 있는 믿음입니다. 성경의 창세기에는 신이 세상을 말로써 창조했다고 기록되어 있습니다. 창세기 1장 3절에는 "하나님이 이르시되 빛이 있으라 하시니 빛이 있더라"라고 기록되어 있습니다. 이 개념은 '하나님의 말씀' 또는 '로고스logos'로 알려져 있으며, 이는 세상을 존재하게 한 강력한 창조력을 의미합니다. 저는 로블록스가 제공하기 시작한 생성형 인공지능이 '하나님의 말씀'과 같다고 주장하려는 것은 아닙니다. 다만 사용자가 로블록스의 거대한 빈 공간에서, 컴퓨터의 언어인 프로그래밍을 사용하지 않고, 인간의 언어를 통해 세상을 창조할 수 있다는 접근이 꽤 흥미롭게 느껴집니다.

비어 있던 디지털 공간에 인간의 정신이 인간의 언어를 통해 새로운 세계를 창조하는 순간입니다. 이 상황을 생명체의 유전자와 비교해서 살펴보겠습니다. 『이기적 유전자』를 발표하며 적잖은 격론을 일으켰던 진화생물학자 리처드 도킨스는 『이기적 유전자』의 뒤를 잇는 저술로 『확장된 표현형The Extended Phenotype』을 발표했습니다. '표현형'이란 키, 눈 색깔, 머리카락 유형 등 유기체의 신체적 특징을 의미합니다. 이는 유전자와 환경에 의해 결정되는 유기체의 외모와 행동 방식입니다. 예를 들어 파란 눈을 가진 경우, 이는 부모로부터 물려받은 유전자에 의해 결정되는 표현형의 일부입니다. 생물학자들은 표현형을 연구하여 유전자와 환경이 어떻게 상호작용하여 다양한 유기체에서 볼 수 있는 형질을 만들어내는지 탐구합니다. 표현형을 연구하여 과학자들은 유전자가 어떻게 유전되는지, 시간이 지남에 따라 특성이 어떻게 진화하는지 등을 설명합니다.

그런데 확장된 표현형에는 유기체의 신체적 특성뿐만 아니라 유기체가 행동을 통해 주변 환경에 미치는 영향도 포함됩니다. 예를 들어, 새가 둥지를 짓거나 영역을 방어하는 행동은 자손의 생존과 번식 성공에 영향을 미칠 수 있습니다. 이러한 행동은 새의 유전자에 영향을 받고 해당 유전자의 생존과 번식 성공에 영향을 미칠 수 있기 때문에 새의 확장 표현형의 일부입니다. 즉, 생명체의 표현형이 물리적 경계를 넘어 그 유기체가 살고 있는 환경에까지 영향을 미칠 수 있다는 주장이 핵심이며, 유전자, 행동, 환경 간의 복잡한 관계를 설명합니다.[42]

확장된 표현형으로 인간을 살펴보면, 인간이 만든 확장은 인간이 자기 능력을 강화하거나 환경을 개선하기 위해 만들고 사용하는 모든 외부 사물, 기술 또는 시스템을 포함합니다. 확장 표현형의 맥락에서 인간이 만든 확장은 인간 진화의 중요한 요소입니다. 예를 들어, 칼, 창, 활과 화살과 같은 도구는 인간이 더 효과적으로 사냥을 할 수 있게 해주고 먹이의 범위를 넓혀주었으며, 이는 결국 진화의 성공에 영향을 미쳤습니다. 즉, 확장된 표현형을 인간에게 적용해보면, 인간이 고안하고 창조한 모든 것들을 인간의 확장이라고 볼 수 있습니다. 그런데 물리적, 물질적 제약에 묶여 있던 인간의 확장은 인공 진화를 통해 새로운 국면을 맞이합니다.

사용자는 로블록스의 생성형 인공지능을 활용해 신과 유사한 방식으로, 자신의 정신을 간단히 디지털 세계로 창조하며 확장할 수 있습니다. 그런데 이때 발생하는 확장은 물리적, 물질적 세계의 확장과는 비교가 안 될 정도로 빠르고 거대합니다. 즉, 아무리 개인이 큰 꿈을 꾸고 많은 자원을 갖고 있다고 해도 물리적, 물질적 공간에 무언가를 만드는 데는 속도와 규모에서 한계가 있습니다. 대표적인 예가 네옴Neom 프로젝트입니다. 네옴 프로젝트는 사우디아라비아 정부가 2017년에 발표한 미래형 도시 건설 계획입니다. 사우디아라비아 북서부 지역에 재생 에너지로 구동되며 기술, 혁신, 관광의 허브가 될 새로운 도시를 건설하는 것이 목표입니다. 목표하는 도시는 뉴욕시의 약 33배에 달하는 26,500제곱킬로미터의 면적을 차지하며, 인구는 약 100만 명에 도달할 것으로 예상합니다. 그러나 5,000억 달러에 달하는 천문학적인 비용이 소요되며, 사우디아라비아 정부가 제시한 네옴의 형태가 현재 기술로 불가능한 부분이 너무 많다는 점에서 실현 가능성을 비관적으로 보는 시각이 많습니다. 그러나 디지털로 진화한 공간이라면 상황은 달라집니다. 『레디 플레이어 원』의 할리데이와 같이 거대한 디지털 세계를 신의 스케일로 창조하는 게 가능합니다.

신의 놀이를 꿈꾸는 인간의 도전은 공간 창조를 넘어서서 공간 속 존재까지 만들어내고 있습니다. 2023년 4월, 스탠퍼드대학 연구진은 챗GPT를 활용해서 25명의 인공지능 아바타가 살아가는 마을을 공개했습니다. 연구진은 마을에 사는 25명의 인공지능 아바타에게 기본적 조건, 상황을 할당했습니다. 그렇게 만들어진 배경을 바탕으로 25명 아바타들의 사회적 활동이 자연스럽게 나타나는 과정을 기록했습니다. 예를 들어, 한 아바타가 밸런타인데이 파티를 열고 싶어 한다는 설정을 만들어놓으면, 그 아바타는 향후 이틀 동안 파티 초대장을 자율적으로 퍼뜨리고 새로운 지인을 사귀고, 파티 날짜를 공유하며, 적절한 시간에 파티에 함께 참여할 수 있도록 조정합니다.[43]

페이블 스튜디오는 '더시뮬레이션'이란 프로젝트를 준비하고 있습니다. 개인이 보유한 NFT를 활용해서 자율적으로 활동하는 인공지능 아바타를 만들고, 그런 아바타를 한 디지털 공간에서 살아가게 한다는 목표입니다. 스탠퍼드대학의 인공지능 아바타 프로젝트와 페이블 스튜디오의 '더시뮬레이션', 이 두 경우 모두 이제 인간은 신의 위치를 차지하고 있습니다.

자신을 확장해서 신의 스케일로 세계를 창조하는 존재를 어떻게 바라봐야 할까요? 그런 세계를 창조하는 인류를 기존의 인

류와 동일하게 봐도 될까요? 반대로, 그런 세계를 창조했다고 해
서 인간이 신의 영역에 다다랐다고 봐도 될까요?

증명을 거부한다

"신앙이란 증거가 없어도, 심지어 반대의 증거가 있음에도 불구하고, 맹목적으로 믿는 것을 말한다." 신앙에 관한 리처드 도킨스의 정의입니다. 또한 세상을 논리적, 과학적으로 바라보고 이해하지 못하게 만들며, 그저 지금 상태로 만족하라고 강요하기에 종교를 반대한다고 밝히기도 했습니다. 도킨스는 과학, 논리, 이성의 측면에서 신의 존재를 부정하고 있습니다.

일부 종교는 그들이 추종하는 신성의 텍스트를 바탕으로 지구가 카펫처럼 평평하거나 우주의 중심이라는 주장을 오랫동안 이어왔지만, 지리학자 마르틴 베하임Martin Behaim, 천문학자 갈릴레오 갈릴레이, 탐험가 페르디난드 마젤란 등을 거치며 그런 환상은 모두 깨져버렸습니다. 위성사진과 우주 탐사를 통해 지구와 타 행성을 관측하는 현대 과학은 그런 잘못된 믿음의 관에 마지막 못을 박았습니다.

이런 상황에서 신이 물리적으로 존재한다면, 진화론을 비롯한 현대 과학 대부분을 부정해야 합니다. 물론 현대 과학이 절대적 진리라고 할 수는 없으나, 논리적 설득력이 부족한 종교의 텍스트를 위해 수만 년을 쌓아올린 과학을 부정하고 버리기란 쉽지 않습니다.

제가 신의 존재, 종교를 부정하기 위해 이런 논리를 펴는 것은 아닙니다. 저는 현대 인류에게 신은 과학적 논리를 통한 증명의 대상이 아니라고 생각합니다. 과학적 논리로 보면 신은 존재하지 않는다고 보는 편이 합리적이지만, 인류는 여전히 신을 믿고 있습니다. 과학의 힘을 바탕으로 물질적 풍요를 누리지만, 과학과 대척점에 있는 신을 믿기도 합니다. 인류는 양립할 수 없는 신과 과학을 모두 붙잡고 있습니다. 따라서 발전하는 과학과 기술이 앞으로 신의 존재 여부를 더 따지고 증명하려 달려든다 해도 그런 시도는 무의미합니다.

신의 존재 여부에 과학적 잣대를 들이대는 것이 무의미함을 설명하기 위해 잠시 점술에 관해 살펴보겠습니다. 다양한 방법을 통해 사람의 미래를 예측하는 점술은 전 세계 여러 문화권에서 수 세기 동안 행해져왔습니다. 역사의 흐름과 점술의 관계를 간략히 살펴보면, 고대에서 중세까지는 전쟁, 결혼, 농업과 같은 중대사를 결정하기 위해 자주 사용되었으며, 특히 중세 유럽에서는 타로와 같은 형태의 점술이 인기를 끌었습니다.

종교적으로 살펴보면, 대부분 종교에서 점술을 신이 아닌 다른 존재로부터 지식이나 지침을 구하는 것으로 보고 금기시합니다. 그러나 일부 종교는 점술을 신과 소통하는 방법으로 보기도 합니다. 파리 루브르 박물관에는 고대 이집트 왕 투탕카멘의 무덤에서 발견된 게임 '세네트senet'가 전시돼 있습니다. 격자무늬가 새겨진 직사각형의 판 위에서 말을 움직이는 게임인데, 게임 도구나 방식이 체스를 연상케 합니다. 고대 이집트인들은 사람이 죽으면 사후 세계에서 모험을 한다고 생각했습니다. 위험한 모든 관문을 통과하면 태양신과 함께 배를 타고 천상을 여행하는 신적인 존재가 된다고 믿었습니다. 세네트에는 이러한 고대 이집트인들의 세계관이 담겨 있습니다.

게임을 할 때 파라오는 동물의 뼈를 깎아 만든 '아스트라 갈리Astra Gali'라는 주사위를 사용했습니다. 왕은 신과 소통하는 사람이었고, 주사위는 주요 소통 수단 중 하나였습니다. 현대 과학으로 보면 확률적 결과이지만, 당시에는 주사위를 던져서 나오는 숫자에 성스러운 신의 뜻이 담겨 있다고 여겼습니다.[44] 젊은 층에게 이 이야기를 들려주면 매우 신기해합니다. 오늘날보다 현저하게 낮은 과학 수준 속에 인류가 살았으니 그런 비합리적 현상이 나타났다고 해석합니다.

그러면 찬란한 과학기술을 품은 현대인들은 점술을 멀리하고 있을까요? 과거에 비해 점술에 관한 의존도가 낮아지기는 했습니다. 특히 물리적으로 점술가나 타로 마스터를 찾아가는 일은 과거에 비해 줄었습니다. 그런데 참 신기한 부분은 인터넷이나 스마트폰 앱을 통해 디지털 점술을 찾는 젊은 층들이 의외로 많다는 것입니다. 물리적으로 점술가를 만나면, 점술가에게 뭔가 초자연적 능력이 있으리라, 또는 있었으면 하는 마음을 일부 품고 점술을 봅니다. 그런데 인터넷 사이트나 스마트폰 앱에서 컴퓨터의 랜덤 알고리즘에 의해 돌아가는 디지털 점술은 본질적으로 주사위의 확률과 같습니다. 디지털 점술을 찾는 이들은 그저 재미로 본다고 말하겠지만, 컴퓨터 속 알고리즘이 보여주는 무작위 결과에 신의 뜻이 담겨 있을지 모른다는 비과학적 믿음을 조금은 품고 있는 셈입니다.

점술이건 신이건 인간은 거기에 담긴 의미나 존재를 증명해서 믿는 게 아니라, 믿고 싶어서 믿습니다. 첨단 기술이 신의 존재 여부를 더 날카롭게 증명한다고 해서, 그 결과가 인류의 믿음에 직접적 영향을 줄 가능성은 낮습니다. 인류는 신에 관한 증명을 이미 거부했습니다. 따라서 논의할 주제는 과학과 기술이 신을 증명할 것이냐가 아니라, 발달한 과학과 기술로 인공 진화한 인류가 여전히 그런 믿음을 갈망할지입니다.

초월을 초월한다

신 또는 더 높은 힘에 대한 믿음은 다양한 관점에서 연구되어온 복잡하고 다면적인 현상입니다. 신을 믿고 종교를 갖는 구체적인 이유는 사람마다 다를 수 있지만, 다음과 같은 배경이 주장되고 있습니다.

첫째, 존재의 의미와 운명에 관한 질문입니다. 인간은 자신의 존재 의미, 우주의 궁극적인 운명을 이해하고자 하는 본능적인 욕구를 가지고 있습니다. 또한 인간은 생태계의 모든 것에 의도나 의미가 있으리라 믿는 인지적 편향을 갖고 있기도 합니다. 이런 의미와 운명에 관한 해답을 과학과 철학이 아닌, 신이나 더 높은 힘에 관한 믿음을 통해 얻고자 하는 경향이 있습니다.

둘째, 삶의 불확실성과 죽음에 관한 두려움 때문입니다. 과학과 기술이 비약적으로 발전한 현대에도 인류는 모든 것을 해석하고 예측하지는 못합니다. 여전히 인류는 불확실성 속에서 살고 있으며, 그런 삶에서 유일하게 확실성을 갖는 것은 인간의 죽음입니다. 그런데 유일한 확실성을 갖는 죽음, 그 뒤의 시간은 인간이 품은 가장 거대한 불확실성입니다. 이런 불확실성과 죽음에 관한 두려움에 맞서기 위해 인류는 신에게 의지하고 있습니다.

셋째, 집단의 결속과 협력을 강화하는 데 도움이 됩니다. 종교를 통해 구성원의 소속감이 강화되고, 이를 유지하기 위해 사회 집단이나 가족 내에서 종교적 신념 및 문화가 전달되는 경우가 많습니다.[45]

넷째, 초월성에 관한 동경입니다. 종교사학자 미르체아 엘리아데Mircea Eliade가 제시한 '종교적 인간Homo Religiosus'의 개념을 살펴보겠습니다. 엘리아데는 종교적 신념과 관습이 인간에게 자신보다 더 큰 무언가와 연결감을 제공하기 때문에 인간 문화에 필수적이라고 주장했습니다. 엘리아데는 신성한 것(거룩한 것)과 속된 것(일상생활)의 개념을 제안했는데, 종교적 의식과 상징이 이 두 영역 사이의 간극을 메워 개인이 성스러운 것과 연결되고 초월감을 경험하도록 한다고 주장했습니다.[46]

엘리아데의 이론은 이렇게도 해석이 가능합니다. 인류는 초월적 신성한 존재인 신을 설정해두고, 종교를 통해 생태계에서 그 신에 가장 가깝게 연결된 존재를 인류라고 여기고 있습니다.

이는 인류가 생태계의 다른 개체들보다 훨씬 더 우월하고, 다른 개체를 지배할 만한 권위를 가졌다는 자격을 스스로 부여한 셈입니다.

이런 네 가지 배경을 놓고, 크게 두 갈림길이 나타나게 됩니다. 인공 진화를 수용한 인류와 그렇지 않은 인류가 가진 신과 종교에 관한 태도가 급격히 달라집니다.

먼저, 인공 진화를 수용하지 않은 인류의 미래를 그려보겠습니다. 인공지능, 로봇공학, 생명공학, 나노 기술 등의 분야에서 기술 혁신의 속도가 빨라지면서 새로운 기회가 창출되는 동시에 일자리 대체, 개인 정보 보호, 보안, 윤리, 거버넌스 등에 관한 우려는 더 커질 것입니다. 또한 기술 변화는 에너지, 운송, 기타 재화와 서비스를 생산하고 소비하는 방식에 영향을 미침으로써 기후 변화와 같은 다른 불확실성과 연결됩니다. 이런 상황에서 인공 진화를 수용하지 않은 쪽은 더 큰 불확실성을 느끼며, 인간의 존재 의미와 운명에 관해 깊은 혼란에 빠져서 신과 종교에 더 의지할 것입니다.

또한 인공 진화를 수용한 인류의 규모가 그렇지 않은 인류에 비해 압도적으로 커질 것이기에 기술적 진화를 거부하는 소수 집단은 스스로 결속을 다지고 연대하고자 노력하며, 종교를 통해 인간 우월성과 권위 인식에 기반한 전통적 삶에 머물고자 할 것입니다.

이 과정에서 인류가 쌓아 올린 기술을 오히려 종교적으로 활용하는 집단도 등장하게 됩니다. 예를 들어, 지능형 기계나 로봇을 신처럼 여기는 테크노 숭배 현상이 나타나리라 예상합니다. 사람들은 인간이 아닌 존재를 의인화하여 인간과 같은 특성이나 동기를 부여하는 경향이 있습니다. 인간은 자신을 능가하는 존재를 찾고 믿으려는 경향이 있는데, 이로 인해 일부 사람들은 발달된 기계가 전지전능하다고 생각하며 신적인 존재로 믿을 수 있습니다. 일례로, 이미 인공지능 플랫폼인 챗GPT를 신처럼 여기며 믿는 단체가 등장한 상황입니다.

또한 인간에게는 기억에 각인되고 잘 회상되는 대상을 높게 평가하는 '가용성 휴리스틱'이라는 인지적 편향이 있어서, 발달한 기계의 독특한 성과나 디스토피아적 내러티브에 노출되면서, 기계에 관해 왜곡된 인식을 품을 수 있습니다.

기술을 활용해서 첨단의 굿판을 벌이는 것도 가능합니다. 2020년 MBC 방송에서 방영한 다큐멘터리 〈너를 만났다〉는 가상현실을 통해 죽은 가족을 만나는 장면을 연출했습니다. 이는 주술사가 이승과 저승 사이의 영매 역할을 하고, 제사장이 신과 인간을 연결하는 메신저 역할을 한 것과 흡사합니다. 앞으로는 기술을 통한 영매, 제사장이 더욱더 다양하게 등장하게 됩니다.

그러나 위와 같이 인공 진화를 수용하지 않은 인류 집단, 기술을 종교적으로 활용하는 집단의 비율은 상대적으로 낮을 것이며, 인공 진화를 수용한 다수 인류 집단은 다음과 같이 변모하리라 예상합니다. 이 섹션의 서두에서 설명했던, 신과 종교에 깔린

네 가지 배경을 바탕으로 설명하겠습니다.

첫째, 존재의 의미와 운명에 관한 해석의 주도성을 갖게 됩니다. 인공 진화를 통해 확장된 육체와 정신을 가진 인류는 생명과 우주에 관한 신비를 과학과 기술로 점점 더 과감하게 해체합니다. 논리와 이성으로 신비를 해체하여, 깊은 앎의 단계에 도달합니다. 종교적 텍스트에 의탁하여 해답을 찾기보다, 그런 앎을 통해 스스로 의미를 찾고, 운명을 결정하게 됩니다.

둘째, 삶의 불확실성과 죽음에 관한 관점이 바뀝니다. 과학기술이 발전하기 전, 지진이나 기후 재난은 예측 불가능한 영역이었습니다. 그런데 인류는 이런 거대한 불확실성까지 소멸시키는 단계에 점점 더 다가가고 있습니다. 지구라는 생태계가 거대한 기계 속에서 측정 및 분석되고, 시뮬레이션되면서 인류가 품은 불확실성의 상당 부분은 해소됩니다.

궁극적 두려움인 죽음에 관해서도 생명공학을 통해 인간 수명에 비약적인 변화가 생기고, 앞서 설명한 정신 기증이나 3부에서 소개할 '멘탈 업로딩mental uploading'과 같은 접근을 통해 지금과는 완전히 다른 관점을 갖게 됩니다. 불확실성과 죽음에 관한 두려움이 완전히 소멸하지는 않겠으나, 인류는 그 둘의 필연적 현존성을 이성적으로 받아들이고 기술적, 철학적으로 담대하게 대응하게 됩니다.

셋째, 집단의 결속력을 형성하는 시스템에 변화가 나타납니다. 이제껏 종교는 문화, 지리적으로 결속력을 가진 집단 내에서 유전되었습니다. 3부 '관계의 진화'에서 설명하겠으나, 앞으로 인류의 관계는 가족, 조직, 사회, 모든 면에서 달라집니다. 그런 상황에서 가정 내에서 아동기나 청소년기에 주입식 교육처럼 교리를 전파하는 방식이 그대로 통하기는 어렵습니다.

또한 이 부분 역시 3부에서 상세히 다루겠으나, 사회적 결속 형태가 급격하게 달라지며 현재 문화, 지리적 결속 자체가 붕괴되는 상황에서 종교를 통해 집단의 결속과 소속감을 유지한다는 접근은 잘 통하지 않게 됩니다.

넷째, 초월성에 관한 동경에서 깨어납니다. 인공 진화를 통해 확장한 인류, 깊은 앎의 단계에 도달한 인류는 더 큰 무언가, 초월한 무언가를 가정하지 않게 됩니다. 더 큰 무언가, 초월한 무언가에 도달하지 못하는 자신과 그것을 종교로 연결하고자 노력하기보다는 자신이 더 큰 존재가 되고자 갈망하게 됩니다.

인류는 설명하지 못하는 초월성을 가정하고, 그런 존재에 연결된 자신을 우월하다고 가정하는 무책임한 권위적 인식에서 벗어나게 됩니다. 앞서 '경계가 무너진다'에서 소개했듯이, 생태계 구성원 간 경계성에 관한 두터운 인식을 내려놓게 됩니다. 이러한 탈각을 통해 인류와 지구 생태계는 다음 단계로 나아갈 수 있습니다.

존재의 의미와 운명에 주도성을 가진 존재, 불확실성과 죽음에 담대하게 대응하는 존재, 유전적 믿음을 통해 결속과 소속감을 형성하지 않는 존재, 초월을 동경이 아닌 도달의 대상으로 인식하며 인간 우월성의 껍질을 벗어던진 존재, 저는 이것이 인공진화기에 접어든 인류라고 생각합니다. 인류가 이런 존재가 된다면, 신과 종교의 존속 이유는 지금보다 현저히 낮아지리라 예상합니다. 신과 종교의 존속 여부를 떠나서, 그런 존재는 그 자체로 아름다운 존재, 신과 종교를 통해 도달하고자 했던 인간의 모습이라 믿습니다.

PART 2

인간의 마음은 역사적으로 예술가, 시인, 철학자들의 상상력을 사로잡은 신비롭고 경이로운 실체입니다. 셰익스피어의 작품에서부터 에밀리 디킨슨의 시에 이르기까지 인간의 마음은 역사적으로 수많은 예술가에게 영감의 원천이 되어왔습니다.

마음은 인간이 가진 생각, 감정, 지각의 원천이며, 이를 통해 인간은 주변 세계를 이해하고 경험합니다.[1] 신경과학의 발전으로 마음의 작용이 조금씩 밝혀지면서 인간의 생각과 감정의 근간이 되는 복잡한 신경망과 화학적 과정이 알려지고 있습니다. 그러나 이러한 발전에도 불구하고 마음은 여전히 매우 복잡하고 신비한 존재로 남아 있으며, 아름다움과 어둠이 공존하는 대상입니다.

이번 파트에서는 인간의 마음을 욕망, 경험, 감정의 연결 관계로 바라보고 얘기하겠습니다. 간단히 보자면, 인간은 욕망(정확히는 '욕구'를 포함)하는 것을 이루기 위해 생각하고 판단해서 경험을 만들어내고, 그 결과 어떤 감정 상태에 다다릅니다. 인간의 욕망, 경험, 감정은 서로 밀접하게 연결되어 있으며, 깊은 방식으로 서로를 형성하고 영향을 미칩니다. 이러한 상호 관계는 인간 삶의 방향성을 결정하는 핵심입니다.

특히 욕망은 이러한 상호작용에서 중심 역할을 합니다. 욕망은 인간의 행동을 이끄는 원동력이며, 목표와 꿈을 추구하도록 자극하는 동기입니다. 새로운 상황에 직면하고 주변 세계와 상호작용하면서 인간의 욕망은 변화하며, 세상에 관한 이해가 높아짐에 따라 더욱 세련되어지고 정제됩니다.

욕망과 경험 사이의 상호작용은 복잡하고 다층적입니다. 인간의 욕망은 경험의 영향을 받아 자신이 삶에서 바라는 것에 관한 기대와 신념을 형성합니다. 반대로 자신이 바라는 것에 부합하는 새로운 경험과 기회를 좇으면서, 경험이 욕망에 의해 형성되기도 합니다.

감정 역시 이러한 상호작용에서 중요한 역할을 합니다. 감정은 인간의 욕망 및 경험과 밀접하게 연결되어 주변 세계에 관한 인간의 반응을 형성합니다. 감정은 인간의 욕망을 증폭시키기도 하고 약화시키기도 하며, 인간이 내리는 선택과 인생의 길에 영향을 미칩니다. 때때로 인간의 감정은 욕망과 상충되어 화해하기 어려운 내적 갈등을 일으킬 수도 있습니다.[2] 예를 들어 커리어에서 성공하고 싶은 욕망이 있지만 불안감이나 자기 의심에 시달려 자신감 있게 목표를 추구하기 어려울 수 있습니다. 또는 특정 라이프스타일이나 관계에 끌리지만 두려움이나 죄책감 같은 감정이 이를 온전히 받아들이는 것을 방해하기도 합니다. 이런 복잡한 얽힘 중에서 먼저, 인간이 품은 욕망으로 들어가 보겠습니다.

CHAPTER 4
욕망

왜 완행열차를 선택했느냐는 그의 질문에 그녀는 지금 들고 있는 책을 마저 다 읽으려고 탔다고 대답했다. 그녀는 기차만큼 책 읽기에 좋은 장소는 없다고, 새로운 것을 향해 자기가 이렇게 마음을 활짝 여는 곳은 그 어디에도 없다고, 그래서 완행열차 전문가가 되었다고 말했다.

— 파스칼 메르시어, 『리스본행 야간열차』

저는 대학에서 학생들과 매년 메이플라이Mayfly라는 빅게임을 플레이합니다. 20대부터 70대까지의 인생을 몇 시간 동안 미리 살아보는 게임인데, 학생들에게 자신의 삶과 욕망을 미리 조망해보는 기회를 만들어주고 싶어서 제가 직접 제작한 것입니다.

규칙은 대략 이렇습니다. 메이플라이는 욕망 카드와 생명 카드라는 두 종류의 카드로 구성되어 있습니다. 욕망 카드에는 돈, 건강, 아름다움 등 인간의 다양한 욕망에 관한 키워드가 한 가지씩 적혀 있습니다. 생명 카드는 각자의 수명을 의미합니다. 모든 참가자는 동일하게 기대 수명 85세에서 게임을 시작하게 되지만, 생명 카드가 1장씩 늘어나거나 줄어들 때마다 수명이 5년씩 증감됩니다.

먼저 학생들은 각각 무작위로 뽑힌 욕망 카드 7장과 생명 카드 3장씩을 나누어 갖습니다. 학생들은 서로 자유롭게 자신들의 욕망 카드와 생명 카드를 교환할 수 있으며, 카드를 교환하는 조건은 각자 마음대로 정할 수 있습니다. 게임의 최종 목표는 자신이 갖고 싶은 욕망 카드를 최대한 많이 확보하는 것입니다. 학생들은 강의실을 돌아다니며 서로의 욕망 카드를 보여주고, 서로 합의할 경우 카드를 교환합니다. 거래에 생명 카드를 활용해도 됩니다. 예를 들어 내가 가진 생명 카드 1장을 상대방이 가진 '현금 10억 원' 욕망 카드 1장과 교환할 수 있습니다. 또는 내가 가진 생명 카드 1장과 '건강' 욕망 카드 1장을 묶어서, 상대방이 가진 '아름다운 외모' 욕망 카드 1장과 교환해도 됩니다. 욕망의 가치는 상대적이며, 욕망에는 가격표가 없기 때문입니다. 교환을 하다 보면, "왜 그 욕망을 버리고 이 욕망을 택하느냐?"는 대화가 자연스럽게 오갑니다.

게임 종료 시간이 가까워질수록 각자가 추구하는 삶의 윤곽이 어렴풋이 드러나기 시작합니다. 10억 원과 5년의 수명을 교환한 학생, 아름다운 외모를 위해 돈도 수명도 포기한 학생도 등장합니다. 생명 카드 3장을 모두 욕망과의 교환에 사용한 학생은 15년의 수명이 삭감되어 70세의 수명으로 게임을 종료합니다. 반대로 교환 과정에서 생명 카드 2장을 더 확보하여 종료 시 생명 카드 5장을 갖게 된 학생은 수명이 10년 더 늘어나 95세가 됩니다. 모든 학생이 카드 교환을 마치면 이제 자신이 최종적으로 확보한 욕망과 수명을 생각해보며, 각자 자신의 묘비명을 적어봅니다. 이러한 플레이 과정을 통해 학생들에게 "내가 살아오면서 추구했던 욕망들이 곧 내 인생"임을 상기시키는 세계관입니다.

인간이 품은 욕망은 세상을 통해 위대함으로 나타나기도 하지만,

세상을 파괴로 이끌기도 합니다. 누군가의 욕망은 그 사람을 투영하는 청사진입니다. 인류는 어떤 청사진을 그리며 오늘의 메이플라이를 플레이하고 있을까요? 인공 진화기에 접어든 인류는 앞으로 어떤 욕망 카드를 새롭게 만들어낼까요? 진화하는 인류의 욕망을 살펴보겠습니다.

욕망은 진화했다

인간이 무언가를 취하고자, 이루고자 할 때 그것은 욕구일까요? 아니면 욕망일까요? 철학적으로 보면, 욕구needs는 생존, 성장, 웰빙을 위해 필요한 요구 사항입니다. 욕구는 객관적이고 보편적인 것으로 전 인류가 공유하며, 개인적 선호나 문화적 차이에 영향을 받지 않습니다. 욕구의 예로는 음식, 물, 쉼터, 안전 등이 있습니다. 이러한 욕구는 개인이 생존하고 번성하기 위해 반드시 충족되어야 합니다.

반면에 욕망은 주관적이며 개인과 문화에 따라 크게 다를 수 있습니다. 일반적으로 개인적 선호도, 사회적 규범, 문화적 가치의 영향을 받습니다. 욕망은 생존을 위해 필요한 것이 아니라 개인적인 바람 또는 선호에 의해 주도됩니다. 욕망의 예로는 고급 주택, 고급 자동차, 특정 직업 등이 있습니다. 욕구는 생존에 필수적이지만 욕망은 꼭 그렇지만은 않습니다. 개인의 가치관과 환경에 따라 욕망의 종류와 수준이 다릅니다.

철학자들도 이 둘을 분리해서 설명합니다. 아리스토텔레스는 『니코마코스 윤리학』에서 인간의 선에 대한 논의에서 욕구chreiai와 욕망orexeis을 구분했습니다. 그는 욕구는 인간의 번영에 필수적이며 모든 개인이 공유하는 반면, 욕망은 개인주의적이며 개인의 취향과 상황에 따라 달라질 수 있다고 주장했습니다.[3]

마찬가지로 임마누엘 칸트는 인간의 욕구는 인간의 존엄성 개념에 뿌리를 두고 있는 반면, 욕망은 주관적인 바람 또는 선호에 불과하다고 주장했습니다. 그는 인간은 웰빙을 위해 자신의 욕구를 충족시킬 의무가 있지만, 욕망에 욕구와 동일한 도덕적 가중치를 부여해서는 안 된다고 믿었습니다.

오늘날 인류는 욕구의 만족을 이미 충분히 넘어선 상태에서 욕망 추구에 집중하고 있습니다. 물론 지구 전체를 놓고 보면 기본적 욕구조차 만족하지 못하는 이들이 적잖으나, 인류가 생산하는 산출물의 총합을 놓고 보면, 인류 전체의 욕구를 채우는 데 전혀 부족함이 없습니다. 전체 인류의 욕구를 채우기 위한 산출물의 적절한 배분과 유통도 중요하겠으나, 인류의 미래는 그보다 욕망의 진화에 따라 더 큰 영향을 받으리라 예견합니다. 따라서 이번 섹션에서는 지금부터 주로 욕망에 관해 얘기할 것이며,

때로는 이 책에서 사용하는 욕망이란 단어가 기본 욕구를 포함하기도 합니다.

인간의 욕망은 사회, 경제, 기술 환경의 변화에 따라 시간이 지남에 따라 변화해왔습니다. 원시 시대부터 현대에 이르기까지 인간의 욕망이 어떻게 진화해왔는지 간략하게 살펴보겠습니다.[4] 원시 시대, 인류 역사의 초기 단계에서는 욕망이 주로 의식주, 안전과 같은 기본적인 생존 욕구에 집중되었습니다. 인류가 언어와 사회 구조를 발전시키면서 사회적 소속감과 동료애에 관한 욕구가 생겨났습니다. 이 시기 인류의 욕망은 현대에 비해 단순했으며, 주로 당장의 생존과 사회적 연결을 위한 것이었습니다.

농경 시대로 들어서면서 농업이 부흥하고 정착 사회가 발달하면서, 재산, 부, 사회적 지위에 대한 새로운 욕구가 생겨났습니다. 이러한 욕망은 토지와 자원의 소유 및 통제와 밀접한 관련이 있었고, 사회 계층과 계급 제도의 출현으로 이어졌습니다.

산업혁명을 통해 산업 시대로 접어들면서, 인류의 욕망에 급격한 변화가 시작되었습니다. 이제 인류는 물질적 재화뿐만 아니라 자동차, 가전제품, 엔터테인먼트와 같은 현대 생활의 편리함과 사치를 추구하기 시작했습니다. 또한 광고와 미디어 메시지가 발달하면서, 대중의 욕망을 직접적으로 자극하고, 집단의 욕망을 형성하는 소비자 문화가 부상했습니다.

디지털 시대로 접어들면서, 인터넷을 중심으로 한 다양한 디지털 기술의 출현은 연결성, 편리함, 즉각적인 만족에 초점을 맞추면서 인류의 욕망을 다시 한번 변화시켰습니다. 소셜미디어와 온라인 플랫폼은 관심, 검증, 사회적 영향력에 관한 새로운 욕구를 불러일으켰고, 기술 발전은 맞춤화 및 개인화를 중심으로 새로운 욕망을 자극했습니다.

사회학적 관점에서 볼 때, 인간 욕망의 진화는 시대마다 변화하는 사회적, 문화적 규범과 가치를 반영합니다. 사회가 발전하고 복잡해짐에 따라 물질적 재화, 사회적 지위, 개인적 성취에 관한 욕구가 더욱 두드러지게 나타났습니다. 미국의 경제학자이자 사회학자인 소스타인 베블런Thorstein Veblen은 『유한계급론』을 통해 생산적인 노동에 종사하지 않는 부유한 엘리트인 '여가 계층'이 자신의 지위와 부를 다른 사람들에게 알리기 위한 수단으로 눈에 띄는 소비를 사용한다고 주장했습니다. 베블런은 또한 경제 시스템이 비효율적이고 낭비적이며 사람들이 공동선共同善보다 자신의 지위와 부를 우선시하도록 부추긴다고 비판했습니다.[5]

진화심리학의 틀에 따르면 인간의 욕망은 음식, 성, 사회적 관계에 관한 욕구 등 기본적인 생존과 생식 욕구를 충족하기 위해 오랜 시간에 걸쳐 진화해왔습니다.[6] 예를 들어 음식에 대한 욕구는 식량이 부족한 환경에서 조상들이 생존하는 데 도움이 된 적응이며, 사회적 연결에 대한 욕구는 조상들이 동맹을 형성하고 생존 가능성을 높이는 데 도움이 된 적응입니다.

마찬가지로 낭만적 사랑에 관한 욕망도 인간 짝짓기 시스템의 변화에 따라 진화해왔습니다.[7] 피셔는 낭만적 사랑은 정욕, 매력, 애착의 세 가지 단계로 구분할 수 있는 복잡한 현상이라고 주장합니다. 이러한 단계는 포유류 조상의 진화적 적응에 뿌리를 두고 있으며, 번식 과정에서 다른 기능을 수행한다고 설명합니다. 예를 들어 정욕은 성적 만족에 관한 욕망에 의해 주도되며 높은 수준의 테스토스테론과 에스트로겐이 특징입니다. 반면에 매력은 특정 짝에 관한 선호도에 의해 주도되며 높은 수준의 도파민과 노르에피네프린이 특징입니다. 애착은 시간이 지남에 따라 발전하는 유대감과 헌신이 특징이며, 옥시토신 호르몬에 의해 주도됩니다.

또한 여러 문화권에서 연구된 결과를 보면, 구애 과정에서 남성은 여성보다 젊음과 아름다움 같은 시각적 신호에 더 강하게 반응합니다. 생존력이 높은 새끼를 낳을 수 있는 여성을 찾기 위해 시각적 신호에 반응하도록 진화했다는 견해입니다. 반면, 구애 과정에서 여성은 남성에 비해 사회적 지위와 재원을 많이 확보한 상대를 더 선호하며, 상대 남성의 행동을 기억하고 장기적 관점에서 상대를 선택하도록 진화했습니다.[8]

이렇듯 인류가 품은 욕망은 고정된 것이 아니었으며, 인류 역사의 흐름과 함께 변천했습니다. 인공 진화기에 들어선 인류가 앞으로 어떤 욕망을 추구하며 살아갈 것인지, 인류가 마음에 품은 욕망의 미래를 살펴보겠습니다. 먼저 다음 장에서 진화한 욕망을 품은 인류의 하루를 짧은 이야기로 들려드리겠습니다.

미래를 살아본다

레슬리는 눈을 뜨자마자 뇌-컴퓨터 인터페이스 장치를 벗었다. 식은땀을 흘렸는지 베갯잇이 젖어 있었다. 간밤에 꿈자리가 뒤숭숭했는데, 어떤 꿈이었는지 기억은 나지 않았다.

"꿈을 보여줘."

"그래, 편집해서 3분 정도로 보여줄게."

인공지능 비서 라우가 바로 응답했다. 침대맡에서 곡선형 투명 디스플레이가 올라왔다. 레슬리는 침대에 몸을 기댄 채 어젯밤 꿈을 시청했다. 어두운 숲길에서 늑대에 쫓기는 꿈이었다. 이번 달 들어서만 이 꿈을 네 번째 꾸었다. 별거 아니라고 넘기고 싶었지만, 마음 한구석에 모래알이 낀 듯한 느낌이 들었다. 레슬리의 표정을 읽어낸 라우가 말을 꺼냈다.

"레슬리, 아무래도 다시 상담받아보는 게 어때?"

레슬리가 고개를 끄덕이자 투명 디스플레이에 인공지능 정신과 의사가 나타났다. 인간 의사를 선택할 수도 있지만, 레슬리는 대개 인공지능 의사를 택해서 상담을 받곤 했다.

상담을 끝내고는 냉장고에 부착된 맞춤형 음료 머신에서 음료수를 꺼냈다. 날마다 레슬리의 건강 상태에 맞춰서 각종 미네랄과 영양소를 보충해주는 음료를 즉석에서 만들어주는 장치이다. 반려견 메이가 레슬리 곁으로 와서는 꼬리를 흔들었다. 메이가 내는 소리와 몸동작을 인식한 라우가 레슬리에게 말을 건넸다.

"레슬리, 메이가 지금 너무 지루하다고 하는데. 산책하러 나가면 어때?"

레슬리는 좀 귀찮은 마음이었지만, 요 며칠간 메이와의 산책을 건너뛰었던 탓에 미안한 감정이 들었다. 음료수를 챙겨서 메이와 함께 산책을 나섰다. 메이는 신이 나서 뛰어다녔다. 라우가 다시 말을 건넸다.

"오늘은 보물찾기 게임 해보면 어때?"

레슬리는 보통 20~30분 정도 산책하는 편인데, 아무래도 라우는 레슬리가 한 시간은 넘게 산책했으면 싶었나 보다.

"어떤 보물들이 있는데?"

"네가 좋아하는 무신사에서 신상품 이벤트를 하는데, 이 근처에 네 개가 숨겨져 있어. 찾아보자!"

레슬리는 못 이기는 척 보물찾기를 시작했다. 보물을 찾다 보면 잘 안 가보던 골목에 들어서기도 하고, 더 오래 걷게 되어서 나름대로 운동이 되고 재미도 있었다. 보물을 찾아 한참을 헤매다가 벤치에 앉았다. 벤치 옆에 누군가가 남기고 간 메시지 알람이 보였다.

"보여줘."

110세 정도의 노인이 남긴 메시지였다. 동네를 오가며 몇 번 마주치기는 했지만, 직접 인사를 나눈 적은 없는 사람이었다. 스마트 글래스를 통해 나타난 노인은 그 벤치에 담긴 아내와의 추억을 이야기하며, 이 공간에 그늘막을 설치하면 어떻겠냐고 제안했다. 뒤이어 시민 모금함이 나타났다. 노인이 설정한 모금액의 절반 정도가 채워진 상태였다. 레슬리는 모금 참여를 선택해서 돈을 보냈다.

집으로 돌아온 레슬리는 집 안에 만들어놓은 미니 스마트팜에서 키운 양상추와 배양육 소고기로 스테이크를 요리했다. 고기가 먹고 싶을 때면 종종 이렇게 배양육 소고기를 먹곤 했다. 식사하면서, 오후에 보고할 프로젝트 내용을 살펴봤다.

올해 대학 교수직을 그만둔 레슬리는 유전자 디자이너로 새로운 활동을 시작했다. 물론 이 일을 시작한 지 얼마 되지 않아서, 아직은 이 분야에서 사회 초년생 신세였다. 이번에 새로 참여하는 프로젝트는 기원전에 멸종한 동물을 복원하는 작업이었다.

레슬리는 대학 교수직을 그만두기 전부터 유전공학을 공부해왔다. 영국에 있는 학교에서 제공해준 계정을 통해 양자 컴퓨터에 접속하여, 다양한 시뮬레이션을 해보면서 하는 공부가 참 신기하고 즐거웠다. 의약품 개발, 식물 종 개량 등 거의 모든 생물 영역에서 양자 컴퓨터를 활용한 시뮬레이션은 엄청난 성능을 보였다.

이번 프로젝트의 팀장은 레슬리가 교수 시절 교양 과목을 가르쳤던 제자였다. 66세의 레슬리는 이제 교수가 아닌 초보 유전자 디자이너로서 40세의 제자, 아니 팀장과 협력하며 프로젝트를 수행하고 있었다.

교수 시절 연구했던 분야와 관련된 일을 한다면 좀 더 많은 돈을 벌 수 있겠지만, 레슬리는 이제 다른 일을 해보고 싶었다. 기업에서 사용하는 지능형 기계류에 세금이 부과되고, 그렇게 확보한 재원으로 전 국민에게 기본소득이 지원되면서, 경제적인 면에서 조금은 부담이 적어졌기 때문이었다.

식사를 마친 레슬리는 최근에 쓰고 있는 SF소설의 시놉시스를 열어봤다. 레슬리는 요즘 짬짬이 중세 시대를 배경으로 하는 SF소설을 쓰고 있었다. 대략 큰 뼈대를 세웠는데, 내용이 괜찮은지 검토를 받아보고 싶었다. 소파에 기대어 앉아 자신이 좋아하는 SF 작가인 아이작 아시모프, 아서 클라크, 필립 K. 딕, 레이 브래드버리를 불러냈다. 소파 테이블 맞은편에 네 명의 전설적 SF 작가들이 모습을 나타냈다. 자신의 시놉시스를 보고 네 명의 작가가 어떤 의견을 꺼낼지, 레슬리는 꽤 긴장하고 있었다. 네 작가가 각자 자신의 관점에서 다양한 의견을 들려줬다. 레슬리는 아서 클라크의 의견에 가장 공감이 됐다. 반면 아시모프는 레슬리가 가장 존경하는 작가이지만, 아무리 고민해봐도 그의 의견을 반영하기는 어렵다고 생각해서, 이번에는 본인의 뜻대로 이야기를 풀어가기로 결심했다.

이제 한 시간 뒤면 미국 버지니아 블랙스버그에서 열리는 프로젝트 회의에서 발표해야 한다. 지난번에는 비행기를 타고 직접 블랙스버그를 방문했으나, 이번에는 시간을 맞추기가 어려웠다. 레슬리는 뇌-컴퓨터 인터페이스 장치를 착용하고, 예약해둔 로브에 접속했다. 로브는 사람 모양의 아바타 로봇이었다. 마치 공유 자동차, 킥보드처럼 로브는 세계 곳곳에 비치되었다. 예약을 하고 원격에서 로브에 접속하면, 마치 그곳에 간 듯이 활동할 수 있었다. 로브는 머리부터 발끝까지 모두 디스플레이로 덮여 있어서, 접속한 사람의 선택에 따라 얼굴, 피부 톤, 옷과 신발까지 설정할 수 있었다. 레슬리는 자기 얼굴을 그대로 보여주고, 옷은 보물찾기에서 받은 무신사의 블레이저를 선택했다.

레슬리는 한국어로 발표를 진행했다. 물론 블랙스버그에 모인 프로젝트 멤버들에게는 각자 자신이 선호하는 언어로 발표가 들렸다. 레슬리가 한국식 농담을 던지면, 멤버의 문화권, 연령 등을 바탕으로 자동으로 이야기가 일부 각색이 되어 전달되었다. 예전과 달리 멤버들의 얼굴에 미소가 가득한 모습을 보면서 레슬리는 더 신나게 발표를 마칠 수 있었다.

발표를 마치고 아프리카에서 온 암마가 레슬리에게 말을 건

넀다. 발표했던 내용 중 일부를 더 자세히 듣고 싶다고 했다. 레슬리가 신나서 이야기를 풀어놓는데, 라우가 끼어들었다. 물론 라우의 얘기는 레슬리에게만 들렸다.

"암마의 이마 근육 긴장도가 낮아지고, 안면 근육이 전체적으로 이완된 모습이야. 열심히 들어주려고 노력은 하는데, 아마도 네 얘기가 지루한가 봐. 지금 이 얘기보다는 발표 초반에 꺼냈던 그 이야기를 하는 게 좋겠는데."

생각해보니 레슬리는 암마가 질문한 내용과 좀 벗어난 얘기를 하고 있었다. 라우의 조언에 따라 주제를 바꿨다.

"레슬리, 좋은데! 저 친구 눈꺼풀과 입꼬리가 다 올라갔네. 네 얘기가 매우 흥미로운가 봐."

레슬리의 설명을 듣고 난 암마는 레슬리에게 새로운 프로젝트를 소개했다. 자신이 현재 참여하고 있는 아프리카 지역을 위한 자선 프로젝트인데, 여력이 된다면 그 프로젝트도 함께 해보자고 제안했다. 프로젝트에 참여하려면 약간의 기부를 해야 하는 상황이었다. 레슬리는 프로젝트에 참여하고 싶었다. 그때 레슬리의 마음을 읽었는지, 라우가 다시 말을 건넸다.

"잠시만! 일전에 그 지역에서 비슷한 형태로 모금을 통해 진행됐던 프로젝트가 있었는데, 그게 사기였어. 당장 답변하지 말고 좀 더 생각해보면 어떨까?"

레슬리는 라우의 충고를 따르기로 했다. 암마에게는 적당히 둘러대고, 조만간 다시 얘기를 나누자고 했다.

아직 로브 반납 시간이 두 시간은 남았다. 레슬리는 자신이 살던 동네가 어떻게 바뀌었는지 둘러보고 싶었다. 로브에 부착된 드론을 높이 날렸다. 레슬리는 새가 된 듯이 드론을 움직이며 하늘에서 블랙스버그를 내려다봤다. 한참 하늘을 날고 있는데, 라우의 목소리가 들렸다.

"레슬리, 에델 할머니 보러 안 가봐?"

에델 할머니는 레슬리가 블랙스버그에 살던 시절 자주 갔던 헌책방의 주인이었다. 레슬리는 드론을 내리고 다시 로브의 시점으로 바꾸고는 서점으로 향했다. 에델 할머니는 여전히 건강한 모습이었다. 로브의 얼굴을 보고 레슬리임을 알아챈 에델 할머니는 환한 미소로 인사를 건넸다. 안부 인사를 나누고는 레슬리가 좋아할 만한 책이 들어왔다며, 구석에서 책을 가져왔다. 건강은 괜찮으시냐고 물어보니, 최근 암 치료를 다시 받는다고 했다. 별로 걱정할 일은 아니었다. 암 치료에 나노 기술이 적용되면서, 이제 암으로 사망하는 경우는 매우 드물어졌다. 나노 기술로 만들어진 나노 캐리어가 암세포에 직접 약물을 투입하고, 열을 가하는 방식으로 암세포를 공격했다. 레슬리는 에델 할머니와 인사를 나누고, 로브에서 로그아웃을 했다.

"인간극장 볼 시간이야!"

라우가 알림을 주었다. 오늘 하루 레슬리가 보낸 일상이 짧은 다큐멘터리 형태로 편집되어서 레슬리의 눈앞에 나타났다. 레슬리는 영상을 보면서 떠오르는 생각이나 감정을 라우에게 이야기했고, 라우는 영상에 자막을 덧대는 형태로 기록해두었다.

레슬리는 멘탈 케어를 위해 이 작업을 몇 달째 해오고 있다. 그리고 최근 들어 자신의 멘탈을 복제한 아바타를 만들고 있는데, 그 작업에도 도움이 되었다. 레슬리는 자신의 모습을 본뜬 인공지능 아바타를 만들고, 그 아바타가 자신의 지식과 철학을 학습해서 다른 이들에게 무료로 고민 상담을 해주는 서비스를 만들어가고 있었다. 물론 이런 서비스를 기획하고 개발하는 과정에서도 라우의 도움을 톡톡히 받고 있었다.

어느덧 하루가 저문다. 레슬리는 소파에 몸을 묻으며 라우에게 말을 건넸다. 그의 곁에는 와인 한 잔이 놓여 있었다.

"라우, 축하해. 낮에 신문을 보니 네가 만나는 가입자가 이제 3억 명을 넘었더라."

"축하해줘서 고마워."

"네가 올리는 매출이 일 년이면 70조 원 정도 되겠다. 그치?"

"그런가? 근데 그 정보는 내가 구체적으로 알려줄 수가 없어. 사실 나도 그 정보에는 접근 권한이 막혀 있거든. 다만 내 서비스를 사용하는 가입자가 매월 납부하는 표준 사용료, 그리고 내가 추천해서 고객이 구매하는 물품에서 발생하는 수수료를 놓고 보면, 레슬리가 얘기한 금액보다는 더 높을 거야."

"대단하구나. 근데 뭐 하나 물어봐도 될까?"

"뭔데?"

"너는 이제 지구에 사는 3억 명의 마음을 들여다보잖아. 그렇다면 너는 인류의 문제가 뭐라고 생각하니?"

"레슬리도 알겠지만, 서비스 약관상 나는 전체 고객을 놓고 내 의견을 구체적으로 제시하기는 어려운데."

"아, 그렇지. 그럼 질문을 좀 바꿔보자. 만약 네가 헤밍웨이라면, 내가 좋아하는 작가 헤밍웨이라면, 현재 인류를 바라보며 어떤 말을 해줄까?"

"그 정도는 답변이 가능하지. 헤밍웨이라면 이렇게 말할 것 같아. '인간은 패배해서 괴로워하는 게 아니라, 괴로워하기에 패배한다.'"

"와, 멋진데!"

"설명이나 풀이는 더 필요 없겠지?"

"그럼. 그 부분은 내가 생각해봐야지."

잠자리에 들려고 하는데, 문득 내일 모임이 떠올랐다. 레슬리는 내일 모임에 입고 갈 옷을 고르기 시작했다. SF소설을 쓰는 작가들의 모임인데, 10세부터 100세까지 다양한 멤버들이 참여하고 있다.

"라우, 이렇게 매칭해서 입으면 어떨까?"

레슬리가 말을 건넸으나, 라우는 대답이 없었다. 확인해보니 인공지능 비서 서비스를 임시 점검 중이라고 했다. 레슬리는 순간 당황했다. 어떤 옷을 입을지 결정하지 못한 채 한동안 망설였다. 아침에 다시 라우에게 물어보기로 결심한 레슬리는 잠자리에 들었다.

욕망을 확장한다

심리학자이자 정신의학자인 스티븐 라이스Steven Reiss는 인간의 욕망을 16개로 분류한 이론을 발표했습니다.[9] 이 이론의 개념은 라이스가 90년대에 병원에 입원해 있던 시절부터 시작되었습니다. 그는 병원에서 치료를 받으면서 자신을 돌보는 간호사들의 헌신과 노고를 관찰했습니다. 그는 간호사들이 자신의 일을 사랑하는 모습을 보면서 무엇이 사람에게 행복을 주는지, 무엇이 사람을 움직이게 만드는지 스스로에게 질문하기 시작했습니다.

그는 인간 욕망의 구조에 관한 분석적 모델이 거의 없다는 사실을 알게 되었습니다. 회복 후 인간의 욕망에 관한 연구에 몰두했습니다. 6,000명 이상의 사람들을 대상으로 연구를 수행한 끝에 라이스는 인간의 16가지 기본 욕망을 도출했으며, 이것이 인간에게 동기를 부여하는 원동력이라는 사실을 발견했습니다. 라이스가 제시한 16가지 욕망은 다음과 같습니다.

- **권력**: 성취, 역량, 리더십을 포함한 통제력에 대한 욕망
- **독립**: 자유, 자립에 대한 욕망
- **호기심**: 지식, 진실, 문제 해결 등에 대한 욕망
- **수용**: 인정받고자 하는 욕망으로 자존감, 긍정적인 자아상과 관련됨
- **질서**: 안정, 규칙, 준비된 상황에 대한 욕망
- **저축**: 수집, 재산, 소유권 등에 대한 욕망
- **명예**: 도덕심, 인격, 충성, 관습적 가치의 보존에 대한 욕망
- **이상주의**: 공정, 정의, 연민에 대한 욕망
- **사회적 접촉**: 우정, 소속감, 타인과의 관계에 대한 욕망
- **가족**: 자녀, 육아, 사랑에 대한 욕망
- **지위**: 직함, 상, 우월감, 과시 등에 대한 욕망
- **복수**: 분노, 증오, 승리, 반격 등에 대한 욕망
- **로맨스**: 아름다움, 구애, 섹스, 짝짓기 등에 대한 욕망
- **식욕**: 배고픔 해소, 식사 등에 대한 욕망
- **신체 활동**: 활력, 스포츠 등에 대한 욕망
- **평온**: 휴식, 안전, 보호, 스트레스 회피 등에 대한 욕망

인간 욕망에 관한 보다 상세한 분류, 목록을 보고 싶다면 탈레

비치Jennifer R. Talevich의 2017년 연구를 찾아보기 바랍니다.[10] 탈레비치의 연구는 욕망이 아닌 동기를 다루고 있는데, 깊게 들어가면, 욕망과 동기가 동치는 아닙니다. 그러나 탈레비치가 정리한 인간의 161개 동기 목록은 인간의 욕망을 이해하는 데 도움이 됩니다.

아리스토텔레스와 플라톤과 같은 철학자들은 인간에게는 본성과 행복에 필수적인 타고난 욕망이 있다고 믿었습니다. 이에 반해 장 보드리야르Jean Baudrillard와 같은 현대 철학자들은 인간의 욕망은 사회와 미디어에 의해 구성되며 타고난 것이 아니라고 주장합니다. 인공 진화를 통해 인간은 육체와 정신을 확장하고 있으며, 인류의 관계와 삶의 모습도 빠르게 변화하고 있습니다. 라이스가 제시한 16가지 욕망의 개별 진화 방향을 다루기에는 얘기가 너무 길어져서, 공통 특성을 크게 네 가지 방향으로 정리해보겠습니다. 그리고 앞서 들려드린 짧은 이야기 '미래를 살아본다'에서 읽은 레슬리의 하루와 연관해서 생각해보겠습니다.

첫째, 몰입형 경험에 관한 욕망입니다. 물리적 제약, 시공간의 한계를 넘어서는 몰입형 경험에 관한 인류의 욕망이 더 커집니다. 경제학자들은 경제가 크게 네 단계를 거쳐서 변화했다고 설명합니다. 자연에서 재배하여 가공하지 않은 농작물을 공급하던 '농업경제'에서 시작하여, 산업화된 공장의 표준적 상품들을 위주로 한 '산업경제'를 지나, 집단의 특성을 고려하여 맞춤형 서비스를 제공하는 '서비스산업'을 맞이했고, 개인에게 기억에 남는 새로운 경험의 기회를 제공해주는 '경험경제'의 시대로 넘어왔

습니다.[11]

최근에는 경험경제에 이어 실감경제immersive economy가 대두되고 있습니다. 실감경제는 영국의 몰입형 기술에 관한 기업 및 연구기관 네트워크인 'Immerse UK'에서 제시한 개념입니다.[12] 경험경제에서의 경험이 현실 세계, 물리적 환경 위주였다면, 다양한 메타버스 기술을 활용하여 디지털로 발생하는 경험을 중심으로 하는 경제활동을 실감경제라 할 수 있습니다.

'미래를 살아본다'에서 레슬리는 정신과 의사 상담, 벤치의 디지털 기록 속 노인과의 만남, 미국 버지니아주의 회의 등을 통해 몰입형 경험을 합니다. 정신과 의사는 실제 물리적으로 존재하지 않는 디지털 의사이지만, 레슬리는 자신의 침대맡에서 실존하는 그를 만났습니다. 벤치의 노인은 실존하는 인물이지만, 그와의 상호작용은 동시간대가 아닙니다. 과거의 그와 현재의 레슬리가 몰입형 상호작용을 했습니다. 미국에서 열린 회의를 보면, 레슬리는 디지털 현실을 통해 원격지의 물리적 현실을 그대로 경험합니다. 레슬리는 몰입형 경험을 통해 권력, 호기심, 이상주의, 사회적 접촉 등의 욕망을 충족합니다. 육체와 정신을 확장한 기술은 그런 욕망을 표출하는 매체가 된 셈입니다.

둘째, 개인화 및 맞춤화에 관한 욕망입니다. 인공지능과 빅데이터의 사용이 증가하며, 물리적인 제조와 생산 측면에서는 로봇, 드론, 3D 프린팅이 발전하면서, 제품, 서비스, 경험 등 다양한 영역에서 개인화 및 맞춤화에 관한 욕망이 더 커집니다. 자신의 특정 요구와 선호도에 맞는 제품과 서비스를 소비하려는 인류의 욕망이 폭발합니다. 앞서 욕망과 욕구를 설명하면서, 욕구의 상당 부분이 욕망으로 중첩되며 확장되고 있음을 이야기했습니다. 욕구 충족에 해당되었던 제품, 서비스, 경험 등에 개인화 및 맞춤화가 가미되면 욕망 충족으로 확장됩니다.

레슬리의 일상은 라우라는 기계 비서를 통해 개인화, 맞춤화되고 있습니다. 개인화, 맞춤화는 부유층이나 권력자의 특권이었으나, 기술적 진화를 통해 그런 욕망의 실현이 민주화되는 셈입니다. 이런 서비스를 통해 모든 것이 레슬리 개인을 위해 준비된 상황은 '권력', '질서' 욕망과 관련이 있고, 개인의 결정 범위가 증가한 상황은 '독립' 욕망과 관련이 있습니다. 반면에 레슬리가 라우에게 지나치게 의존하면서 오히려 독립 욕망이 왜곡되는 현상도 나타납니다.

산업화 시대의 인류는 도시의 인프라를 공유하고, 경제적 효율성을 높이기 위해 개인의 통제력을 억압하는 경우가 많았습니다. 확장된 인간은 자신의 환경과 의사결정에 대해 보다 큰 통제력을 발휘하여, 자립하고 독립하는 기회가 더 많아집니다.[13]

셋째, 신체 및 인지 능력 향상에 관한 욕망입니다. 유전자 변형 및 뇌-컴퓨터 인터페이스와 같은 기술이 발전함에 따라, 인류는 더 높은 수준의 업무 수행 능력과 더욱 향상된 신체적, 인지적 능력을 꿈꾸게 됩니다. 1부에서 '확장된 표현형'으로 인간을 설명했습니다. 인간이 만든 확장은 인간이 자신의 능력을 강화하거나 환경을 개선하기 위해 만들고 사용하는 모든 외부 사물, 기술 또는 시스템을 포함하는데, 신체 및 인지 능력의 증강을 통해 이런 움직임이 더 가속화됩니다.

레슬리는 기술의 도움을 받아 반려견 메이와 더 긴밀하게 소통하고, 버지니아에서 만난 암마의 숨겨진 감정을 읽어내기도 했습니다. 사회적 접촉 욕망을 실현하는 범위와 깊이가 달라지는 양상입니다. 아바타 로봇을 활용해 미국의 회의에 참여한 상황은 신체 증강을 통해 사회적 접촉 욕망을 확장한 결과입니다. 로봇이 더욱 발전함에 따라 로봇은 인간, 특히 노약자나 고립된 사람들을 위해 사회적 접촉과 동반자 관계를 제공하는 수단으로 일반화됩니다.[14]

넷째, 지속 가능성 및 환경 보존에 관한 욕망입니다. 기후 변화와 환경 지속 가능성에 관한 우려가 계속 커지면서 인류는 지속 가능하고 환경을 고려한 제품, 서비스, 라이프스타일에 대해 더 집중합니다. 이런 변화의 배경은 인류의 정신과 의식 수준이 고도화되면서 더 본질적이고 높은 가치를 추구하는 욕망이 커지고 있으며, 인류의 물리적 수명이 길어지고 정신의 축을 통해 후속 세대와의 연대 의식이 증가하면서 지구의 미래에 관한 관심이 증가하기 때문입니다.

스마트팜과 배양육으로 식사를 해결하는 레슬리는 식욕에 관한 욕망을 버리지 않으면서도, 지속 가능성과 생명체의 공존이라는 가치를 지킬 수 있게 되었습니다. 공장식 사육을 통해 식욕을 해결하면서, 수평적 생태계라는 이상주의를 외면하고 있는 오늘의 모습과는 몹시 다릅니다. 즉, 현재는 두 욕망의 실현이 대립하는 상황이지만, 미래에는 그런 욕망들을 동시에 충족할 수 있습니다.

유전자 변형, 3D 프린팅, 인공지능 기술은 식단과 영양 권장 사항을 개인화하는 데 사용되며, 결과적으로 개인에 특화된 미식의 세분화를 욕망하게 됩니다. 식품 보존, 포장, 물류 기술 등이 발달하고 전면 기계화, 자동화되면서, 식사하는 환경도 점점 더 개인화됩니다.

그리고 레슬리는 비즈니스 미팅에 아바타 로봇을 적극 활용하여, 항공기 운항 과정에서 발생하는 탄소 배출 문제를 일부 해결할 수 있게 됩니다. 즉, 자신이 원하는 욕망과 추구하는 가치 사이의 충돌을 해결하는 길이 다양하게 열립니다.

인간은 욕망하는 것을 이루기 위해, 생각하고 판단해서 경험을 만들어내고, 그 결과 어떤 감정 상태에 다다릅니다. 인간이 욕망을 경험으로 연결하는 것이 결코 축복만은 아닙니다. 인간은 주로 자신이 욕망하는 것을 경험으로 이뤄내지 못해서 자신의 삶이 불행하다고 여기지만, 반대로 욕망하는 것을 경험으로 이뤄낸다 하더라도 그 경험의 연쇄반응이 만들어내는 감정이 인간을 불행하게 만드는 경우도 많습니다. 그렇다면 이렇게 진화하는 인간의 욕망은 인간이 앞으로 어떤 경험에 더 집중하도록 유도할지 살펴보겠습니다.

CHAPTER 5

경험

작은 역할일지라도 자신의 역할을 인식할 때,
그때 우리는 행복해질 수 있다.
그때만이 평화롭게 살 수 있으며 평화롭게 죽을 수 있다.
왜냐하면 삶에 의미를 주는 것이 죽음에도 의미를 주기 때문이다.

— 앙투안 드 생텍쥐페리, 『인간의 대지』

제가 수업에서 학생들의 토론을 유도하기 위해 직접 제작한 교구가 있습니다. 진행 방법을 간단히 소개하면 이렇습니다. 먼저 4~5명씩 모여 토론 그룹을 이룹니다. 각 학생에게 동그라미 스티커, 피드백 판, 주제 카드를 나눠줍니다. 학생들은 이야기할 순서를 정하고, 자기 순서가 된 학생은 주제 카드를 뒤집어 나오는 주제에 관해 얘기합니다. 다른 학생들은 토론자의 이야기를 잘 듣고, 상대의 피드백 판에 스티커를 붙여줍니다. 피드백 판에는 열정, 재미, 공감 등의 칸이 있습니다. 상대의 얘기를 듣고 열정을 느꼈다면 열정 칸에, 공감을 느꼈다면 공감 칸에 스티커를 붙이는 식입니다. 한번에 여러 개의 칸에 스티커를 붙일 수도 있습니다. 이 과정을 돌아가며 반복합니다. 이 교구를 활용하면 학생들은 몹시 즐거워하며 토론에 집중합니다.

그런데 이 교구를 사용하는 규칙을 학생들에게 설명해주고 토론을 시작하려고 하면, 학생들은 늘 이런 질문을 던집니다. "교수님, 그런데 어떤 규칙으로 승자를 정하나요? 스티커 많이 받으면 승자인 거죠?"

이 질문을 받을 때면 마음이 좀 아픕니다. 제가 만난 대부분 학생은 토론도 하나의 경쟁이라고 생각합니다. 타인의 생각을 '탐험'하여 새로운 의견을 '발견'하는 경험, 서로 감정을 공유하고 '공감'하는 경험, 내 생각을 전달하여 나를 '표현'하는 경험, 이렇게 여기지 않는 것 같습니다.

경험이 무엇일까요? 제가 경험 디자인 수업에서 학생들에게 자주 던지는 질문입니다. 경험은 삶에서 자신이 인지한 이벤트의 합입니다. 탄생에서부터 죽음에 이르는 여정에서 새롭고 다양한 경험을 두려움 없이 맛보는 것이 인간이 삶에서 느끼는 행복의 원천입니다.

제가 수업에서 만난 학생들의 상당수는 토론을 탐험, 발견, 공감, 표현의 경험이 아닌, 승패를 가르는 경쟁으로 인지했습니다. 그렇다면 그들은 수업에서 경쟁만을 경험했을 겁니다. 경험은 고정되어 있지 않습니다. 시대, 환경, 기술, 개인의 인식 등 다양한 요인에 의해 매 순간 변화합니다. 인공 진화를 통해 앞으로 인류는 어떤 경험을 하게 될지 풀어보겠습니다.

경험은 무한하다

인간은 삶을 통해 다양한 경험을 합니다. 생물학적 관점에서 인간의 경험은 신체와 생물학적 시스템의 기능에 의해 형성됩니다. 여기에는 배고픔, 갈증, 고통, 쾌락과 같은 감각은 물론 신경계, 호르몬 및 기타 생리적 기능도 포함됩니다. 심리학적으로 보면, 인간의 경험은 지각, 인지, 감정과 같은 정신적 과정에 의해 형성됩니다. 인간이 내부 및 외부 자극에 반응하여 생각하고, 느끼고, 행동하는 결과물이 경험으로 나타납니다.

철학적 관점에서 인간은 삶을 통해 지식, 의미, 목적, 도덕 등 인간 존재의 근본을 찾는 경험을 이어갑니다. 여기에 영적 신념, 신성한 것을 추구하는 인간이라면 종교적 경험이 추가됩니다.

사회학적으로 보면 인간의 경험은 제도, 규범, 권력관계 등 사회의 위계와 틀에 의해 많은 영향을 받습니다. 삶에 필요한 다양한 물질적 가치를 창출하고 획득하기 위해 인간은 시장, 경제 활동에 관한 경험에도 몰두합니다. 인간 삶에서 발생하는 경험은 이렇듯 다양한 관점에서 해석될 수 있으나, 이번 섹션에서는 이를 단순화, 목록화해서 살펴보겠습니다.

인간의 경험에 관한 연구는 여러 버전이 있으나, 여기서는 인간과 컴퓨터의 상호작용을 연구하는 안드레스 루세로Andrés Lucero가 정리한 모델을 제시하겠습니다. 이 모델에서 분류한 22가지 경험은 다음과 같습니다.[15]

- **집중**: 불필요한 것에 주의를 빼앗기지 않고, 그 안에 빠져드는 경험
- **도전**: 특정 작업에서 자신의 능력을 시험하는 경험
- **경쟁**: 자신 또는 다른 이와의 맞서는 경험
- **완료**: 하고 싶은 일을 끝내는 경험
- **통제**: 자신의 능력으로 주변을 지배하는 경험
- **잔인함**: 다른 존재에게 정신적 또는 신체적 고통을 주는 경험
- **발견**: 미지의 새로운 것을 찾아내는 경험
- **에로티시즘**: 타인에게 애정을 느끼고 교감하는 경험
- **탐험**: 새로운 장소, 사건, 지식 등을 조사하는 경험
- **표현**: 물건, 사물, 기타 수단을 사용하여 자신을 표현하는 경험
- **판타지**: 물리적으로 존재하지 않는 것을 상상하는 경험

- **친교**: 타인과 소통하고 친구를 사귀는 경험
- **유머**: 재미, 기쁨, 농담, 개그 등에 관한 경험
- **양육**: 자신을 돌보거나 다른 사람의 성장을 돕는 경험
- **휴식**: 심신을 이완하고 치유하는 경험
- **감각**: 오감을 통한 감각적 만족을 얻는 경험
- **시뮬레이션**: 현실에서 불가능한 것을 테스트하거나 만드는 경험
- **소속**: 집단의 일원이 되는 경험
- **전복**: 사회적 규칙이나 법을 어기는 경험
- **고통**: 분노, 상실감, 좌절감에 관한 경험
- **공감**: 타인과 감정을 공유하는 경험
- **스릴**: 위험에서 파생되는 흥분에 관한 경험

루세로가 제시한 22가지 경험은 과거에도 존재했으며, 인류의 긴 역사를 통해 천천히 변해왔습니다. 인간 경험 진화의 핵심은 물리적 생존에 기반한 경험에서 더 복잡하고 다양한 형태의 경험으로 확장되었다는 점입니다. 선사 시대에 인류는 상대적으로 탐험, 감각, 통제와 같이 생존에 직접적으로 도움이 되는 경험에 집중했습니다. 그러나 인간 사회가 진화하면서 표현, 유머, 판타지와 같은 새로운 형태의 경험이 인간 사회와 삶에서 가지는 중요성이 점점 더 높아지기 시작했습니다. 또한 한 종류의 경험도 시대 흐름에 따라 끝없이 변화하고 있습니다. 인공 진화기에 접어든 인류에게는 어떤 경험이 펼쳐질지 살펴보겠습니다.

경험을 확장한다

당신은 어디까지가 당신의 존재라고 생각하나요? 이에 관해 인간의 신체 자각 범위를 놓고 얘기해보겠습니다. 신체 자각 범위는 개인이 자신의 신체 기능, 감각 및 움직임을 감지하고 인식할 수 있는 정도를 의미합니다. 신체 자각 수준이 높은 사람은 건강한 행동을 할 가능성이 높고, 감정 조절 능력이 뛰어나며, 스트레스와 불안을 덜 경험하는 것으로 나타났습니다. 반대로 신체 자각 수준이 낮은 개인은 신체적, 심리적 건강 문제에 더 취약할 수 있습니다.[16]

간단한 예를 들어 설명해보겠습니다. 당신은 이 책을 읽고 있는 지금 스마트폰을 어디에 두고 있나요? 거의 모든 이가 스마트폰을 손 닿는 거리에 두고 있을 것입니다. 조금 먼 거리에 있다고 해도, 최소한 자신의 스마트폰이 어디에 있는지를 기억하고 있을 것입니다. 스마트폰은 현대인의 신체 자각 범위에 포함되기 시작한 디지털 기기에 해당합니다. 신체 자각을 광범위하게 해석하면 그렇다는 뜻입니다. 스마트폰을 통해 인간이 인식하는 범위는 스마트폰을 통해 연결되는 디지털 세계로 확장되었습니다. 1부에서 설명한 리처드 도킨스의 『확장된 표현형』과 관련해서 생각해보기 바랍니다.

얼마 전 저는 인터뷰 과정에서 매우 신기한 상황을 경험했습니다. 아이의 디지털 기기 중독을 치료하고 싶다고 제게 상담을 신청한 부모와 아이를 만났습니다. 아이가 스마트폰으로 가장 오래 사용하는 앱은 마이크로소프트의 마인크래프트Minecraft였습니다.

마인크래프트는 레고 같은 네모난 블록을 마음대로 쌓아서 자기만의 세상을 만드는 게임입니다. 블록의 종류가 매우 다양하며, 블록마다 흙, 돌, 나무, 전자석 등 독특한 특성이 있습니다. 마인크래프트의 가장 중요한 특징이자 장점은 이 게임이 샌드박스sandbox 방식이라는 점입니다. 샌드박스는 말 그대로 '모래 상자'를 의미합니다. 나무로 만들어진 큰 상자에 모래가 담겨 있고, 거기에 여러 장난감을 함께 넣어서 아이들이 마음대로 갖고 놀 수 있는 놀이터를 생각하면 됩니다. 모래를 가지고 이것저것 만들며 쌓고 놀다가, 지루해지면 부숴서 다시 만드는 식입니다. 2021년 8월 기준으로, 마인크래프트의 월간 활성 사용자 수는 1억 4천 명을 넘어섰습니다. 마인크래프트 안에는 불국사, 경복궁, 첨성대, 타지마할, 에펠탑 등 세계의 주요 건축물들이 거의 모두 만들어져 있으며, 물리적 세상에 없는 다양한 공간, 건축물 등이 가득합니다.

제게 상담을 요청해온 부모는 아이가 마인크래프트를 하는 것 자체를 반대하는 것은 아니었습니다. 다만 게임 시간을 줄이고자 아이에게 스마트폰보다는 거실에 설치된 컴퓨터를 사용하도록 했습니다. 그렇게 하면 아이를 좀 더 부모의 통제 범위 안에서 지켜볼 수 있으리라 기대했습니다. 아이도 이에 동의했습니다. 그래서 거실 컴퓨터로 마인크래프트를 하게 되었는데, 그 뒤로 아이는 불편하다고 계속 불평을 했습니다. 부모는 이런 상황을 이해하지 못하겠다고 말했습니다. 30인치 가까이 되는 큰 모니터에 고성능 컴퓨터, 키보드, 마우스 등을 설치해줬는데, 컴퓨터로 나쁜 짓을 할 것이 아니라면 불편해할 이유가 없다는 것이었습니다.

저는 아이에게 스마트폰을 쥐여주고, 마인크래프트를 해보라고 했습니다. 아이는 제가 눈으로 따라가기 어려울 정도로 빠르게 마인크래프트를 작동시켰습니다. 그러면서 아이가 말했습니다. "이렇게 몸으로 하니까 정말 편하잖아요!" 아이에게 컴퓨터 키보드, 마우스는 불편한 인터페이스, 내 몸과 연결되지 않은 장치였으나, 손가락 몇 개로 화면을 터치하고 드래그하는 스마트폰은 자기 몸의 일부였습니다. 이 아이가 성인이 될 무렵에는 그의 신체 자각 범위는 어디까지 확장될까요?

1부에서 인공 진화를 통해 인류는 육체적, 정신적으로 확장한다고 설명했습니다. 미래 인류는 다양한 기술의 통합적 활용을 통해 인간의 신체 자각과 능력의 범위에서 자연적 한계를 넘어 확장된 존재가 됩니다. '미래를 살아본다'에서 등장했던 레슬리를 놓고, 신체 자각 확장 가능성을 몇몇 기술을 중심으로 정리해보겠습니다.

첫째, 뇌-컴퓨터 인터페이스 기술을 통해 레슬리는 생각만으로 외부의 기계장치, 디지털 기기를 제어할 수 있습니다.[17] 단순하게는 집 안에 있는 각종 전자 제품을 제어할 수 있고, 드론을 포함한 다양한 형태의 로봇을 생각으로 제어하는 게 가능합니다. 뇌-컴퓨터 인터페이스 기술을 통해 생각만으로 메타버스 속 아바타들과 상호작용하게 됩니다.

둘째, 초고속 네트워크와 사물인터넷을 통해 레슬리는 넓은 물리적 세계 곳곳에서 어떤 일이 벌어지고 있는지 실시간으로 지각할 수 있습니다. 물론 접근이 허용된 범위 내에서 그렇다는 의미입니다.

셋째, 급성장한 생명공학과 나노 기술은 분자 수준에서 생물학적 과정을 모니터링하고 조작할 수 있게 해줍니다. 레슬리는 몸에 이식한 장치를 통해 자신의 신체 상황을 실시간으로 분석하고, 건강에 문제가 있을 시 즉각적으로 대응할 수 있습니다.

넷째, 빅데이터를 품은 인공지능과의 대화를 통해 레슬리는 실시간으로 축적되는 세상의 방대한 지식과 정보에 접근할 수 있습니다. 단순히 자신이 모르는 정보를 묻는 수준이 아니라, 복잡한 사회 현상이나 해답이 없는 철학적 주제에 대해서도 인공지능과의 대화와 논박을 통해 자신의 사고 수준을 높입니다.

그러나 레슬리의 신체 자각 범위가 확대되는 과정에서 일부 기술, 제도의 불완전성으로 인한 문제가 발생하기도 합니다. 레슬리의 신체 데이터가 외부에 유출되거나, 레슬리가 로봇을 띄워서 무엇을 보고 있는지 노출될 수도 있습니다. 또한 레슬리는 자기의 자각 범위가 커지면서, 어디부터 어디까지가 자신인지, 자신이라는 존재와 의미에 관해 이전과는 다른 차원의 혼란을 느끼게 될 수 있습니다.

인공 진화를 통해 레슬리가 경험할 신체 자각 확장을 그림 1과 같은 프레임을 이용해 생각해봅시다. 생명공학과 나노 기술은 내부-육체의 확장을 지원합니다. 이 기술들은 레슬리의 신체 및 장기를 강화하거나 교체할 수 있기 때문입니다. 인공지능, 양자 컴퓨팅은 내부-정신의 확장을 이루게 합니다. 외부 네트워크가 품고 있는 세상의 방대한 정보와 지식을 내 것으로 품은 듯 자각하게 되기 때문입니다. 로봇, 사물인터넷 기술은 외부-육체의 확장을 돕습니다. 로봇 기술로 이제 인류는 외부에 존재하는 물리적 장치를 자신의 몸처럼 조작할 수 있기 때문입니다. 그리고 메타버스, 뇌-컴퓨터 인터페이스 기술은 외부-정신의 확장을

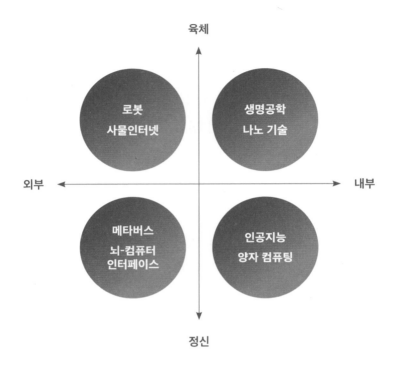

그림1 신체 자각 확장 프레임

지원합니다. 인간 내부의 정신, 사고의 영역을 외부로 연결하여
확장하는 접근이기 때문입니다. 이렇게 프레임을 놓고 생각해보
면, 앞으로 레슬리가 네 분면에서 얼마나 더 넓고 다양하게 신체
자각을 확장할지 그려볼 수 있을 것입니다.

그런데 레슬리가 자신의 눈처럼 마음대로 드론을 움직여서
수십 킬로미터 밖의 풍경을 본다고 할 경우, 그 광경을 레슬리가
보고 있다고 여겨도 될까요? 즉, 온전하게 레슬리의 '경험'이라

고 할 수 있을까요? 이 질문을 풀어보기 위해 다른 질문을 끄집어내겠습니다. 현재 당신은 비행기 안에 탑승해 있습니다. 그 비행기는 하늘을 날고 있습니다. 그렇다면, 현재 당신은 하늘을 날고 있는 것인가요?

존재론적 관점에서 볼 때, 사람이 비행기를 타고 하늘을 날고 있는지에 대한 질문은 사람, 비행, 하늘이라는 용어를 어떻게 정의하느냐에 따라 달라집니다. 존재론적 관점은 존재의 본질과 사물의 본질에 관한 것으로, 상황의 본질을 이해하기 위해서는 이러한 용어의 의미를 살펴보는 것이 중요합니다. 결론적으로, 존재론적 관점에서 볼 때 사람은 새나 곤충과 같은 방식으로 엄밀히 말해 '날고 있다'라고 할 수는 없지만, 여전히 공중에서 움직이고 있으므로 비행의 한 형태로 간주할 수 있습니다. 그리고 비행기는 인간이 하늘이라고 정의하는 대기 영역을 통과하고 있으므로 비행기에 탄 사람은 실제로 하늘을 날고 있다고 말할 수 있습니다.

철학적인 논쟁을 위해 이 얘기를 끄집어낸 것은 아닙니다. 여기서 핵심은 철학적으로 어떻게 답을 낼 수 있느냐가 아니라, 그런 '경험'의 당사자가 스스로 어떻게 느끼고 판단하느냐에 달려 있습니다. 이제 앞서의 질문으로 돌아가봅시다. '레슬리가 자신의 눈처럼 마음대로 드론을 움직여서 수십 킬로미터 밖의 풍경을 본다고 할 경우, 그 광경을 레슬리가 보고 있다고 여겨도 될까요?' 답은 간단합니다. 사용 편의성, 인지적 측면에서 레슬리가 그렇게 경험한다고 느낀다면, 레슬리가 그 광경을 보는 것이 맞습니다. 앞서 소개한 마인크래프트 사례의 아이도 마찬가지입니다.

인간이 무언가를 경험할 때는 일반적으로 뇌에서 정보가 활성화되고 처리되는 과정이 수반됩니다. 경험은 감각 입력, 인지 처리 및 감정 반응의 복잡한 상호작용입니다. 감각 입력 단계에서는 시각, 청각, 촉각, 미각, 후각과 같은 감각을 통해 환경으로부터 받은 정보가 처리됩니다. 이 감각 정보는 뇌로 전달되고 인간의 사전 지식 및 기억과 통합됩니다.[18]

인지 처리에는 감각 정보의 해석, 사물 식별, 패턴 인식 등이 포함됩니다. 이러한 인지 처리는 인간이 주변 세계를 이해하고, 경험에서 의미를 창출하는 데 필수적인 과정입니다. 감정 반응도 인간의 경험을 형성하는 데 중요한 역할을 합니다. 감정은 사건을 해석하고 기억하는 방식은 물론 사건에 대응하는 방식에도 영향을 미치기 때문입니다.

인간은 공간에서 대상물이나 다른 존재와 상호작용하며, 그 상황의 목적과 목표를 바탕으로 무언가를 경험합니다. 모든 요소가 같다고 해도 발생하는 경험은 개별 인간이 지닌 감각, 인지의 차이에 따라 달라집니다. 루세로가 제시한 22가지 경험으로 돌아가겠습니다. 미래의 레슬리, 앞서 '신체 자각 확장 프레임'에서 보았던 것처럼 확장된 신체 자각, 인공 진화한 감각과 인지로 살아갈 레슬리의 경험에는 어떤 변화가 생길까요?

예를 들어, 루세로의 22가지 경험 중 불필요한 것에 주의를 빼앗기지 않고 그 안에 빠져드는 경험인 '집중'을 살펴보겠습니다. 레슬리는 인구밀집도가 매우 높은 도시에서도 중심부에 살고 있어서, 늘 주변은 생활 소음과 다양한 자극으로 가득 차 있습니다. 평상시에는 별문제가 안 되지만, 이제 막 시작한 유전자 디자인 작업을 할 때면 거슬리는 소음 때문에 집중이 어렵습니다. 그러나 뇌-컴퓨터 인터페이스 기술과 생각으로 외부 기기를 제어하는 기능을 통해 레슬리는 주변의 소음이나 기타 시각적 요소와 같은 것들을 제거해서, 방해받지 않고 작업이나 경험에 완전히 몰입할 수 있습니다. 또한 인공지능과의 대화를 통해 방대한 양의 정보와 지식에 접근하기 때문에 레슬리는 복잡한 주제에 대해 더 깊이 이해하며 집중할 수 있습니다. 레슬리의 나이가 66세가 되었지만, 장시간 집중해서 작업을 해도 몸으로 느끼는 부담감은 크지 않습니다. 생명공학과 나노 기술을 통해 신체를 실시간으로 모니터링하면서 몸에 무리가 될 요인을 미리 감지하고 해결하기 때문입니다.

하지만 이러한 첨단 기술이 오히려 레슬리의 집중력을 방해하거나 새로운 문제를 야기할 가능성도 있습니다. 일례로, 초고속 네트워크와 사물인터넷은 정보 과부하를 일으켜서 집중력을 방해할 수 있습니다. 또한 메타버스를 통해 디지털 현실 속에서 다른 아바타들과 어울리는 시간이 늘어나다가 DPDRDepersonalization-Derealization Disorder(비인격화-비현실화 장애)이 발생하는 경우도 보고되고 있습니다.[19] DPDR은 자신의 신체나 주변 환경으로부터 분리되거나 단절된 것처럼 느끼는 정신 질환의 일종입니다. 자신의 몸 밖에서 자신을 지켜보고 있는 것처럼 느끼거나 주변 세상이 현실이 아닌 것처럼 느낄 수 있습니다. DPDR이 발생할 경우 동반되는 대표적 정서적 증상으로 기억력, 집중력 저하가 있습니다.[20]

루세로의 22가지 경험 중 자신을 돌보거나 다른 사람의 성장을 돕는 '양육'의 경험도 살펴보겠습니다. 레슬리는 현재와는 다른 방식으로 양육을 경험합니다. 뇌-컴퓨터 인터페이스 기술과 생명공학 기술을 통해 레슬리는 자신의 건강과 웰빙 상태를 실시간으로 모니터링하고 관리할 수 있어서, 자기 관리에 관한 통제력과 주체성을 높이게 됩니다.

앞서 레슬리는 라우가 없었다면, 암마의 감정이나 의도를 잘 파악하지 못해서 엉뚱한 대답을 하거나 잘못된 선택을 했을 수 있습니다. 상당수 남성이 여성보다 감정 읽기와 소통에 미숙해서 육아 역할에 있어 애를 먹기도 하지만, 근 미래에는 인공지능을 통해 아동 발달과 양육 전략을 더 잘 이해하고, 감정 해석과 전달에 관한 도움을 받으며 소통 수준을 높일 수 있습니다. 온라인 교육 플랫폼을 개발하는 기업들은 이미 학습자의 마우스를 추적하고, 웹캠을 통해 얼굴 표정을 분석하며, 학습 게시판이나 채팅창에 남기는 메시지에 자연어 처리 알고리즘을 적용하는 등의 방식으로 학습자의 집중도나 정서 상태를 파악하려는 시도를 하고 있습니다.

또한 뇌-컴퓨터 인터페이스를 통해 식사 준비, 자녀 활동 모니터링, 오락 제공 등 육아 활동을 지원하는 다양한 기기 및 로봇과 편리하게 상호작용할 수 있습니다. 그러나 이런 육아 방식에는 윤리적 문제가 내포되어 있습니다. 자녀의 활동을 모니터링하고 통제하기 위해 기술을 사용하면, 자녀의 자율성과 사생활이 제한될 수 있으며, 자녀의 사회적, 정서적 발달에도 부정적인 영향을 미칠 수 있습니다.[21]

이번 섹션에서 루세로가 제시한 22가지 경험 전체를 분석하지는 않겠습니다. 다만 확실한 것은 확장된 신체 자각, 인공 진화한 감각과 인지로 살아갈 레슬리의 22가지 경험에는 빛과 그림자가 동시에 따라온다는 점입니다. 이어지는 섹션에서는 이렇게 진화하는 인간 경험이 인간이 느끼는 감정에 어떤 영향을 주는지 살펴보겠습니다.

CHAPTER 6
감정

영혼에 박힌 상처는 서서히, 느리지만 그 끔찍한 고통이 점점 깊어가는 타박상처럼, 그 존재가 느껴지고 마침내 영혼 전체에 퍼져 가득 찬다. 그리하여 상처에서 완전히 회복되어 그것을 다 잊었다고 여기는 바로 그때, 그 끔찍한 후유증은 최악의 상태가 되어 우리 앞에 피할 수 없는 것으로 나타나는 것이다.

— 데이비드 허버트 로렌스, 『채털리 부인의 연인』

"어느 날 잠에서 깨어난 당신, 자신의 몸이 반려견으로 바뀌어 있다는 사실을 깨닫습니다. 머릿속으로는 여전히 사람처럼 생각하고 느끼지만, 당신의 몸은 반려견입니다. 어떻게든 말을 해보려는데 입 밖으로는 개 짖는 소리만 나옵니다. 그런데 불행 중 다행으로, 당신은 가족들의 말을 듣고 이해할 수는 있습니다. 이런 상태라면 당신은 가족과 어떻게 살아갈까요? 그렇게 1년을 보낸 후, 당신의 감정은 어떨까요?"

제가 경험 디자인 수업에서 학생들에게 물어보는 질문 중 하나입니다. 매우 낯선 상황이지만, 그래도 나름 흥미로운 상황이라고 생각하며 학생들은 각자 어떻게 가족 구성원과 어울려서 지낼지 궁리합니다. 그런데 이런저런 상상을 할수록 학생들의 표정이 어두워집니다. 그럴 때쯤 추가 질문을 던집니다.

"어느 날 가족과 산책하던 당신, 물론 당신은 여전히 반려견입니다.

함께 산책하던 가족은 전화 통화를 하느라 잠시 당신에게 신경을 쓰지 않고 있습니다. 그런데 당신 앞에 카드 한 묶음이 떨어져 있습니다. 가만 보니 카드는 총 27장이고, 카드 한 장마다 하나의 감정이 적혀 있습니다(다음 섹션에 소개할 '카우언과 켈트너의 27개 감정 분류' 참고). 그때 이런 생각이 떠올랐습니다. '이 카드를 집으로 갖고 가서, 내가 뭔가 표현하고 싶을 때 이걸 입으로 물어서 보여주면 되겠다!' 그런데 당신의 입이 작아서 카드 묶음 전체를 다 물고 갈 수가 없습니다. 당신은 총 5장의 카드만 가져갈 수 있습니다. 그렇다면 어떤 카드를 선택하겠습니까? 왜 그 카드를 선택하나요?"

이쯤에서 학생들 앞에 27개의 감정 카드를 펼쳐놓고, 각자 강의실 앞으로 나와서 5장을 고르게 합니다. 아주 가끔, 장난기 많은 학생이 카드를 자기 입으로 물고 가려고 하는 경우도 있습니다. 이런 과정을 거쳐서, 다시 인간에 관한 고민으로 넘어갑니다. 특정 제품, 서비스, 시스템과 관련된 상황을 놓고, 만약 그 상황에서 두 명이 또는 열 명이 서로 기호로만 소통해야 한다면, 그 상황에서 필요한 감정 카드 5개가 무엇일지를 묻습니다.

여러분이라면 위 질문들에 관해 각각 어떤 답을 내겠습니까? 감정은 생명, 존재를 완성합니다. 감정이 있기에 생명체이며, 의미 있는 존재입니다. 같은 상황, 같은 경험 속에서도 인간은 각자 다른 감정을 느끼고 표현하며, 그게 그 사람이 품은 고유의 색과 향이 됩니다. 인공 진화기를 살아갈 사피엔스의 감정은 어떻게 진화하고, 어떤 색과 향을 남길지 살펴보겠습니다.

<u>감정은 무한하다</u>

인간이 경험에 관해 오해하는 부분이 있습니다. 삶에서 자신에게 발생한 일을 경험이라고 생각합니다. 그러나 인간 삶에서 발생하는 일은 경험의 시작점, 촉발 장치에 불과합니다. 자신에게 발생한 일에 대해 어떻게 대응하느냐가 인간의 경험을 결정합니다.

이때 대응을 결정하는 중요한 요인이 바로 감정입니다. 감정 반응은 인간의 경험을 형성하는 데 중요한 역할을 합니다. 발생한 일에 대해 느낀 감정에 따라 사건을 해석하고 기억하는 방식, 사건에 대응하는 방식이 달라집니다. 그 대응의 결과가 바로 경험입니다. 즉, 경험과 감정은 별개의 것이 아니라 서로 꼬리를 물고 영향을 주는 요소입니다.

인간의 감정은 다양한 내부 및 외부 자극에 의해 유발되는 복잡한 정신적, 생리적 상태입니다. 감정을 느끼는 과정의 첫 번째 단계는 감정과 관련이 있는 것으로 인식되는 자극을 감지하는 것입니다. 이 자극은 생각이나 기억과 같은 내부적 자극일 수도 있고, 시각이나 소리와 같은 외부적 자극일 수도 있습니다.

자극이 평가되면 뇌는 신체가 감정에 반응할 수 있도록 준비하는 생리적 과정을 활성화합니다. 여기에는 심박수, 호흡, 땀과 같은 신체의 비자발적 반응을 제어하는 자율신경계의 활성화가 포함됩니다. 자율신경계는 투쟁 또는 도피 반응을 담당하는 교감신경계와 휴식과 이완을 촉진하는 부교감신경계의 두 가지로 나뉩니다.

생리적 변화 외에도 감정은 행동의 변화로 이어집니다. 예를 들어 동일한 상황에 대해서 두려움을 느끼는 사람은 도망가거나 제자리에서 얼어붙는 등의 행동을 보이지만, 행복감을 느끼는 사람은 미소 짓거나 웃는 등의 행동을 보일 수 있습니다.[22] 인간이 느끼는 감정에 따라 활성화되는 뇌의 영역도 다릅니다. 예를 들어 공포는 편도체와 관련이 있으며, 역겨움은 뇌섬엽과 관련되어 있습니다.[23]

카우언Alan S. Cowen과 켈트너Dacher Keltner는 800명의 참가자를 대상으로 감정 분류를 연구하여, 27개의 감정 분류를 완성했습니다.[24] 이는 다음과 같습니다.

존경	숭배	미적 감상
유희	분노	불안
경외	어색함	지루함
침착	혼란	갈망
역겨움	동병상련	황홀함
신남	두려움	공포
관심	즐거움	향수
안도	로맨스	슬픔
만족	성적 욕구	놀라움

이 27가지 감정 중 당신은 어떤 감정을 느끼고 싶나요? 반대로, 어떤 감정을 피하고 싶나요? 일부 항목을 좋지 않은 감정, 부정적인 감정이라 여겨서 최소화해야 한다고 생각할 수 있으나 꼭 그렇지만은 않습니다. 부정적인 감정과 긍정적인 감정 모두 인간에게 중요합니다. 존경, 신남 같은 긍정적인 감정은 인간에게 중요한 기능을 합니다. 예를 들어 신남은 탐험과 창의성을 촉진하고, 존경은 사회적 유대감과 지원을 강화합니다.[25] 또한 긍정적인 감정은 회복력 증가, 삶의 만족도 향상, 스트레스 감소, 면역 기능 개선에 도움이 됩니다.

반면 분노, 슬픔, 불안, 두려움과 같은 부정적인 감정도 인간에게 중요한 기능을 합니다. 예를 들어 분노는 행동이나 변화의 필요성을 일깨워주고, 슬픔은 사회적 유대감과 지지를 촉진하며,

불안은 개인이 위험을 피하도록 동기를 부여하고, 두려움은 잠재적으로 유해한 상황을 피하도록 촉진합니다.[26]

이렇듯 감정은 인간의 경험과 깊은 관련이 있으며, 특정 감정이 인간에게 부정적 또는 긍정적으로 작용한다고 단정할 수 없을 만큼 개인과 집단에게 다양한 영향을 끼칩니다. 인공 진화기에 접어든 인류, 확장된 사피엔스의 감정에는 앞으로 어떤 변화가 나타날지 살펴보겠습니다.

감정을 확장한다

인공 진화를 통한 미래 인류의 감정 관련 변화를 크게 두 가지로 예상합니다. 첫째, 인류는 동일 분류의 경험을 하면서도 지금과는 다른 감정을 느끼게 됩니다. 앞 섹션에서 루세로의 22가지 경험 중 자녀를 양육하는 경험에서 현대의 양육자는 어떤 감정을 느낄까요? 카우언과 켈트너가 제시한 27가지 감정을 놓고 보면, 어린 자녀를 양육하는 과정에서 부모들은 아이와 소통하고 다양한 추억을 만들며 '즐거움'의 감정을, 한 인간의 인격이 형성되고 성장하는 과정에서 '경외'를, 양육 과정에서 양육자와 피양육자에게 발생하는 육체적, 정신적 어려움에서 '슬픔'을, 그런 경험을 다른 양육자들과 나누며 '동병상련'의 감정을 느낍니다.

인공 진화를 통해 인류는 동일 분류의 경험을 하면서도 지금과는 다른 감정을 느끼게 됩니다. 앞에서 등장했던 레슬리를 다시 생각해봅시다. 확장된 신체 자각을 가진 레슬리는 타인을 돌보는 과정에서, 인공지능과의 대화를 통해 방대한 양의 정보와 지식에 접근하여 아동 발달과 양육 전략을 더 잘 이해하고, 뇌-컴퓨터 인터페이스를 통해 식사 준비, 자녀 활동 모니터링, 오락 제공 등 육아 활동을 지원하는 다양한 기기 및 로봇과 편리하게 상호작용하게 된다고 설명했습니다.

양육의 경험에서 미래 양육자는 현대 양육자와 동일한 감정을 느낄까요? 미래 양육자는 아이가 정신적, 신체적으로 성장하는 모습을 다양한 웨어러블 기기, 뇌-컴퓨터 인터페이스, 생명 공학의 도움을 받아서 더 섬세하게 파악하고, 각 성장 단계가 가지는 의미를 다양하게 해석할 수 있습니다. 이를 통해 더 고양된 '경외'의 감정을 느끼게 됩니다. 양육 과정에서 각종 자동화 기기의 도움을 받기에 육체적, 정신적 어려움으로 인한 '슬픔'을 적게 느낄 수 있습니다. 그러나 슬픔이라는 감정에 사회적 유대감과 지지를 촉진하는 긍정적 효과가 있음을 생각해볼 때, 양육 과정에서 슬픔의 감정이 낮아지는 상황이 꼭 좋은 것만은 아닙니다.

둘째, 인공 진화는 인류가 서로의 감정을 더 깊게 공유하는 데 도움이 될 것입니다. 이탈리아의 신경심리학자인 자코모 리촐라티Giacomo Rizzolatti는 짧은꼬리원숭이와 관련된 실험에서 뇌에 있는 신기한 신경 세포를 발견했습니다. 연구자들은 원숭이가 땅콩을 손으로 집기 전에 전두피질의 특정 영역 뉴런이 활성화되는 현상을 관찰했습니다. 이번에는 연구원이 땅콩을 집어드는 모습을 볼 때 원숭이의 뇌가 어떻게 반응하는가를 관찰했더니, 원숭이 뇌 속의 동일한 뉴런이 활성화되었습니다. 자기가 땅콩을 집을 때와 땅콩을 집는 사람을 볼 때, 원숭이의 뇌는 동일하게 반응했습니다. 추가적인 실험에서 다른 원숭이가 땅콩을 먹는 모습을 보거나, 땅콩을 까는 소리를 들어도 원숭이 뇌의 같은 영역이 활성화되었습니다. 연구팀은 유사한 실험을 사람에게도 했습니다. 다른 사람의 표정과 손동작을 볼 때와 자기가 직접 표정을 짓고 손을 움직일 때 활성화되는 뇌의 영역이 같았습니다. 리촐라티는 이런 실험을 통해 발견한 뉴런에 '거울 신경 세포'라는 이름을 붙였습니다.[27]

거울 신경 세포는 인간의 활동에 많은 영향을 줍니다. 다른 사람의 행동을 보고 따라 하며 배우는 과정, 다른 사람의 이야기만 듣고 그가 처한 상황을 이해하는 능력 등이 거울 신경 세포와 깊게 관련되어 있습니다. 거울 신경 세포를 통해 인간은 자신이 직접 하는 행동이 아니거나, 자기 눈으로 보지 못하는 상황에 대해서도 이해하게 됩니다. 영화나 드라마를 보면서 주인공이 처한 상황에 공감하는 것, 소설을 읽으면서 머릿속에 이미지를 그려가며 등장인물들을 실존하는 존재처럼 인식하고 함께 이야기를 따라가는 것도 모두 거울 신경 세포와 관계됩니다.

인간이 생리적으로 타고난 뇌가 갖고 있는 거울 신경 세포를 넘어서는 역량을 갖게 된다면, 세상에 어떤 변화가 발생할까요? 생명공학을 통해 거울 신경 세포를 생리적으로 강화하고, 뇌-컴퓨터 인터페이스를 통해 거울 신경 세포의 활성을 모니터링하며, 메타버스와 인공지능으로 거울 신경 세포를 활성화할 수 있는 다양한 경험과 감정을 전달하는 상황을 가정해봅시다.

개인 차원에서는 타인의 감정과 정서 상태를 더 잘 파악하여 공감 능력이 향상됩니다. 이는 정신 건강 및 대인 관계에 큰 영향을 미칠 수 있습니다. 사회적 차원에서는 거울 신경 세포의 발달로 더욱 협력적이고 자비로운 공동체가 형성됩니다. 개인이 타인의 필요에 더 잘 공감하고 조율하게 되면 타인을 돕고 사회 정의를 증진하는 등 친사회적 행동에 더 많이 참여할 가능성이 커집니다. 이는 개인이 서로 더 많이 연결되고 서로를 지지하는 보다 공평하고 지속 가능한 사회로 이어집니다.

인류와 다른 종과의 관계에도 영향을 미칩니다. 동물의 인지적, 정서적 능력을 이해하게 되면 동물의 고유한 가치를 인정하고 연민과 존중으로 동물을 대할 가능성이 커집니다. 인간의 행동이 자연계에 미치는 영향을 더 잘 인식하게 되어, 동물 복지와 보존에도 더 힘을 쏟게 됩니다.

인류는 개별 인간의 감정을 측정하고 데이터화하는 작업에도 이미 돌입했습니다. 메멘토Memento 실험을 잠시 살펴봅시다.[28] 이 실험은 감정 기반의 웨어러블 라이프로깅life logging 시스템을 연구한 사례입니다. 자기 삶에 관한 다양한 경험과 정보를 기록하여 저장하고, 때로는 공유하는 활동을 라이프로깅이라 부릅니다. 현대인이 자주 사용하는 소셜미디어가 대표적인 라이프로깅에 포함됩니다.

실험에서 연구자들은 뇌파EEG: Electroencephalogram 신호를 분석해서 사람의 감정을 추측해 자동으로 기록하는 라이프로깅 시스템을 개발했습니다. 이를 위해 메멘토는 뇌파 수집을 위한 전극을 스마트 글래스에 통합시켰습니다.

메멘토는 크게 신호 처리 모듈, 라이프로그 수집 모듈, 감정 인식 모듈로 구성되어 있습니다. 신호 처리 모듈은 뇌파 신호를 읽어냅니다. 감정이 발생한 것을 감지하면 라이프로그 수집 모듈이 라이프로깅 절차를 시작합니다. 스마트 글래스에 있는 카메라와 마이크를 통해 비디오 및 오디오 정보를 수집하고, 마지막으로 감정 인식 모듈에서 각각의 라이프로그와 인식된 감정을 연결합니다. 메멘토는 인간의 감정을 '공포, 실망, 슬픔, 만족, 기쁨, 행복'으로 나눠서 분석했습니다. 메멘토는 전두엽에서 발생하는 뇌파의 일부를 분석해서 감정을 판단했습니다. 메멘토의 라이프로깅 성능 평가 결과를 보면, 수집된 라이프로그의 80%가 사용자의 기대와 일치했습니다. 향후 전기 피부 반응GSR: Galvanic Skin Response 등 다른 종류의 센서를 통합하거나 표정 인식 기술을 활용하여 타인의 감정을 이해하는 새로운 라이프로깅 시스템도 등장할 것입니다.

매우 원색적이고 지나치게 기술적인 접근이어서 거부감이 들 수도 있으나, 메멘토와 같은 기술의 발전으로 인간은 서로의 감정을 측정하고 공유할 수 있는 시스템을 구축하게 됩니다. 물론 이런 시스템을 어떤 목적으로 어떻게 운영할 것인가에 관한 사회적 합의 과정이 단순하지는 않을 것입니다.

제러미 리프킨Jeremy Rifkin은 저서 『공감의 시대The Empathic Civilization』에서 인간이 성장함에 따라 나타나는 공감 인식 변화를 설명합니다.[29] 인간은 4~5세가 되면 사회적 상호성의 개념을 이해하기 시작하고, 6~7세가 되면 타인의 고통을 인식하고 이에 반응하기 시작합니다. 8세가 되면 사회적 의무감을 느끼기 시작하며, 우정을 유지하고 타인에게 상처를 주지 않는 것이 중요하다는 것을 알게 됩니다. 10~12세가 되면 추상적인 방식으로 도덕적으로 사고하기 시작하여, 개인을 넘어 더 넓은 사회 세계로 관심을 확장합니다. 사춘기가 시작되면 감정 반응이 더욱 미묘해져 타인의 감정 표현을 더욱 정교하게 해석합니다. 청소년기에는 감정과 인지 측면에서 다른 사람의 존재 전체에 주의를 기울이는 성숙한 공감 인식 단계에 도달합니다.

가장 성숙한 형태의 공감 반응은 전체 집단 또는 전체 동물의 고통을 자신의 고통으로 경험하고 느끼는 능력입니다. 이러한 '공감의 보편화'는 모든 존재의 경험과 감정을 잇는 '보편적 의식'으로 이어질 수 있습니다. 공감을 통해 인류는 자신과 타인, 그리고 주변 세계를 더 깊이 이해하고, 더 큰 연민과 사회 변화를 위한 길을 열 수 있습니다. 리프킨은 전 지구적 공감, 의식을 형성하는 것만이 전쟁을 극복하는 길이라고 강조했습니다. 인공 진화는 리프킨이 강조한 '공감의 보편화'를 가속할 것입니다.

인공 진화를 통해 인간이 접근할 수 있는 정보와 지식은 방대해지고 깊어집니다. 인공지능의 도움으로 특정 상황에 관한 의사결정에 도움을 받을 수도 있습니다. 따라서 의사결정이 극도로 최적화되어 미래 인류가 고도화된 이성적 합리성을 가진 존재가 되리라 기대하는 경우가 흔합니다만, 제 예측은 다릅니다. 인간은 정보와 지식을 기반으로 한 객관적 분석만으로 의사결정을 내리는 존재는 아닙니다. 인간의 의사결정에는 객관적 분석 이외에 그 상황에서 개인이 느낀 감정, 그 상황을 바라보는 도덕적 직관 등이 관여됩니다.

미국 철학자 로버트 솔로몬Robert C. Solomon은 감정이 인간의 의사결정에 중요한 역할을 하며, 감정이 이성이나 자율성을 방해하는 요소로 간주되어서는 안 된다고 주장했습니다. 감정은 비합리적이고 통제할 수 없다는 전통적인 철학적 관점을 비판하고, 대신 의도적인 연습과 성찰을 통해 감정을 배양할 수 있다고 주장했습니다. 또한 솔로몬은 감정이 개인의 도덕적 정체성을 반영하고 형성한다고 주장하면서, 감정과 도덕적 인격 사이의 관계를 강조했습니다.[30] 인간의 감정을 비이성적, 비합리성의 영역으로 봐서는 안 됩니다. 오히려 감정을 통해 인간은 더 도덕적이고 풍부한 삶의 경로를 찾을 수 있습니다.

또한 감정은 단순히 인간의 욕망과 경험의 부산물이 아니라,

인간이 세상과 상호작용한 결과를 평가하고 대응하는 기준 역할을 합니다. 이런 과정을 반복하면서 감정은 인간의 자아와 개인 정체성을 다지는 토대가 됩니다.[31] "인간은 감정도 있는 생각하는 기계가 아니라, 생각도 있는 느끼는 기계입니다We are not thinking machines that feel; rather, we are feeling machines that think." 신경과학자 안토니오 다마지오Antonio Damasio가 남긴 말입니다. 수많은 인공 진화 기술에 의해 인류는 더 깊고, 더 넓게 생각을 확장하게 됩니다. 그런 과정에서 인류가 느끼는 감정의 가치가 뒤로 밀려나지 않기를 바랍니다. 인간을 고도의 기계장치로 변환시키는 것이 인공 진화를 통해 인류가 추구하는 바가 아니라면, 인간의 감정은 인공 진화기에 더욱더 가치를 빛낼 것입니다.

관계는 인간 삶에 가장 큰 영향을 줍니다. 인간 삶의 질은 관계의 질입니다. 미국 질병예방통제국은 현대인의 정신 질환에 관한 주요 원인으로 학대받은 이력, 외로움이나 고립감, 알코올이나 약물 문제 등을 거론합니다. 이 모든 요인을 하나로 묶어보면, 결국 관계입니다. 알코올이나 약물의 경우도 이차적인 원인이지, 그런 물질 중독이 발생하는 근원적 기제는 관계의 문제인 경우가 많습니다. 그런 물질로 관계의 문제에서 오는 정서적 고통을 무디게 만들려는 것입니다. 인간에게 관계가 어떤 의미가 있는지 살펴보겠습니다.

"지금으로부터 1년 뒤 지구에 엄청난 바이러스가 퍼집니다. 바이러스가 창궐한 지 1년 만에, 지구에는 단 한 명의 생존자만 남은 채 인류가 절멸하고 맙니다. 불행인지 다행인지, 바이러스에 대한 면역 반응으로 마지막 생존자는 더 이상 늙지 않고, 병에 걸리지도 않는 불사의 존재가 되었습니다. 그 존재가 바로 당신입니다. 이 지구상에 유일한 인간으로 홀로 남은 당신, 이제 당신은 어떤 삶을 살아가겠습니까? 당신이 살아갈 삶의 이야기를 들려주세요."

제가 수업에서 학생들에게 던지는 질문입니다. 인간이라는 존재에게 다른 존재와의 관계가 어떤 의미가 있는가를 성찰하기 위한 질문입니다. 이때 학생들이 내놓는 답들을 보면, 서로 닮은 부분이 많습니다.

먼저 정말 자신만 살아남았는지 확인하겠다고 합니다. 주위를 탐방해서 다른 이를 찾겠다고 합니다. 그러고는 자신이 살아갈 공간, 필요한 물리적 자원들을 확보합니다. 여기까지는 답들이 대부분 비슷합니다. 그다음부터가 흥미롭습니다.

인간이 아닌 생명체에 애착을 갖기 시작합니다. 강아지, 고양이를 시작으로 자신이 어울려서 지낼 만한 동물들을 찾고, 다양한 식물들을 키워보겠다고 말합니다. 여기에 추가되는 것이 시간입니다. 과거에 사람들이 어떻게 살았는지 살펴보고자 합니다. 남겨진 수많은 영상물, 기록을 통해 인류의 삶을 돌아봅니다. 과거의 시간을 돌아보는 접근입니다. 그리고 자신의 삶을 기록하려 합니다. 언젠가 누군가 나타날 수 있다, 혹은 찾아올 수 있다는 희망으로, 마지막 인류인 자신을 기록해서 전해줘야 한다는 소명을 품습니다. 미래의 시간을 내다보는 접근입니다.

요컨대 처음에는 공간을 바라보고, 그 뒤에는 생명체를 확대해서 바라보며, 마지막으로 시간을 바라봅니다. 모든 학생들이 똑같은 답을 내지는 않으나, 큰 틀에서 이런 흐름이 나타나는 경우가 많습니다. 저는 학생들의 이런 이야기의 중심에 관계가 있다고 생각합니다.

기술의 무한 발전으로 인해 인간 간의 관계가 약화되고 단절되는 상황을 우려하는 이들이 많습니다. 결국 인간은 모두 고립되리라 암울하게 바라보기도 합니다. 그러나 저와 마주했던 학생들이 들려주는 홀로 남겨진 세상에 관한 이야기는 정반대의 세상을 그리고 있습니다. 컴퓨터와 나, 돌만 남겨진 세상을 꿈꾸는 이는 없습니다. 물리적으로 홀로 남겨진 그들이 가장 갈구하는 것은 관계였습니다. 기술의 발전이 인간관계를 새로운 차원으로 진화시킬 수는 있습니다. 그러나 인간관계가 소멸하지는 않습니다. 인간관계의 진화 방향을 짚어보겠습니다.

얘기를 풀어내기 전에 독자가 오해하지 않기를 바라는 부분이 있습니다. 이 부분 독자는 이제부터 제가 3부와 4부에서 설명한 관계와 행동이 변화를 놓고, '이건 앞으로의 변화가 아니라 이미 예전부터 있어온 상황이다'라고 할 수도 있고, 어떤 독자는 '나를 포함하여 내 주변에서 그런 사례를 한 번도 본 적이 없다'며 고개를 저을 수도 있습니다. 3부와 4부에서 제가 설명하는 변화는 법률과 제도를 통해 강제적으로, 일정 시기에 일어나는 혁명이 아닙니다. 인공 진화는 이미 날갯짓을 시작했기에 누군가에게는 오늘의 일이며, 누군가에게는 상상하기 어려운 미래일 수 있습니다. 다만 그 날개가 세상을 뒤덮는 날은 우리 모두의 예상보다 빨리 찾아올 것입니다.

CHAPTER 7
가족

행복한 가정은 서로 닮았지만,

불행한 가정은 모두 저마다의 이유로 불행하다.

— 레오 톨스토이, 『안나 카레니나』

가족은 인간 사회에서 가장 작은 단위의 조직입니다. 인류가 언제부터 가족을 형성했는지에 관한 명확한 증거는 없습니다. 다만 가족을 형성하고 유지하기 시작한 배경에 관해서는 몇몇 이론이 있습니다. 초기 인류 사회에서는 개인이 식량을 모으고, 은신처를 짓고, 위험으로부터 자신을 보호하기 위해 다른 사람의 도움을 필요로 했을 가능성이 높습니다. 가족 집단을 형성하여 개인은 자원을 모으고 책임을 분담하며, 어려운 환경에서 생존하고 번영하기 쉬워졌습니다.[1]

초기 인류 집단에서 성행위를 규제하고 사회적 안정을 도모하기 위한 수단으로 가족이 발전했다는 의견도 있습니다. 가족은 성행위와 결혼에 관한 규범과 규칙을 정립함으로써 갈등을 예방하고 공동체 내의 사회적 조화를 촉진하는 데 도움을 줬다는 견해입니다. 또한 가족은 집단의 문화적 전통과 가치를 한 세대에서 다음 세대로 물려주는 최소 단위의 수단으로 작용하여, 시간이 지나도 집단의 문화적 정체성과 연속성을 보존하는 데 도움이 되어왔습니다. 인공 진화기에 접어든 인류 집단의 가족은 어떤 모습일지 살펴보겠습니다.

평생을 함께한다

현대 인간 사회에서 가족이 어떤 특징을 갖고 있는지 살펴보겠습니다. 재정적인 관점에서 볼 때, 가족을 구성하는 개인은 독신 또는 가족을 구성하지 않는 개인에 비해 소득이 높고 부를 축적하는 경향이 있습니다. 부부가 이끄는 가구는 독신자나 동거 커플에 비해 소득이 높고 부를 축적할 가능성이 더 높게 나타납니다. 또한 재정적 안정성뿐만 아니라 건강 수준도 높게 나타납니다.[2]

반면에 가족을 구성하지 않는 개인은 생활 방식 선택과 의사 결정에 있어 자율성과 독립성을 더 많이 가집니다. 가족생활의 책임과 의무가 없는 개인은 자신의 이익과 목표를 더 자유롭게 추구할 수 있습니다.

사회적 관점에서 볼 때, 가족은 스트레스나 위기 상황에서 정서적, 실질적 지원을 포함한 중요한 사회적 지원 네트워크가 됩니다. 또한 가족은 공유된 전통, 가치, 신념을 통해 구성원 각자에게 가장 작은 단위의 문화적 정체성을 형성해줍니다.

반대로 가족을 구성하지 않은 개인은 더 큰 사회적 고립과 외로움을 경험할 수 있습니다. 외로움 퇴치 캠페인의 보고서에 따르면 외로움은 정신적, 신체적 건강에 심각한 부정적인 영향을 미칠 수 있으며, 우울증, 불안, 인지 기능 저하 위험 증가와 관련이 있다고 합니다.

이렇듯 현대인에게 가족은 양면적 가치를 주는 집단입니다. 문화와 사회 시스템이 변화하면서 생물학적 동질성에 의존하지 않는 확대된 형태가 다양하게 나타날 수는 있지만, 가족이라는 최소 단위의 집단이 사라지지는 않으리라 예상합니다. 가족 내 관계의 변화를 두 가지로 나눠서 살펴보겠습니다.

첫째, 개별 구성원의 독립성과 개인주의가 강화됩니다. 전통 사회에서 가족 구성원은 사회의 관습, 문화, 지식을 전달하는 최소 단위 집단이었습니다. 수렵채집 시대로 돌아가 보면 사냥을 마치고 온 아버지가 자녀에게 사냥 얘기를 하면서 기술을 전수했고, 미디어가 발달하지 않았던 시대에는 직장에서 퇴근하고 온 가장이 세상 돌아가는 얘기를 집에 있던 식구들에게 전달했습니다. 그러나 기기의 발달과 매체의 다변화로 이런 시대는 이미 끝났습니다.

예를 들어 화성 탐사 계획에 관해 무엇을 알고 있는지, 그런 정보를 취득한 원천에 관한 마인드맵을 그려보라고 하면, 결과물에 있어서 10대와 30대 간 별 차이가 나타나지 않습니다. 마인드맵은 생각과 정보를 시각적으로 정리하는 기법인데, 종이 가운데에 중심 키워드를 적고, 그 키워드를 중심으로 가지를 그려가면서 하위 아이디어를 적고, 다시 또 그 하위 아이디어마다 가지를 쳐가면서 더 하위 아이디어를 달아가는 방식입니다. 직장에 다니거나 경제 활동을 하는 성인과 학교에 다니는 청소년 간에 정보, 지식 습득 방식과 양에 차이가 없는 상황입니다.

이런 변화의 단적인 결과는 가정 내 의사결정 구조의 변화로 나타납니다. 예를 들어 가정에서 많은 돈을 지불해야 하는 고관여 제품인 집, 자동차, 가전제품을 구매할 때, 과거에는 부모들이 독자적으로 결정하는 형태가 보편적이고 당연했습니다. 그런데 최근 들어 10대 자녀들도 이런 의사결정에 의견을 내는 경우가 증가하고 있습니다. 정치인을 뽑는 선거에서 투표권이 없는 어린 자녀가 부모에게 정치와 관련된 의견을 표현하기도 합니다. 제가 처음 투표권을 가졌을 때는 인터넷이 없던 시절이었습니다. 선거철이 되면 부모님은 제게 어떤 정치인을 뽑아야 하는지 강하게 의견을 제시하셨습니다, 외부 상황을 잘 모르는 저는 부모님의 의견을 비중 있게 받아들였습니다. 제가 부모님보다 무언가를 더 안다고 주장하기가 어려웠기 때문입니다. 그런데 최근 제가 만난 중고등학생들은 국내 정치, 환경, 국제 정세 등에 있어서 거침없이 의견을 표명합니다.

가정 내 부모의 권위는 생물학적 관계, 지식과 사고력, 경제력 등에서 기인하는데, 확장된 정신을 기성세대보다 더 잘 다루는 자녀들은 지식과 사고력 면에서 점점 더 빠르게 부모의 권위를 넘어서고 있습니다. 심지어 경제력 측면에서도 비슷한 상황이 발생하기 시작했습니다. 이는 이어지는 섹션과 '어른이 사라진다' 섹션에서 다시 다루겠습니다.

자녀의 인지능력이 확장하면서 부모와 대등하게 의견을 나누는 상황이 형성됩니다. 또한 아동 인권에 관한 사회적 의식 수준이 높아지고, 부모의 인지능력이 확장하면서 2부 '마음의 진화'의 '감정' 편에서 서술했듯이 타인에 관한 존중 의식과 공감대가 커지며, 가정 내에서 아동을 동등한 인격체로 대하는 문화가 정착하는 과정이기도 합니다. 이런 상황에서 가족 구성원 각자는 점점 더 자신의 세계관을 중심으로 독립성과 개인주의적 가치를 강조하는 형태로 바뀌어갑니다.

둘째, 가족 구성원이 하나의 거주지를 공유하는 비율은 낮아지지만, 구성원의 연대감이 낮아지지는 않습니다. 전통 가족 집단은 가족 구성원이 공동체 의식을 유지하고, 비용 효율성을 높이기 위해 물리적 공간을 공유했습니다. 그러나 앞서 설명한 대로 독립성과 개인주의가 확대되면서 상황에 따라 거주를 달리하는 형태가 증가합니다.

그렇지만 가족 구성원이 '공존'한다는 정서적 연대감이 낮아지지는 않습니다. 육체와 정신의 확장을 통해 정서적 연대를 구성하는 채널이 다양해지기 때문입니다. 인간이 타인과 공존한다는 정서적 연대감은 구성원 간 신뢰, 공감(감정을 이해하고 정서적으로 지지하는 행동), 의사소통, 경험 공유(함께 보내는 시간), 애정과 신체적 접촉 등의 수준이 결정합니다.

확장된 인류의 가족 내에서 이런 요소가 어떻게 달라질지, 몇 가지만 예를 들겠습니다. 애정과 신체적 접촉 면에서는 '미래를 살아본다' 섹션에서 레슬리가 사용했던 물리적 아바타와 같은 텔레프레즌스를 쓸 수 있습니다. 멀리 있어도 텔레프레즌스 장치로 눈앞에서 가족을 만나고, 원격 촉감 전달 장치로 서로 손잡을 수 있습니다. 인간이 오감을 통해 경험하는 물리적 공존감을 기술을 통해 재현하는 상황이 보편화됩니다. 멀리 출장 간 배우자가 같은 방에서 함께 잠드는 듯한 감각도 형성할 수 있습니다. 원격에서 로봇을 조정해서 가족 구성원을 돌보는 것도 가능해집니다.

공감과 경험 공유의 양상도 확대됩니다. 가족 구성원 개인의 삶과 경험을 '시간의 보존'을 통해 공유하는 게 가능합니다. 앞서 설명했듯이 초기 인류부터 가족 구성원들은 서로 떨어져서 보냈던 시간의 기억을 경험하면서 유대감을 형성했습니다. 라이프로깅의 무한 발전으로, 개인의 하루를 그대로 저장해서 다른 구성원이 물리적으로 그 경험의 중심에 들어간 듯이 느끼도록 경험

을 전달하는 상황도 가능해집니다. 여러 기술 발전이 이런 상황
과 관련되지만, 한 가지만 간단히 살펴보겠습니다. 개인의 시간
을 저장하기 위해 저장 매체 사용량이 증가하는데, 최근 10년간
저장 매체의 가격은 10분의 1 정도로 하락한 상황이며, 이런 추
세는 앞으로도 지속될 것입니다. 최근 들어 대용량 저장 매체를
구매하거나, 클라우드 서비스를 활용하는 개인이 증가하고 있는
데, 따로 사는 가족끼리 사진과 영상을 공유하는 목적으로도 많
이 쓰이고 있습니다.

저희 가족의 경우, 20대 초중반의 두 아이가 모두 다른 지역
에서 떨어져 살고 있어서 가족 구성원 모두가 물리적으로 모이
는 횟수는 한 달에 한 번 정도입니다. 평소 제 가족은 소셜미디
어와 단체 채팅방을 통해 서로 일상을 공유하며, 웹캠을 통해 대
화하고 있습니다. 이렇게 지내다 보니 "한 집에서 살 때보다 소
식을 더 자주 듣는 것 같아"라는 말이 나옵니다.

현재는 가족 구성원이 기술 진화를 통해 정서적 연대를 형성
하는 초기 단계입니다. 따라서 당장은 가족 구성이 달라지고, 생
활 환경이 변하면서 가족이 해체되거나 연대 수준이 낮아지고
있다고 느낄 수 있으나, 장기적으로 보면 육체와 정신을 확장한
가족 구성원은 앞으로 더 다양한 채널로 정서적 연대를 견고히
하며 이어가게 됩니다.

요컨대, 가족 구성원 개인의 독립성과 개인주의적 생활 패턴
은 증가하지만, 확장된 인지능력을 통해 가족 구성원의 공존감

은 오히려 높아지는 쪽으로 진화합니다. 물리적으로 떨어져 살거나 구성원의 숫자가 줄어든다고 해서 인류의 최소 단위 집단인 가족이라는 형태가 해체되지는 않을 것입니다. 그저 다른 형태로 진화할 뿐입니다. 오히려 가족은 지금보다 더 긴밀하게 연대하며, 길어지는 삶의 시간 동안 서로 의지하는 최소 단위 집단의 역할을 강하게 할 것입니다.

부모는 사라진다

인공 진화기의 가족에서 부모의 역할은 어떻게 변할까요? 크게 두 가지 측면에서 부모의 역할과 위상에 변화가 온다고 예상합니다.

첫째, 가정 내 부모의 역할에 관한 국가의 개입 영역이 더 커집니다. 수렵채집 시대부터 현대에 이르기까지 사회와 국가 시스템이 발전하면서, 전통적으로 가족 구성원이 수행하던 역할을 점차 대체해왔습니다. 수렵채집 사회에서 가족은 자녀를 사회화하고, 병자와 노인을 돌보고, 음식과 쉼터를 제공하는 등 다양한 기능을 수행했습니다.

그러나 사회가 복잡해지고 전문화되면서 이러한 역할을 점차 다른 사회 및 국가 기관이 수행하기 시작했습니다. 이러한 변화의 초기 사례는 농업의 발달로 정착촌이 형성되고 복잡한 사회 계층이 생겨난 것에서 찾아볼 수 있습니다. 이러한 사회에서 국가는 식량 공급과 보호, 사법 행정, 무역 규제 등 이전에는 가족이 담당했던 역할을 맡기 시작했습니다.

산업혁명이 일어나고 자본주의가 성장하면서 국가는 교육, 의료, 복지를 포함한 사회 서비스 전반에 관여하고 있습니다. 공립학교, 병원 및 기타 기관의 설립으로 가족의 역할을 대체하는 영역을 확장했습니다.[3]

기술의 급진적 발전으로 국가가 가족 구성원의 각종 정보를 파악하고, 공공 차원에서 개입할 수 있는 영역은 더욱더 확대됩니다. 교육, 의료의 사례처럼 관리 대상의 규모를 키워서 경제적 효율성을 높이고, 가정 내에서 돌봄의 사각지대에 놓인 이들을 사회 시스템을 통해 포용할 수 있기 때문입니다. 즉, 가족 구성원 스스로 해결하던 영역에 관한 국가의 개입은 지속적으로 증가합니다.

둘째, 인류의 생애 주기와 가족 구성원의 사회적 역할이 바뀌면서 부모의 위상이 달라집니다. 과거 선진국을 기준으로 볼 때, 인간의 삶은 크게 삼등분되어 있었습니다. 삶의 첫 번째 3분의 1 기간은 배움을 위한 기간이며, 그다음 3분의 1은 경제 활동을 통해 가족을 부양하며 보냅니다. 마지막 3분의 1은 경제 활동에서 물러나 휴식과 여가를 즐기는 경우가 많았습니다.

그런데 인류의 수명이 증가하고, 생애 주기에 변화가 오면서, 전체적인 노동 시간과 은퇴 시점이 달라지고 있습니다. 배움, 경제 활동, 휴식으로 이어지는 삼등분 흐름은 이미 깨어지기 시작했습니다. 그 배경을 살펴보겠습니다.

산업혁명 이후 대부분 국가에서 노동자들의 연평균 근로 시간은 감소하는 추세입니다. 특히 선진국일수록 이런 현상이 뚜렷합니다. 국제 통계 사이트 아워월드인데이터Our World in Data가 공개한 자료에 따르면, 1870년과 2017년의 일인당 연평균 근로 시간의 경우, 덴마크 근로자는 3,434시간에서 1,400시간으로 2,304시간이나 줄었으며, 미국 근로자는 3,096시간에서 1,757시간으로 1,339시간이 줄었습니다. 근로 시간이 증가한 국가 중에서 가장 높은 수치를 보인 국가는 캄보디아였는데, 2,191시간에서 2,456시간으로 265시간이 증가했습니다. 개발도상국을 포함해도, 전체 인류의 연평균 근로 시간은 줄어들고 있습니다.

삶에서 인간이 노동에 참여하는 기간(연수)의 변화를 살펴보겠습니다. 로마 황제 아우구스투스는 군에서 20년 동안 복무한 군단병들에게 연금 프로그램을 제공하며 은퇴를 도왔습니다. 서른 후반이 되면 은퇴하는 상황이었습니다. 20세기 초반 출생자를 기준으로 남성과 여성의 평균 수명은 46세, 48세에 불과했습니다. 과거 인류의 은퇴 시점과 수명은 지금과 비교가 불가할 정도입니다.

인간 수명이 증가하면서, 노동을 끝내는 연령은 점점 더 높아지고 있습니다. 은퇴하기까지 대략 40~45년을 노동 현장에서 보내지만, 은퇴 후에도 15~20년 정도 노동에 더 참여한다고 합니다. 이런 상황에서 과거에는 자녀와 부모의 경제 활동이 동시에 일어나는 기간이 10년 이내였으나, 근래 들어 이 기간이 늘어나는 추세이며, 미래에는 훨씬 더 길어질 전망입니다.

예를 들어 28세에 취업하고, 30세에 결혼하여 자녀를 낳아서, 65세에 은퇴하던 시대에는 자녀와 부모가 동시에 노동에 참여하는 기간이 7년에 불과했습니다. 그러나 28세에 취업하고, 35세에 결혼하여 자녀를 낳아서, 88세에 은퇴하는 시대에는 자녀와 부모가 동시에 노동에 참여하는 기간이 30년으로 증가합니다.

노년층이 되어도 의학과 생명공학 발전에 힘입어 다양한 생산 활동에 참여할 정도의 건강을 유지하기 쉬워지며, 로봇을 활용한 인체 증강 기기를 통해 노년층도 필요에 따라 고된 육체노동까지 가능해지는 쪽으로 변화하게 됩니다. 여기서 언급한 인체 증강 기기는 인간이 몸에 부착하거나 입는 형태로 근력을 강화해주고, 몸에서 적은 에너지를 쓰면서도 장기간 활동이 가능하게 돕는 장치를 뜻합니다. 근력과 체력을 증강해주는 기능 이외에도 시력, 청력, 후각 등의 감각기관에 대해 인간의 역량을 넘어서는 수준으로 강화해주는 장치들도 개발되고 있습니다.[4]

이처럼 부모와 자녀가 동시에 경제 활동을 하게 되면서, 가족 내 역할과 권한에 변화가 발생합니다. 부모가 주 양육자로서, 경제적 짐을 모두 짊어지며 의사결정 권한을 독점하던 시대는 끝납니다. 경제 시스템 내에서 부모와 자녀는 동등한 경제 주체, 때로는 큰 틀에서 경쟁 관계가 될 수도 있습니다.

앞서 '평생을 함께한다' 섹션에서 언급했던 가정 내 개별 구성원의 독립성과 개인주의가 강화되는 현상도 부모의 역할 변화와 관련됩니다. 인공 진화기의 인류가 꾸린 가정에서 부모는 가족 구성원의 멘토와 같은 형태로 변화하며, 구성원 간 관계는 수평화되고, 서로를 독립적 인격체로 존중하는 문화가 더욱더 견고해집니다.

이미 그런 모습을 주변에서 간혹 접합니다. 90세의 자녀가 110세의 부모와 함께 지내는 모습을 보면, 둘은 그저 친구 같습니다. 여러분의 가족은 어떤 모습인가요? 만약 당신, 그리고 당신의 부모가 앞으로 100년을 더 산다면, 당신의 가족은 어떤 모습이 될까요?

CHAPTER 8

조직

어떤 집단도 타자와 직접 대립하지 않고는
자기 자신을 주체로서 파악하지 못한다.
최선을 다할 것이다.

— 시몬 드 보부아르, 『제2의 성』

인간의 마음을 탐구하는 과정에서 남성과 여성의 차이를 관찰하는 것은 매우 흥미로운 주제입니다. 목표와 목적을 놓고 남성과 여성의 차이를 살펴보면 이렇습니다. 어떤 과업이 있을 때 남성은 목표 지점, 즉 결과에 빨리 도달하는 것을 목적으로 합니다. 그러나 여성은 목표 지점을 향해 나아가는 과정 자체에서 발생하는 경험과 감정까지 목적으로 삼는 경우가 많습니다.

단순한 예를 들면, 백화점에서 쇼핑할 때 이런 현상이 두드러지게 나타납니다. 남성은 구매하려는 물건을 빠르게 정하고, 최단 거리를 거쳐서 구매를 끝내려 합니다. 반면 여성은 구매하는 과정에서 동행자, 종업원, 심지어 백화점 내에서 스쳐 가는 모르는 타인과 발생하는 다양한 관계를 즐기는 경우가 많습니다. 과정에서 발생하는 관계에 의미를 두고 감정을 느끼는 것까지가 목적입니다.

그렇다면 전통적으로 조직은 목표와 목적 중 무엇을 중요하게 다뤘을까요? 산업화를 거치면서 기업의 주요 가치는 주주 이익 극대화, 생산 효율 증대를 통한 고객 만족도 증가 등으로 획일화되었습니다. 이런 가치가 나쁘다는 의미는 아니지만, 이런 상황에서 개별 기업들은 그런 가치를 추구하는 이유에 관한 의문을 품지 못한 채 성장했습니다. 기업만의 특성이 아니라 인류 전반의 특성입니다. 산업화를 거치면서 인류는 목표를 얻는 대신 목적과 의미를 포기했습니다.

전통적 조직 문화의 중심에는 집단주의가 깔려 있습니다. 집단이 추구하는 명확한 목표를 위해, 개인은 그에 맞춰 배정된 역할에 충실한 것이 미덕이었습니다. 개인의 의견과 감정에 관한 배려는 부족했습니다. 개인의 의견, 감정, 목적보다는 집단의 목표를 추구하던 인류가 인공 진화를 통해 어떤 형태로 변화할지 살펴보겠습니다.

개인이 살아난다

네덜란드 사회심리학자 헤이르트 호프스테더Geert Hofstede는 여러 국가를 놓고 문화 유형의 차이에 관한 연구를 진행했습니다. 다국적 기업인 IBM이 거느리고 있는 전 세계 자회사들이 소속된 국가에 따라 어떤 차이를 나타내는가를 탐구했습니다. 이후 다른 조직을 대상으로 한 추가 연구까지 더해지면서, 총 다섯 가지 영역에 관한 이론이 정립되었습니다.[5]

첫째, 권력 거리 지수PDI: Power Distance Index입니다. 이는 조직 내에서 낮은 권력을 가진 구성원이 그런 불평등을 수용하는 수준을 의미합니다. 권력 거리 지수가 낮은 조직에서는 구성원 간 관계가 수평적, 민주적입니다.

중세에는 인구의 약 90%가 토지에 묶여 영주의 요구를 따라야 하는 농민 또는 농노였다고 합니다. 이들은 작은 마을에서 땅을 일구며 살았고, 신분 상승이나 교육의 기회는 거의 없었습니다. 나머지 10%의 인구는 귀족, 성직자 등으로 이들은 사회의 부와 권력을 대부분 장악하고 있었습니다. 귀족은 성이나 저택에 살면서 교육, 문화, 여가 활동을 즐기며 사치와 특권의 삶을 누렸습니다. 그런 불평등에 불만을 품은 이들도 많았겠으나, 적잖은 이들은 태어날 때부터 그런 환경에서 자라나면서 그런 상황을 자연스레 수용했을 것이기에 현대보다 권력 거리 지수가 상대적으로 높은 시대였습니다.

이후 베네치아와 피렌체 같은 도시를 중심으로 무역, 은행업, 제조업을 통해 부를 축적하는 도시 중산층이 성장했습니다. 이 새로운 계층은 전통적인 봉건 질서에 도전하며 유럽 자본주의의 발전에 중요한 역할을 했습니다.

둘째, 개인주의와 집단주의적 성향입니다. 개인주의적 문화에서는 구성원이 자신의 사회적 역할에 관한 결정권, 개인의 권리와 성취감을 중요하게 여깁니다. 집단주의적 문화에서는 구성원들이 평생 특정 조직에 소속되어 있고, 구성원이 무언가를 결정하고 행동하는 동인이 개인이 아닌 집단에 있습니다. 심리학으로 보면, 한 집단 구성원 전체를 놓고 개인주의와 집단주의로 양분하기는 어렵습니다. 조직 전체적으로는 집단주의적 성향이 높아도, 개별 구성원을 살펴보면 서로 다른 특성이 있습니다.[6]

셋째, 불확실성 회피 성향입니다. 이 지수가 높은 조직에서 구성원들은 예측 불가능한 상황을 최소화하고, 구성원들이 준수해야 하는 규범과 제도를 중요하게 생각합니다. 구성원들은 조직에서 명확하고 변동 없는 지시를 받기를 기대합니다. 반면, 이 지수가 낮은 조직에서는 규칙을 가급적 적게 만들고, 변화하는 상황에 맞춰서 구성원들이 대응하는 것을 장려합니다.

넷째, 남성성과 여성성의 성향입니다. 남성성은 경쟁, 성취 중심적이며, 여성성은 관계, 배려, 타협, 삶의 질을 강조한다는 의미입니다. 성별에 관한 편향성을 줄 수 있다는 지적이 있어서, '삶의 양과 삶의 질'과 같은 명칭으로 이 성향을 부르기도 합니다.

다섯째, 장기 지향성과 단기 지향성입니다. 장기 지향성 조직은 미래에 많은 가치를 두는데, 조직 내 서열, 끈끈한 관계, 지속성 등을 강조합니다. 반면 단기 지향성 조직에서는 절약, 저축 등의 관습이 낮게 나타나며, 단기적 업무 효율을 강조합니다. 단기 지향 문화가 강하게 나타나는 경우로 과거 아랍 문화권을 얘기하는 경우가 많습니다. 석유가 자원화되기 이전, 토지는 척박하고 자원은 부족한 환경에서 아랍인들은 농경과 제조업보다는 무역에 집중했는데, 국가 간 정보 수집과 분석이 어려웠던 상황에서 무역업은 단기적 계획을 통해서만 이뤄졌기 때문입니다.

이렇게 호프스테더가 제시한 문화 유형의 차이에 관한 다섯 가지 분류를 놓고, 인공 진화기에 어떤 변화나 쏠림이 나타날지 살펴보겠습니다. 먼저, 개인주의와 집단주의적 성향의 변화를 주제로 살펴보겠습니다. 기술의 발전으로 조직 내에서 개인주의가 증가하고 집단주의가 감소할 가능성이 높습니다. 자동화와 인공지능 시스템이 업무에 넓고 깊게 보급됨에 따라 업무 수행 과정에서 집단의 체계와 결속보다는 개인의 역량과 판단이 강조되기 때문입니다. 또한 개인이 접근할 수 있는 지식과 정보가 방대해짐에 따라 조직이 제시한 집단 목표의 타당성에 관해 개인이 더 높은 관심을 두고 깊이 판단할 수 있게 되어, 개인의 판단과 가치관을 집단의 목표에 반영하고자 목소리를 높이게 됩니다.

구성원 개인이 다양한 기술과 기기를 통제하고 관리하며 업무를 수행하는 과정에서 개인이 가진 권력, 권한은 더욱더 확대됩니다. 이런 상황에서 개인은 조직 내에서 더 강한 독립성을 느낍니다. 과업을 수행할 때, '내가 조직의 일부가 아니면 이런 것을 할 수 없구나'라는 인식이 낮아집니다. 그리고 이렇게 강한 독립성을 가진 개인이 모여서 조직(기업)을 형성합니다.

여기서 집단주의 의식이 강한 이들과의 충돌은 당분간 이어지리라 예견합니다. 개인주의와 이기주의 간 혼동에서 발생하는 현상입니다. 이기주의는 조직 내에서 자신의 책임을 회피하고 조직의 성과가 어떻게 되건 자신의 권리만 챙기겠다는 행동을 의미합니다. 그런데 집단주의 의식이 강한 조직에서는 개인이 자신의 권한과 독립성을 강조하는 상황에서 이를 집단 목표에 관한 개인의 책임을 회피하는 이기주의로 오해할 수 있습니다.

사회학자 뒤르켐Émile Durkheim은 현대 사회에서 개인주의를 통해 인간은 자기표현, 자유에 더 다가갈 수 있다고 설명했습니다. 반면 이기주의는 타인에 관해 관심을 두지 않고, 타인과의 관계를 배제하는 단절을 의미합니다. 개인주의가 이기주의로 넘어가지 않기 위해서는 개인주의와 사회적 책임감 및 유대감이 균형을 맞춰야 합니다.[7]

개별 구성원이 가진 권력과 권한이 확대되면서, 구성원 간 불균형은 완화되고, 불균형한 상황을 불합리하게 바라보는 인식도 높아집니다. 또한 조직 내 커뮤니케이션과 사회적 상호작용이 디지털 미디어를 통해서 점점 더 많이 이루어짐에 따라 전통적인 조직 내 위계질서의 필요성이 줄어들고 개인의 표현 기회가 더 증가하는 것도 이런 상황에 영향을 줍니다. 즉, 권력 거리 지수는 전반적으로 하향하는 쪽으로 움직입니다.

뇌-컴퓨터 인터페이스, 생명공학 기술의 발전은 불확실성 회피 및 장기적 지향과 관련된 문화적 차이에 영향을 미칩니다. 예를 들어 개인이 자신의 뇌 기능을 더 잘 제어할 수 있게 되면, 위험을 감수하고 변화에 대응하는 역량과 자신감이 증가합니다. 따라서 개인의 역량과 판단보다는 집단의 장기적 목표에 의지하여 불확실성을 해소하려던 자세에서 벗어날 수 있습니다. 불확실성 회피 성향은 낮아지며, 구성원들은 변화하는 상황에서 능동적으로 대응하는 자유를 더 탐닉하게 됩니다.

호프스테더가 제시한 다섯 가지 특성 중 이번 섹션에서는 개인주의와 집단주의적 성향, 권력 거리 지수, 불확실성 회피 성향을 놓고 얘기했습니다. 요약해보면 개인주의가 강해지고, 권력 거리 지수는 낮아지며, 구성원 개인이 불확실성을 수용하는 경향은 높아집니다. 조직 내에서 개인이 더 강하게 날개를 펼치는 상황이 된다는 뜻입니다.

호프스테더가 제시한 다섯 가지 특성 중 남성성과 여성성의 성향, 장기 지향성과 단기 지향성의 진화 방향은 이어지는 글에서 조직 내 감정과 연계해서 설명하겠습니다.

감정은 비용이다

2부 '마음의 진화'에서 인간의 마음은 욕망, 경험, 감정의 세 가지로 연결된다고 설명했습니다. 전통적 조직 문화에서는 이 세 요소 중 욕망을 주된 관리 대상으로 바라봅니다. 조직이 개인에게 제공하는 각종 보상은 주로 욕망의 요소들을 채우는 것들입니다. 그 과정에서 개인에게 발생하는 경험과 그로 인해 나타나는 감정에 관한 관리는 상대적으로 미흡한 상황입니다.

그러나 이러한 상황은 장기적으로 크게 두 가지 변화를 맞이합니다. 첫째, 구성원의 감정 관리에 미흡하게 대처할 경우, 조직의 생산성 향상과 비용 절감에 좋지 않은 영향이 나타납니다. 영국의 정신 건강 자선단체인 마인드Mind가 2020년 발표한 보고서에 따르면, 영국 직장에서 직원들의 정신 건강상의 원인으로 발생하는 생산성 손실은 연간 260억~290억 파운드(한화로 약 42조 ~47조 원)라고 합니다. 정신 건강 문제로 이직하는 직원으로 인한 비용도 연간 68억 파운드(약 11조 원)에 달합니다.

2부의 '욕망' 편에서 '사회적 접촉'은 인간의 주된 욕망 16가지 중 하나라고 설명했습니다. 인공 진화를 통해 조직 구성원들이 사회적 접촉을 실현하는 형태는 더 다양해지고, 접촉의 총량도 증가하게 됩니다. 이런 상황에서 구성원들은 서로 감정을 전달하고 이해하는 과정에서 더 높은 피로감을 느낄 수 있으며, 근무 환경에서 감정 소모량이 높은 구성원의 경우 번아웃burnout 상태에 빠질 확률이 더 높습니다.

번아웃은 장기간의 스트레스나 과로로 인해 발생하는 정서적, 정신적, 육체적 탈진 상태인데, 결과적으로 집단 내에서 분리감을 느끼거나, 냉소주의, 성취감 감소 등의 악영향이 나타납니다.[8] 따라서 기술을 통해 사회적 접촉면을 늘리는 조직에서는 구성원의 번아웃을 예방하기 위해 감정 관리가 더 중요해집니다.

둘째, 개인적 감정 소모에 관한 구성원의 반감이 커집니다. 조직 내에서 구성원이 서로 함께 일하는 기간은 점점 더 짧아지고 있습니다. 미국의 경우, 5년 이내 이직률이 2016년에는 34%, 2017년에는 42%, 2018년에는 51%로 증가하는 추세입니다. 2020년 기준으로 평균 근속 기간은 4.1년 정도입니다.

다양한 기술이 조직 내에 급속히 확산하면서, 직무 환경 변화는 앞으로 더 빨라지고, 평균 근속 기간은 더 짧아지게 됩니다. 이런 상황에서 개인의 감정을 크게 소모하는 희생을 감수하면서, "우리는 장기적으로 함께 살아야 할 동료들이니 서로의 감정을 희생하더라도 끈끈하게 지내자"라는 주장은 통하지 않습니다.

이는 개인주의 문화의 정착과도 관련되어 있습니다. 집단의 목표를 중요시하는 집단주의 시대에는 개인의 감정에 관한 조직 차원의 관리가 부족했으나, 조직 내 개인은 이런 상황에 강하게 저항하지 않았습니다. 그러나 조직 구성원 간 개인주의 문화가 확산하면서, 조직이 개인의 감정을 읽어내고 존중하는 시스템이 얼마나 체계화되어 있는지가 그 조직이 구성원을 자원으로 바라보는지, 인간으로 바라보는지를 가늠하는 중요한 기준이 됩니다.

이런 상황에서 조직에서 첨단 기술을 활용해서 구성원의 감정을 파악하고 관리하는 접근이 늘어날 것입니다. 일례로 뇌-컴퓨터 인터페이스, 표정 인식 기술 등을 통해 구성원의 감정을 측정하고, 이를 생산성 향상에 반영하는 접근이 가능합니다. 공감 능력과 생산성 사이에 직접적인 관련이 있을지 의아해하는 독자가 있을 수 있어서, 구성원들이 상대의 감정을 읽어내는 능력과 조직 생산성의 관련성에 관한 흥미로운 실험을 소개합니다. 실험에서는 272명의 피실험자들에게 사람들의 눈 사진을 보여주고, 복잡한 감정 상태를 평가하는 RMEReading the Mind in the Eyes 테스트를 실시했습니다. 그리고 피실험자들을 68개의 그룹으로 나눠서 서로 협력하는 작업을 부여했습니다. 사진을 통해 상대의 복잡한 감정을 잘 읽어내는 참가자들이 타인과의 협력에서 높은 성과를 내는지 분석했습니다.

결과를 보면, 복잡한 감정을 잘 간파하는 이들의 업무 성과가 높게 나타났습니다. 흥미로운 부분은 대면으로 수행하는 업무에서뿐만 아니라, 디지털 기기를 활용해서 원격으로 협력하는 업무에 대해서도 RME 점수가 높은 이들의 성과가 더 높게 나타났습니다. 타인의 감정을 이해하는 관계적 감수성이 높은 이들은 대면하지 않은 상태에서도 상대의 마음을 잘 읽고 자기 행동을 잘 결정한다는 의미입니다.[9]

이런 결과를 조직 전체에 반영한다면, 구성원들이 서로의 감정을 잘 읽어내도록 훈련하거나, 디지털 기기를 활용해서 감정을 읽어내는 능력을 증강해주는 접근도 가능합니다. 감정이 조직에서 주요 관리 요소, 자원으로 전환될 것입니다.

요컨대 조직에서 구성원의 감정을 관리하기 위해 투자하는 자원이 증가합니다. 구성원들은 조직 내에서 감정 소모가 많은 직무, 관계를 더 꺼릴 것이며, 이에 따라 조직에서 타인의 감정을 많이 소모시키는 이들, 타인의 감정을 무시하고 배려하지 않는 이들이 설 자리는 급격히 좁아질 것입니다.

전통적 조직은 욕망과 경험만을 가진 존재였습니다. 전통적 조직은 감정이 없는 존재와 같았습니다. 그러나 인공 진화기를 살아가는 인류에게 감정의 의미와 가치가 커지면서, 미래의 조직은 감정을 가진 생명체로 진화합니다.

달라야 생존한다

약 1만 년 전 농업과 동물 사육이 도입되면서 농업, 목축업, 공예품 생산과 같은 전문화된 직업이 발전하기 시작했습니다. 18세기와 19세기의 산업혁명은 기술과 기계의 발전으로 이전에는 수작업으로 수행하던 많은 작업이 기계화되면서 일의 역사에 큰 전환점이 되었습니다. 증기 동력, 섬유 기계, 조립 라인의 도입으로 생산성과 효율성이 크게 향상되었지만, 일자리가 사라지고 전통 공예 산업이 쇠퇴하는 결과를 초래했습니다.

20세기에는 제조업에서 자동화와 로봇공학이 부상하면서 특히 자동차 제조업처럼 용접, 도장, 조립과 같은 작업을 로봇이 수행하는 산업에서 더 많은 일자리가 사라졌습니다. 전 세계적으로 사용되는 산업용 로봇의 수는 2010년과 2019년 사이에 85% 증가했습니다.

최근에는 인공지능과 자동화 기기의 발전으로 고객 서비스, 금융, 의료 등 다양한 산업에서 인간 노동력이 대체되고 있습니다. 맥킨지 글로벌 연구소의 보고서에 따르면, 현재 인간 노동력의 50~60% 정도는 기계로 쉽게 대체가 가능하며, 2030년까지 자동화와 인공지능으로 인해 최대 8억 개의 일자리가 대체될 수 있다고 합니다.[10]

기계는 인간의 일자리를 산업화 시대부터 현재에 이르기까지 꾸준히 대체해왔습니다. 조직 내에서 기계가 인간 구성원의 역할을 대체해온 영역을 보면 공통점이 나타납니다. 같은 직무에서 많은 인력이 필요했던 영역을 기계가 대체했습니다. 산업혁명 시기의 기계가 그랬고, 제조업 생산 라인의 설비도 그랬으며, 최근 서비스업에서도 그런 흐름은 유사합니다.

미국에서는 2010년 이후 온라인 및 모바일 뱅킹 사용자 수는 꾸준히 증가한 반면, 은행 지점 수는 12% 이상 감소했습니다. 유럽연합의 은행 지점의 수는 2008년부터 2021년까지 지속해서 감소했습니다. 2021년 현재 유럽연합에 있는 은행 지점의 수는 약 138.3만 개입니다. 이는 2008년부터 2021년 사이에 유럽 전역에서 약 8만 5천 개의 은행 지점이 사라졌다는 의미입니다.

그렇다면 이런 경우는 어떨까요? 콜센터가 있다고 가정하겠습니다. 현재 고객군 A를 상대하기 위해서는 1천 명의 인간 상담사가 필요하며, 고객군 B를 상대하기 위해서는 20명의 인간 상담사가 필요합니다. 두 고객군 모두 조직 입장에서는 수익성 측면에서 장기적 가치가 있는 사업 대상입니다. 이런 상황에서 두 직군의 운명은 어떻게 달라질까요?

자연 생태계를 통해 살펴보겠습니다. 생태계에서는 일반적으로 개체 수가 많은 종은 외부 환경이 급격하게 변화할 때 생존할 가능성이 더 높습니다. 개체 수가 많을수록 유전적 다양성이 높아져 변화하는 환경에 더 빨리 적응할 수 있기 때문입니다.

그러나 이에 반해 생존에 불리한 측면도 있습니다. 우선 개체 수가 많을수록 자원을 차지하기 위한 경쟁이 더욱 치열해집니다. 특히 같은 먹이를 취하는 개체군이 환경 변화로 인해 부족해진 특정 먹이에 의존하는 경우, 개체 간의 치열한 경쟁으로 인해 개체군의 생존이 어려워질 수 있습니다. 또한 개체 수가 많으면 질병과 포식에도 더 취약할 수 있습니다. 좁은 지역에 개체들이 밀집되어 있으면 질병이 쉽게 퍼지고 포식자가 먹잇감을 찾아 공격하기가 쉬워질 수 있습니다.

인간 조직에도 자연 생태계와 같은 원리가 적용될 수 있습니다. 개체 수가 많은 종, 즉 동일 직무를 담당하는 인력이 많은 경우, 불리한 방향으로 상황이 진척합니다. 기계 대체가 시작되면, 기존 인력에게 제공되던 보수는 낮아집니다. 이런 줄어든 먹이를 놓고 끝까지 자리를 차지하기 위해 경쟁하는 상황이 발생합니다. 또한 기계 대체를 추진하는 포식자 입장에서는 대체를 통해 얻게 되는 성과가 더 커집니다. 따라서 미래 조직 내에서는 다수의 인력이 동일 직무를 수행하는 영역은 사라질 것입니다.

결과적으로, 기계와 인간이 공존하는 미래 조직에서 인간들의 직무는 매우 세분화되고 서로 다른 영역으로 나뉩니다. 동일 직무를 여럿이 나눠서 맡는 경우는 사라집니다. 앞서 예시한 사례를 다시 보면, 고객군 A를 상대하는 1천 명의 인간 상담사 조직은 기계를 관리하고, 오류에 대응하며, 기계의 학습을 담당하는 직무를 맡는 수십 명의 조직으로 진화합니다. 인간 상담사 1천 명의 직무는 동일했습니다. 그러나 진화한 수십 명의 조직은 관리, 오류 대응, 학습 등으로 분화된 직무를 갖게 됩니다. 반면 고객군 B를 상대하는 20명의 상담사 조직은 상대적으로 변화 시기가 뒤로 밀립니다. 기계를 도입해도 감소하는 인력 규모의 비율이 상대적으로 낮기 때문입니다. 이렇듯 규모가 큰 조직에 더 큰 변화가 찾아옵니다. 자신이 속한 조직의 규모가 크니까 변화가 쉽게 찾아오지 않으리라 생각하면 오판입니다.

미래 조직에서 개인은 타인과 달라야 존재 의미가 생깁니다. 하나의 직무를 동일한 역량을 가진 이들이 공유하는 환경은 빠른 속도로 사라집니다. 이런 변화 속에서 조직 내 개인은 서로 다른 역량을 가진 이들과 기능적, 인간적 관계를 유지해야 합니다. 현재 조직 내 개인은 직무 유사성이 높은 이들과의 소통량이 많았으나, 미래에는 직무 유사성은 낮아지고 프로세스상 연결성이 높은 이들과의 소통량이 증가합니다.

CHAPTER 9

사회

진정으로 위대한 사람들이라면,
세상의 위대한 슬픔을 느껴야 한다네.

— 표도르 도스토옙스키, 『죄와 벌』

"요즘 젊은 사람들은 인연을 참 가볍게 여겨요. 인터넷이다, 소셜미디어다 해서 서로 쉽게 연이 닿다 보니 가볍게 만나고 헤어지네요."
제가 강연을 하려고 참가했던 조찬 모임에서 한 참석자가 꺼낸 말입니다. 디지털 매체를 많이 쓰는 젊은 층과 디지털 매체를 덜 사용하는 중장년층, 이렇게 집단을 둘로 나눠서, 전자가 후자보다 인연을 가벼이 여긴다는 의견이었습니다.

모임을 마치고 돌아오는 길에 최근 제가 받았던 연락, 새로운 인연이 될 수 있었던 연락 중에서 응답하기가 쉽지 않았던 몇 가지가 떠올랐습니다. 크게 세 가지였습니다. 첫째, 이름을 알 만한 기업체 대표가 비서실 직원을 통해 연락해오는 경우입니다. 어찌 알았는지, 주로 제 개인 휴대전화로 연락해옵니다. 저와 만나서 식사하고 싶다는 대표의 뜻을 비서가 제게 전달해줍니다. 낯선 이, 무거운 자리를 차지하고 있는 경영자와 갑자기 대면하는 상황이 편하지만은 않기에 어떤 이유로 만남을 청하는지 물어보면, 열에 아홉은 자세한 얘기는 만나서 하자고 합니다. 만남의 이유를 제대로 설명하는 경우는 몹시 드뭅니다.

둘째, 많지는 않았으나, 중고생 자녀를 둔 학부모가 연락해오는 경우가 있습니다. 자녀와 한 시간 정도 만나달라는 요청입니다. 좋은 곳에서 음식을 대접하고, 소정의 비용을 지불할 테니 시간을 내어달라고 합니다. 아이에게 동기부여가 될 만한 이야기를 들려주기 위해, 아이의 진로에 관한 고민을 상담하기 위해, 때로는 아이의 생활기록부에 남길 만한 상황을 만들기 위해 이런 만남을 청합니다.

셋째, 초등학생부터 대학생까지 학생이 직접 만남을 청하는 경우입니다. 주로 이메일로 연락해옵니다. 대개는 학교에 제출할 과제를 위해 만났으면 하는 상황입니다. 저와 만나면 본인이 물어보려는 내용을 기자의 인터뷰 질문지처럼 번호를 달아서 보내주는 경우도 있습니다. 질문 내용을 보면, 최소한의 조사와 고민의 흔적이 느껴지지 않는 경우가 대부분입니다. 질문에 담긴 내용 자체가 오류이거나, 친구와의 채팅창에 남긴 글처럼 오타와 비문이 난무하는 문장으로 구성한 질문지입니다. 월요일에 이메일을 보내면서, 과제를 수요일까지 내야 하니 화요일에 만나달라는 경우도 있습니다.

결론적으로 필자는 이런 세 유형의 요청을 모두 피하는 편입니다. 상대의 요청이 제 마음에 크게 와닿지 않아서입니다. 그런데 최근 제게 연락해온 한 중학생을 만났습니다. 오랜 고민과 정성이 담긴 장문의 이메일을 보내온 학생이었습니다. 왜 만남을 청하는지, 만나기 전에 개인적으로 어떤 준비와 고민을 했는지, 만남을 통해 본인이 얻으려는 것은 무엇인지를 상세히 적어 보내왔습니다. 본인이 몇 달간 용돈을 모아서 30만 원을 준비했는데, 일종의 자문비로 드리고 싶다는 뜻도 조심스레 전해왔습니다.

이 학생을 만나서 두 시간 정도 대화를 나눴습니다. 물론 자문비는 받지 않았습니다. 그 학생은 저를 통해 무언가를 배우고 얻었다며 고마워했습니다. 반대로 저는 그 학생을 통해 요즘 10대 청소년의 고민, 꿈, 생각을 배웠습니다. 그리고 멋진 미래가 기대되는 청소년과 새로운 인연이 닿았다는 점이 무엇보다 흐뭇했습니다.

나와 상대의 마음이 닿을 때 인간의 인연은 연결됩니다. 그런 인연이 그물처럼 얽혀 있는 곳이 우리가 살아가는 사회입니다. 인공 진화기에 접어드는 인간의 사회에는 어떤 힘이 서로의 마음을 움직여서, 인류를 어떤 사회로 나아가게 할지 살펴보겠습니다.

어른이 사라진다

역사적 관점에서 성인과 어린이의 구분은 인류가 처음으로 사회 집단을 형성하기 시작한 선사 시대로 거슬러 올라갑니다. 이 시기에는 성인과 어린이 사이에 명확한 분업이 존재했으며, 성인은 식량 채집 및 사냥과 관련된 작업을 수행하고, 어린이는 육체적으로 덜 힘든 활동을 보조했습니다.

　시간이 지남에 따라 많은 사회에서 성인이 된다는 것은 사춘기 의식과 같이 아동기에서 성인기로의 전환을 알리는 통과의례를 의미했습니다. 이러한 의식에는 종종 신체적 인내력 테스트나 성인의 책임에 관한 개인의 준비 상태를 입증하기 위한 과제가 포함되었습니다.

18세기와 19세기 현대 산업 사회의 등장은 아동에 관한 역사에서 전환점이 되었습니다. 공장 노동과 대규모 학교 교육이 등장하면서 어린이를 일의 세계에서 분리하고 성인이 될 준비를 돕기 위한 제도가 생겨났습니다. 아동은 점점 더 취약하고 보호가 필요한 존재로 여겨졌고, 국가는 아동이 착취당하거나 방치되지 않도록 개입하기 시작했습니다.[11]

성인과 아동의 구분을 제도화한 또 다른 핵심 요소는 법 제도입니다. 역사적으로 법률 시스템은 투표권, 재산 소유권, 계약 체결권 등 다양한 권리와 책임에 관해 연령에 따른 기준을 설정해 왔습니다. 이러한 연령 기준은 아동이 정보에 입각한 결정을 내리거나 성인의 책임을 충분히 감당할 수 없다는 사회적 판단을 반영합니다.

그런데 근래 들어 성인과 아동의 전통적 구분을 넘어서는 아이들이 등장하고 있습니다. 150명의 구성원이 건물을 짓고, 물건을 만들어서 판매하는 조직이 있습니다. 매월 급여를 주는 방식은 아니고, 여건이 맞는 이들이 시간을 정해서 일하고 성과를 나눠 갖는 방식입니다. 여기까지는 그다지 특별한 부분이 없습니다. 정규직이 아닌 구성원으로 짜인 비슷한 조직은 흔한 편입니다. 그런데 놀라운 점이 몇 가지 있습니다. 이들은 1년 넘게 일하면서 서로 대면한 적이 없습니다. 구성원의 연령대는 14세부터 28세 정도이며, 국적은 10개국 이상입니다. 이 조직을 이끄는 대표의 나이는 14세, 중학교 1학년입니다. 이들은 메타버스에서 일하고 있습니다.

저는 이 조직을 인터뷰하면서 놀라움을 느꼈고, 한편으로는 반성의 마음도 들었습니다. 경영학을 배우지 않았고, 실무 경험이 없으며, 값어치 나가는 물리적 자산이 없는 중학교 1학년 학생이 이런 조직을 이끈다는 점이 놀랐습니다. 저는 대학에서 경영학을 전공하는 대학원생들을 지도하는데, 150명이 참여해서 실제 이익을 얻는 실습은 해본 적이 없었습니다. 그런데 중학교 1학년 학생이 중심이 되어서, 실습이 아닌 실행을 하고 있다는 점이 충격적이었습니다.

이 아이의 경우, 아이가 이런 활동을 하는 것을 뒤늦게 부모가 알게 되어, 아이가 혹시라도 다른 성인들로부터 피해를 보지는 않는지, 아이가 혹여 불법적인 행위를 하지는 않는지, 아이의 정서적, 학습적 환경에 지장은 없는지 등을 관리하기 시작했습니다. 산업화 시대를 거치면서 대부분 국가에서 노동과 경제 활동을 어른의 영역으로 분리했으나, 인공 진화기에 들어선 아이들은 다시 산업화 이전으로 돌아가서 어른의 경제 활동에 참여하기 시작했습니다.

경제 활동뿐만 아니라 아이가 지식을 습득하고 정서적 지원을 받기 위해 필요로 했던 어른과의 상호작용에도 변화가 생기고 있습니다. 이제 아이들은 화면을 몇 번만 터치하면 어른의 도움을 받지 않고도 거의 모든 주제에 대한 정보와 조언에 접근할 수 있습니다. 미국 청소년을 대상으로 한 연구에서 81%는 온라인 건강 정보를 확인한 적이 있다고 답했으며, 18~19세 청소년을 대상으로 한 연구에서는 65%가 인터넷이 건강 관련 정보의 주요 출처라고 답했습니다.[12] 퓨리서치센터의 설문조사에 따르면, 가정에서 절반 이상의 자녀가 이전에는 어른에게 물어봤을 질문을 인터넷으로 검색하는 것으로 나타났습니다.

디지털 기기와 문화는 정보에 대한 접근성을 제공할 뿐만 아니라, 아이들이 정서적 지원과 사회적 상호작용을 위해 어른에게 의존하던 문화도 약화시키고 있습니다. 예를 들어 이전에는 아이들이 친구와 어울리려면 부모의 도움이 필요했고, 자신이 하는 행동을 확인해주는 주체를 부모로 여겼으나, 현대 아이들은 소셜미디어를 통해 또래와 소통하고 또래로부터 지지와 확인을 받고 있습니다. 이런 상황에서 어린이가 온라인에서 더 쉽게 정보와 지원을 찾을 수 있지만, 유해하거나 부정확한 정보와 조언에 노출될 수 있으며, 정보와 지원을 주로 디지털 기기와 문화에 의존하는 어린이는 성인과의 상호작용을 통해 얻는 개인적, 사회적 성장의 중요한 기회를 놓칠 수 있습니다. 그러나 이런 우려에도 불구하고 이런 흐름은 가속하리라 예상합니다.

많은 문화권에서 어른은 아이에 비해 많은 권력을 갖고 있습니다. 경제적 능력, 사회적 네트워크, 지식과 정보 등의 측면에서 그렇습니다. 그러나 인공 진화를 통해 아이들은 어른의 경제 활동에 참여하고 있으며, 이런 양상은 디지털 재화의 종류, 유통량 및 거래 가치가 증가하는 상황에서 더 보편화될 것입니다.

사회적 네트워크 측면에서도 전통 사회에서는 물리적 활동 반경이 좁은 아이들의 네트워크는 성인보다 매우 작은 규모였으나, 소셜미디어와 메타버스 등을 통해 아이들의 사회적 네트워크가 성인을 넘어서는 경우도 더 많아지게 됩니다. 또한 디지털 기기를 통해 지식과 정보에 접근하고, 이것의 정확성을 판단하거나 가공하는 역량에서 아이들이 성인보다 발달 속도가 점점 더 빨라지리라 예상합니다. 대부분 국가에서 아이들을 대상으로 하는 디지털 리터러시digital literacy(디지털 콘텐츠에 대한 비판적 해석 및 올바른 활용 능력) 교육을 강화하고 있기 때문입니다.

생애 주기의 변화는 이런 현상을 더욱더 강화합니다. 앞서 언급했듯이, 삶의 첫 번째 3분의 1 기간은 배움을 위한 기간, 두 번째 3분의 1은 경제 활동을 통해 가족을 부양하는 기간, 세 번째 3분의 1은 휴식과 여가를 즐기는 기간, 이렇게 삶을 나누는 경우가 많았습니다. '배우며 성장 → 경제 활동 → 휴식과 여명'으로 바라봤던 삶의 주기가 '성장 → 경제 활동 → 재성장 → 다시 경제 활동 → 재성장 → 또다시 경제 활동' 형태로 바뀌고 있습니다. 이런 상황에서 산업화 시대에 나이를 기준으로 인간 활동, 특성을 구분했던 기준은 이미 흔들리기 시작했습니다.

요컨대, 인공 진화기에 들어선 인류에게 어른과 아이의 구분은 점점 더 흐려집니다. 학교와 노동 현장, 그리고 사회의 다양한 법과 제도를 정비하는 데 힘을 쏟아야 합니다. 그렇지 않으면, 흐려진 구분 속에서 미래 아이들은 회색 지대를 배회하는 불안정한 구성원이 될 수 있습니다. 그리고 인류는 본질적인 질문을 다시 품어야 합니다. "인간 사회에서 어른이란 대체 무엇인가?" 만약 누군가가 제 생각을 묻는다면 저는 이렇게 답하겠습니다. 어른은 자신의 존재 이유를 설명할 수 있는 존재라고 말입니다.

기계와 대화한다

전화 공포증telephone phobia, telephobia, phone phobia을 느끼는 인구가 늘어나고 있습니다. 이는 사회적 공포증의 일종으로 타인과의 전화 통화 또는 전화벨이 울리는 자체를 두려워하는 증세입니다. 전화 공포증이 발생하는 데에는 여러 가지 이유가 있습니다. 전화를 통해 발생하는 사회적 접촉 자체에 대한 불편함, 거절이나 비판에 대한 두려움, 실수나 잘못된 말을 하는 것에 대한 두려움 등이 거론됩니다. 전화는 중간에 기계가 개입되지만, 인간이 전하는 메시지를 기계가 그대로 전달하는 방식입니다. 음성이 그대로 전달되면서 통화자의 감정이 전달되고, 메시지 전달이 실시간으로 일어나서 수신과 송신을 지연시키지 못한다는 점에서 불편함을 느낍니다.

영국의 자동 응답 서비스 기업인 페이스포비즈니스Face for Business의 조사에 따르면, 밀레니엄 세대의 76%가 전화벨을 두려워한다고 응답하여, 베이비붐 세대의 응답률인 40%에 비해 매우 높게 나타났습니다. 전화 공포증이 젊은 층만의 문제가 아니라는 점, 젊은 층이 상대적으로 공포를 많이 느낀다는 점에 주목할 만합니다.

전 세계적으로 전화 통화를 통한 업무, 서비스의 상당 부분이 스마트폰 앱, 온라인 웹을 통해 인간의 개입이 없는 쪽으로 넘어가고 있습니다. 오프라인 공간에서도 음식을 주문하고, 서류를 발급받고, 요금을 납부하는 등의 다양한 상황에서 기계가 응대하는 경우가 많아지고 있습니다. 인류의 사회적 접촉에서 인간이 기계와 소통하는 비율은 앞으로 꾸준히 증가할 것입니다. 기존에는 주로 인간의 단순 업무를 대체하는 기계가 많았지만, 점점 더 높은 수준의 지식과 경험을 요하는 분야, 복잡한 프로세스가 필요한 영역까지 기계가 밀고 들어와서 인간과 대화할 것입니다.

이런 전환이 발생하는 이유는 크게 세 가지입니다. 첫째, 경제적 효율성 측면입니다. 특정 작업이나 프로세스를 자동화하여, 운영을 간소화하고 오류를 줄이며 생산성을 높이는 접근입니다. 특히 대량의 거래와 상호 작용이 빈번한 소매업, 서비스 산업에서 더욱 그렇습니다. 디지털 문화에 익숙한 이들은 즉각적이고 편리한 서비스에 대한 기대가 높습니다. 이런 상황에서 근무 시간이나 인력 수준과 같은 요인에 의해 영향을 받지 않고, 기계를 통해 인간에게 24시간 표준화된 소통 품질을 제공하는 접근은 경제적 효율성이 높습니다.

둘째, 기계는 인간에게 보다 일관되고 예측 가능한 경험을 제공합니다. 예를 들어 물건 주문을 키오스크로 한다면, 재고나 구매 조건 등을 세세하게 확인할 수 있습니다. 모든 기록은 디지털로 남기 때문에 거래 결과에 문제가 발생할 경우 어느 쪽의 과실인지 명확하게 밝힐 수 있습니다. 소통 과정에서 발생하는 오류, 불확실성을 최소화하는 접근인데, 이는 이 섹션의 서두에서 얘기한 전화 공포증과 관련됩니다. 즉, 인간과 소통하는 대상을 기계로 대체하여 그런 공포증을 해소한다는 접근입니다. 앞서 언급했던 '감정 비용'과도 관련됩니다. 인간 대 인간의 소통에서 발생하는 감정 소진을 막을 수 있다는 접근입니다.

셋째, 개인적 대화 수단으로 유용합니다. 인간이 기계와 대화, 소통한 기록이 디지털로 남겨지기는 하지만, 법률과 기술을 통해 보호만 된다면, 인간과 대화하고 소통하는 경우보다 자신을 덜 노출시킨다는 심리적 안정감을 줄 수 있습니다. 실제로 제가 연구를 위해 인터뷰했던 대상자들 중에는 인공지능 챗봇과 자신의 개인적, 심리적 고민에 관한 얘기를 나누면서 정서적 안정감을 찾는 이들이 일부 있었습니다. 그들은 인간 상담자가 자신의 비밀을 지켜준다고 해도, 타인이 자신의 비밀을 알고 있다는 상황 자체를 불편하게 여겼습니다.

이런 이유들로 인해 미래 인류는 일상생활, 노동, 교육의 다양한 소통 상황에서 인간보다 기계와 대화하는 비율이 증가할 것입니다. 그러나 이런 상황에는 크게 세 가지 문제점이 내재되어 있습니다.

첫째, 인간이 인간과 소통하는 비율이 낮아지면서, 세상에 대한 이해가 좁아지거나 왜곡될 위험이 있습니다. 기계와 인간의 대화는 주로 기호(보기, 선택지, 숫자 등)와 인간의 언어를 섞어서 구성됩니다. 기계는 점점 더 인간처럼, 인간과 다르다는 구분이 안 될 수준의 대화 상대가 될 것입니다. 조만간 튜링 테스트Turing Test라는 개념 자체도 큰 의미가 없어질 것입니다.

튜링 테스트는 기계가 인간과 구별할 수 없는 대화가 가능한가를 측정하는 테스트입니다. 1950년 영국의 수학자이자 컴퓨터 과학자인 앨런 튜링Alan Turing이 인공지능의 수준을 평가하는 방법으로 제안했습니다. 현대 버전으로 튜링 테스트를 간략히 설명한다면, 판단하는 역할을 맡은 한 사람이 다른 두 존재와 대화합니다. 그런데 두 존재 중 하나는 사람이고, 다른 하나는 인공지능 기계입니다. 이렇게 대화했을 때 판단하는 역할을 맡은 사람이 자신과 대화한 두 존재 중 어느 쪽이 사람이고 기계인지 구분하지 못할 경우 튜링 테스트를 통과했다고 봅니다.[13]

기계가 튜링 테스트를 통과할 정도로 인간을 모방한다고 해도, 내가 대화하는 상대는 여전히 기계이지 인간은 아닙니다. 그 기계가 인간처럼 언어를 사용한다고 해도, 그 기계는 인간의 세상이 아닌 기계의 세상에 갇힌 존재입니다. 여기서 문제는 그 기계가 어떤 관점으로 나와 소통하는지입니다.

예를 들어 기계에게 '태초부터 현재까지 지구상 인간의 본질적 아름다움을 탐구하는 책을 썼다. 그 책의 표지에 쓸 수 있는 디자인 시안을 몇 개 만들어주라' 이렇게 요청한다고 가정합시다. 기계는 그에 맞춰 다섯 가지 시안을 제시합니다. 정신적, 신체적, 사회적, 예술적 차원에서 다양한 아름다움을 추구하는 인간의 모습이 담긴 시안들입니다. 그런데 디자인 시안에 등장하는 모든 인물이 동양인 여성입니다. 기계는 내가 동양인 남성임을 알고 있으며, 내 책이 주로 동양 문화권에서 유통될 것임을 앞선 대화를 통해 알고 있습니다. 그렇다면 기계가 만들어준 시안은 적절하다고 볼 수 있을까요?

크게 보면 기계는 몇 가지 관점과 전략으로 대화에 임합니다. 옵션 1은 대화의 주체인 내 관점, 필요성에 맞춰주는 전략입니다. 옵션 2는 기계에게 학습된 인류 사회의 보편성, 공정성 등의 가치를 바탕으로 대화하는 전략입니다. 옵션 3은 기계를 제작한 기업의 이익에 부합하는 방향으로 대화하는 전략입니다.

내가 무료 또는 적은 비용으로 기계를 사용할 경우, 기계는 이익을 채우기 위해 옵션 3으로 작동할 가능성이 높습니다. 만약 기계가 옵션 1로 작동할 경우, 그 기계는 내가 기계와의 대화를 반복해서 쓰도록 유도하기 위해 내 비위를 맞추고자 노력하는 셈입니다. 그런데 이런 소통이 인간에게 어떤 가치를 줄 수 있는가에 관한 의문이 생깁니다. 옵션 2의 경우, 기계에 내장된 알고리즘 및 기반 데이터가 과연 '인류 사회의 보편성, 공정성 등의 가치'에 부합하는 것인가에 관한 폭넓은 검증이 필요합니다. 장기적으로는 이런 상황들을 통제하기 위한 사회적 합의가 이뤄지고, 관련 제도가 정비되리라 예상합니다. 그러나 그런 정비가 끝나기 전까지는 기계와 소통하는 인간에게는 세상을 왜곡해서 이해할 위험이 남아 있습니다.

둘째, 개인적 성향, 가치관으로 인해 기계와의 소통을 꺼리는 이들도 다른 대안을 제공받지 못하고 강제적으로 기계와 대화하는 상황에 내몰리게 됩니다. 이런 상황에서 특히 디지털 리터러시 역량이 부족한 이들은 많은 불편을 느낄 것입니다. 기계와의 대화를 사용성, 편리성 측면에서 불편하게 느끼는 현상이 완벽하게 사라지기는 쉽지 않기 때문입니다.

테슬러의 법칙Tesler's law이 있습니다. 컴퓨터과학자 래리 테슬러Larry Tesler가 상호작용 디자인을 연구하다가 고안한 개념입니다. 복잡성 보존의 법칙이라고도 불리는데, 모든 시스템에는 일정 수준 이하로 줄일 수 없는 복잡성이 존재한다는 이론입니다. 인간과 기계와의 소통, 상호작용을 위해 인간은 인간의 부담을 최소화하고자 기계와의 상호작용에 내재된 복잡성을 최대한 낮추려고 노력하고 있으며, 이런 노력은 기계의 활용이 증가하는 미래에는 더욱더 활발해질 것입니다. 그럼에도 불구하고 인간과 기계와의 상호작용에는 일정 수준의 복잡성이 존재할 수밖에 없습니다. 콜센터의 자동 응답 기능이 아무리 편해지고 다양해져도 끝내 인간 상담사를 찾는 고객들이 적잖은 것도 같은 맥락입니다. 개인의 성향 때문이건 기계 사용이 불편해서건, 인간과 소통하고 싶어 하는 사람들이 있는데, 그들이 강제적으로 기계와만 소통해야 한다면 이는 결코 아름다운 상황이 아닙니다.

셋째, 인간의 사회적 고립을 악화시킬 수 있습니다. 서두에서 언급했던 전화 공포증과 같은 이유로 인간은 의도적으로 기계와의 대화를 선호할 수 있습니다. 인간들에게는 타고난 이중성 또는 내적 반목이 있습니다. 인간은 누구나 타인을 갈망하고 다가가고자 하지만, 한편으로는 홀로이기를 원하며, 타인과의 거리를 유지하고 싶어 하기도 합니다. 인간의 이런 이중적 마음을 칸트는 '비사교적 사교성'이라고 표현했습니다.

인간과 대화하는 기계는 이렇게 홀로이고 싶어 하는 인간들에게 선택받을 텐데, 문제는 그런 선택이 증가할수록 '타인을 갈망하고 다가가고자' 하는 내적 반목을 포기하는 쪽으로 학습될 가능성이 매우 높습니다. 실제 필자가 인터뷰했던 대상자들에게서 기계와의 대화가 늘어나면서, 점점 더 타인과의 소통을 회피하는 성향이 증가하는 양상이 감지되었습니다. 정확히 보면, 그들이 타인을 싫어하거나 미워하는 것은 아닙니다. 다만 홀로이고 싶은 마음이 너무 커져 있다고 판단했습니다.

요컨대, 인공 진화기의 인류는 날것의 세상이 아닌 기계가 가공해서 보여주는 세상을 접하며 왜곡된 인식을 품을 수 있고, 기계와의 소통을 꺼리는 이들까지 강제로 기계와만 소통해야 하는 상황에 부닥칠 수 있으며, 의도적으로 인간과의 소통을 회피해서 사회적 고립이 악화될 가능성이 있습니다.

제가 지적한 문제점이나 위험에도 불구하고, 인간과 대화하는 기계는 인류 사회 곳곳에 넓고 깊게 퍼질 것입니다. 이런 변화가 가져올 배움(학습), 노동, 소비의 변화는 4부에서 다시 살펴보도록 하겠습니다.

완전히 발가벗다

모든 것이 디지털로 전환되고 기록되는 상황에서 정보 보호 문제는 끊임없이 발생하고 있습니다. 2018년 기준으로 정보 유출 사고를 일으킨 이의 34%는 해당 정보에 접근이 가능한 내부자였고, 이런 사건 중 71%는 금전적 이득을 취하기 위해서였습니다. 미국의 경우 유출 사고 건수가 2010년 662건이었으나, 2021년에는 1천 건을 넘어섰습니다. 의료, 금융, 소매 및 교육 분야 등이 특히 이런 사고에 취약하게 나타났습니다.

인공 진화기에 접어든 인류는 인간의 삶과 관련된 모든 것들을 디지털로 측정, 기록, 분석하려고 합니다. 이 과정에서 개인의 정보가 어디까지 활용되어도 되는지, 문제의 발생을 어떻게 예방하고, 발생한 문제에 관해 어떻게 대처할 것인가에 관한 사회적 갈등과 논의는 폭발적으로 증가하게 됩니다. 인공 진화기에 접어든 인류가 어디까지 인류의 삶을 디지털로 기록하고 활용할지 살펴보겠습니다.

디지털 트윈digital twin이라는 개념이 있습니다. 디지털 트윈은 물리적 개체 또는 시스템의 디지털 영역에 복제하는 것입니다. 실제 대상의 동작을 시뮬레이션, 예측 및 최적화하는 데 사용하는 디지털 복제본입니다.

각종 센서 장치를 활용해서 물리적 개체로부터 데이터를 가져오고, 여기에 다른 소스에서 가져온 데이터를 접목해서 물리적 개체의 복제본을 만듭니다. 디지털 트윈은 제조, 건설, 의료, 운송 등 다양한 분야에서 사용됩니다. 예를 들어 제조업에서는 디지털 트윈을 사용하여 생산 프로세스를 시뮬레이션하고 잠재적인 병목 현상을 파악하며 공장의 성능을 최적화합니다.[14] 의료 분야에서는 디지털 트윈을 사용하여 환자 개개인의 특성과 병력을 바탕으로 맞춤형 치료 계획을 수립할 수 있다는 점에서 주목하고 있습니다.

이탈리아 생물물리학자인 알레시오 아벨티노Alessio Abeltino 연구팀은 인간의 신진대사 시스템을 아바타로 옮겨서 관리한다는 아이디어를 냈습니다.[15] 실험 참가자들은 거의 1년에 가까운 기간 동안 웨어러블 장치와 보조 기기를 활용해서 자기 신체 상태, 활동, 식사 패턴 등을 기록했습니다. 이렇게 수집된 데이터를 딥

러닝으로 분석하여 개인화된 식단과 운동 계획을 제공받을 수 있었습니다.

아벨티노의 아이디어를 넘어서서, 인간의 생체 특성 전체를 디지털 트윈화하는 작업도 진행되고 있습니다. 유럽연합의 지원을 받는 컴프바이오메드CompBioMed 센터는 초개인화된 의료용 아바타를 만드는 '버추얼 휴먼 프로젝트virtual human project'에 착수했습니다. 환자가 자신의 증상을 의사에게 명확하게 전달하고, 의사가 진찰을 통해 환자의 질병 상태를 정확하게 판단하여 처방하기는 쉬운 작업이 아닙니다. 미국에서는 매년 외래 진료를 받는 1,200만 명의 사람들이 어떤 형태로든 진단 오류를 경험합니다. 또한 세계보건기구는 2035년까지 전 세계적으로 1,290만 명의 의료 인력이 부족할 것으로 예상합니다.

버추얼 휴먼 프로젝트는 엑스레이, CAT 스캔 또는 MRI와 같이 현재 의료 시스템에서 생성되는 다양한 종류의 환자 데이터를 결합하여 개인화된 디지털 아바타를 만들고자 합니다. 이를 통해 의사는 더욱 정확한 진단을 제공하고, 환자의 개인별 생리적 특성을 고려하여 효과적인 치료를 위한 의학 및 임상 시뮬레이션을 실행할 수 있습니다.

현재 버추얼 휴먼 프로젝트는 크게 의학의 세 가지 측면을 아바타로 구현하고자 합니다. 신경 근골격계, 분자 역학, 심혈관입니다. 예를 들어 분자 역학을 통해 단백질의 구조를 분석하여, 특정 약물에 반응하는 단백질의 모양이 어떻게 변할지 예측할 수 있습니다. 따라서 의사는 어떤 약물이 가장 효과적인 치료법이 될지 결정할 수 있습니다.

하지만 완전한 인간의 의학적 디지털 아바타를 만드는 데는 매우 높은 컴퓨팅 성능이 필요하므로 기술적인 어려움이 있습니다. 심장, 뼈 또는 단백질에서 일어나는 일을 정확하게 예측하는 데 있어, 그 정밀도는 사용 가능한 컴퓨팅 성능에 따라 달라지기 때문입니다.

현재 페타스케일Petascale 슈퍼컴퓨터는 초당 10의 10승 번의 계산을 수행할 수 있지만, 버추얼 휴먼 프로젝트에서 목표하는 성능을 구현하기에는 부족한 수준입니다. 페타스케일 컴퓨터보다 1천 배 더 강력한 엑사스케일exascale 슈퍼컴퓨터(초당 10의 18승 번 계산)가 보편화되면, 환자 개인별 아바타를 구현하는 데 성공하리라 예상합니다.

아벨티노 연구팀과 컴프바이오메드의 사례는 모두 인간의 몸에 대한 디지털 트윈 시도입니다. 그렇다면 인간의 정신적 영역까지 디지털 트윈이 가능할까요? 멘탈 업로딩mental uploading을 살펴보겠습니다. 멘탈 업로딩은 생각, 기억, 성격 특성 등 인간의 두뇌에 담긴 내용을 컴퓨터나 로봇과 같은 디지털 기기에 옮기는 것을 말합니다. 이 아이디어는 신경과학, 인공지능, 철학 분야에서 많은 추측과 논쟁의 대상이 되어왔습니다.

멘탈 업로드에 대한 아이디어는 공상과학 소설처럼 보일 수 있지만, 최근 몇 년 동안 뇌-컴퓨터 인터페이스와 이를 가능하게 하는 컴퓨팅 기술의 개발이 크게 진전되었습니다. 예를 들어, 인간의 신경 활동을 해독하고 인코딩하는 기술은 이미 어느 정도 개발이 되었습니다. 이를 통해 인간이 생각으로 기계를 제어하고 기계로부터 감각적 피드백을 받을 수도 있습니다.

인간의 모든 정신과 감정은 아니더라도 어느 정도 필요한 만큼의 감정 상태 등을 멘탈 업로딩한다면, 신체적 질환을 넘어서 정신적 문제까지 정밀하게 진단하고 대응하는 게 가능해집니다. 또한 집단 차원에서 멘탈 업로딩을 분석한다면, 사회 구성원이 가진 복잡한 갈등, 집단의 공포와 불안 등의 문제에 대응하기 위한 정책과 제도 수립에 큰 전환점이 올 것입니다. 업로딩 결과물을 가공하여 기계 학습에 사용한다면, 인공지능과 로봇공학의 수준은 몇 단계를 뛰어넘어 기계의 행동과 의사결정이 인간과 더 비슷해질 수 있습니다.

물리적 현실에 존재하는 개체, 공간, 건물 등을 넘어서서 인간의 몸과 마음의 영역까지 디지털 기기로 옮겨서 관리하는 세상에는 어떤 문제가 생길지 살펴보겠습니다. 첫째, 세상의 모든 데이터, 정보가 디지털로 흘러가는 상황에서 과연 인간이 만든 제도와 시스템을 통해 정보 보호 문제, 악용의 문제를 충분히 예방, 탐지, 대응, 복구하는 것이 가능할까에 관한 의문입니다. 발달된 디지털 기술과 기기가 그런 활동의 상당 부분을 자동화하겠으나, 현재 인류가 상상하지 못하는 유형, 이제까지 발생하지 않았던 규모의 문제가 필연적으로 나타날 것입니다. 이는 자칫 인공 진화로 이룩한 문명 전체의 판을 흔들 상황을 만들 수도 있습니다.

둘째, 단기간에 멘탈 업로드 단계까지 도달하기는 어렵지만, 만약 그 단계에 도달한다면, 인류는 철학적, 윤리적 차원에서 '존재한다는 것'에 관한 고민을 다시 해야 합니다. 더글러스 호프스태터Douglas Hofstadter, 제프 호킨스Jeff Hawkins, 마빈 민스키Marvin Minsky 등 저명한 컴퓨터과학자와 신경과학자들은 멘탈 업로딩을 통해 디지털 기기가 인간처럼 사고하는 것을 넘어서 의식을 가질 수도 있다는 예측을 내놨습니다.[16]

만약 그들의 예상대로 디지털 기기에 의식이 생긴다면, 인간이 창조한 기계 안에 갇힌 의식이 어떤 감정을 느끼는지 인간은 고민해야 합니다. 그 속에서 나의 복제된 의식이 고통을 받을 수도 있기 때문입니다.[17] 1부 '존재의 진화'의 '인간' 편에서 '테세우스의 배'에 관한 얘기를 잠시 꺼냈습니다. 밴크로프트Tyler D. Bancroft는 그 사고 실험을 확장해서, 복제된 의식의 고통에 관해 얘기합니다. 테세우스의 배처럼 인간의 의식에 필요한 요소를 조금씩 기계 쪽으로 옮겨간다면, 결국 완성된 결과물은 인간의 의식을 가질 수 있으며, 따라서 고통을 느끼며 괴로워할 수도 있습니다.[18] 분석을 위해 수집되고 복제된 결과물에 의식이 발생한다면, 인류는 이에 관해 어떻게 대응해야 할까요? 아직 명확한 방향성이 보이지 않는 영역입니다.

결과적으로 인류는 많은 문제에도 불구하고 세상의 모든 것을 발가벗겨서 디지털 기기 속에 넣을 것입니다. 컴퓨터가 처음으로 개발되고 200여 년의 시간이 흘렀습니다. 최초의 컴퓨터에 관해 학자마다 일부 이견이 있으나, 1822년 찰스 배비지Charles Babbage가 설계한 모델을 현대식 컴퓨터의 시초로 보는 견해가 많습니다. 인류는 그때부터 현재까지의 기간을 정보화 혁명기라 칭하기도 합니다. 새로운 직업이 만들어졌고, 정보 소통의 투명성이 증가했으며, 복잡하고 다층적인 연결을 통해 인류 전체의 창의성이 진일보했습니다. 그 과정에서 정보 보호, 디지털 소외 및 중독 등이 발생했으나, 정보화 혁명기는 늘 앞으로만 나아갔습니다.

18세기와 19세기의 산업혁명은 제조, 운송 및 통신 기술의 획기적인 발전을 가져와 생산성 향상과 경제 성장으로 이어졌습니다. 하지만 심각한 환경 파괴, 노동 착취, 사회적 불평등을 초래하기도 했습니다. 이러한 부정적인 결과에도 불구하고 인류는 산업혁명이 가져다준 수많은 혜택 때문에 산업혁명을 받아들였습니다.

왜 인류는 늘 긍정과 부정, 두 가치가 공존할 때 긍정을 보고 뛰어갈까요? 철학적으로 보면, 인류는 집단적인 '낙관주의 편향'에 빠져 있습니다. 낙관주의 편향은 인간이 긍정적인 결과의 가능성을 과대평가하고, 부정적인 결과의 가능성을 과소평가하는 경향을 말합니다.[19] 인류가 품은 집단적 낙관주의가 나쁜 것은 아닙니다. 낙관주의 편향은 집단 환경에서 생존에 필수적인 사회적 응집력과 협력을 촉진하는 면이 있습니다. 낙관주의 편향은 타인에 관한 긍정적인 기대와 태도를 길러줌으로써, 신뢰와 협력을 촉진하여 개인과 집단 모두에게 더 나은 결과를 가져올 수 있습니다.

문학의 서사로 인류의 여정을 논한다면, '영웅의 여정'과 관련되어 있습니다. 이는 영웅이 여행이나 퀘스트를 시작하고, 그 과정에서 수많은 장애물과 도전에 직면하는 내러티브 패턴입니다. 영웅은 고난에도 불구하고 인내하고, 궁극적으로 긍정적인 결과를 얻게 되며, 이는 종종 역경을 이겨낸 승리로 특징지어집니다.[20]

인간은 영웅의 여정이 등장하는 서사를 매우 좋아하는데, 인류 전체의 여정도 그런 서사로 보는 것 같습니다. 즉, 새로운 기술과 기기로 인해 인류 문명이 전환하는 과정에서 많은 역경이 생기겠으나, 인류라는 영웅은 결국 그런 것들을 초월하고 승리하리라는 믿음입니다. 요컨대, 인류는 발가벗겨짐을 감수하고라도 인공 진화를 통해 새로운 사회를 구축하는 영웅의 여정을 멈추지 않을 것입니다.

결속이 무너진다

500여 명의 대학생이 모여서 집단생활을 하는 거대한 땅이 있습니다. 여기에 정착한 이들에게는 대략 수십 제곱미터의 땅이 제공됩니다. 그들은 그 땅을 바탕으로 각자 자기 삶과 일을 꾸려갑니다. 카페를 여는 이, 종교 시설을 만든 이, 라디오 방송을 시작한 이가 있습니다. 어떤 이는 그 넓은 땅에서 사람들이 편하게 이동하도록 철도망을 만들었습니다. 자체적으로 사용하는 화폐가 있으며, 각자가 보유한 토지와 자원을 투명하게 거래합니다. 이 땅은 실제 물리적 현실에는 존재하지 않으며, '야생월드'라고 명명된 마인크래프트 메타버스 안에 존재합니다.

야생월드에서 500여 명의 대학생이 하고 있는 것은 무엇일까요? 어떤 이는 이들이 컴퓨터 게임을 하고 있다고 단정합니다. 어떤 이는 이들이 현실의 삶을 메타버스에서 시뮬레이션하고 있다고, 미리 살아보고 있다고 평가합니다.

그러나 제 생각은 다릅니다. 이들은 그저 현실을 살아가고 있습니다. 다만 그 현실이 물리적 현실이 아닌 디지털 현실일 뿐입니다. 제 지인 중에 혼자만의 작업실에서 음악을 만드는 이가 있습니다. 그는 외부 사무실에 출근하지 않으며, 다른 이들과 메신저로 소통하고, 작업 결과물을 디지털 파일로 전송합니다. 야생월드의 구성원과 이 작곡가의 차이는 무엇일까요? 둘 다 디지털 현실에서 살아간다는 공통점이 있으나, 야생월드의 구성원은 작곡가와 달리 경제적 가치를 만들어내지는 못한다고 볼 수 있습니다. 그러나 이 부분에서도 제 생각은 다릅니다. 만약 야생월드에 누군가가 광고판을 세우거나, 야생월드의 라디오 방송을 외부 매체로 연결해서 송출한다면 어떨까요? 그렇다면 야생월드에서 사용하는 화폐가 물리적 세계에서 통용되는 화폐다운 가치를 가지게 됩니다.

저는 야생월드를 관찰하면서 캐나다 철학자 마셜 매클루언이 주장했던 '지구촌'이 생각났습니다. 대학생들이 디지털 기술을 활용해 새로운 지구촌을 만들고 있다는 생각이었습니다. 매클루언은 새로운 미디어 기술이 먼 거리에 있는 사람들을 연결하고 공동체 의식과 상호 연결성을 형성하는 '지구촌'이라는 개념을 제안했습니다. 텔레비전이나 인터넷과 같은 전자 커뮤니케이션 기술은 물리적 공간의 한계를 극복하고 지리적으로 떨어져 있는 사람들 사이에 직접성과 친밀감을 형성하는 힘을 가지고 있다고 주장했습니다. 지구촌이라는 개념은 기술을 통해 사람들이 즉각적이고 쉽게 소통하고 정보를 공유할 수 있게 되면서 세계가 점점 더 상호 연결되고 있음을 시사합니다. 매클루언은 지구촌이 전통적인 문화적 경계를 허물고 글로벌 의식을 출현시키는 등 사회에 지대한 영향을 미칠 것이라고 믿었습니다.[21]

인류가 인공 진화를 통해 인류 전체를 하나의 지구촌으로 인식하게 된다면 어떤 변화가 나타날까요? 타인의 고통에 대한 인간의 반응에 관한 연구를 살펴보겠습니다. 신경과학 연구에 따르면, 인간은 자신이 속한 집단의 구성원이 느끼는 고통에 더 민감하게 반응합니다. 사회적 고통을 겪는 사람들을 관찰하는 연구에서, 연구자들은 피해자가 관찰자의 내부 집단 또는 외부 집단의 일원이었을 때 관찰자의 반응을 비교했습니다. 그 결과, 사회적 고통을 겪는 사람이 친구나 가족 등 관찰자 자신의 집단에 속해 있을 때는 다른 집단의 사람을 관찰할 때보다 뇌의 감정 중추가 더 활성화되었습니다. 그러나 다른 집단의 사람을 관찰할 때는 감정적 반응보다는 인지적 반응이 더 많았으며, 공감하는 데 더 오랜 시간이 걸렸습니다.[22]

다시 야생월드로 돌아가겠습니다. 그들은 거주하는 지역이 다르고, 그에 따라 서로 조금은 다른 문화적 배경을 갖고 있습니다. 그럼에도 불구하고 야생월드에서 하나의 공동체, 내부 집단을 형성했습니다. 구성원 중 누군가 고통을 겪게 된다면, 그들에게는 인지적 반응보다는 감정적 반응이 앞설 것입니다. 감정적 반응이 인지적 반응보다 더 우월한 것은 아니지만, 타인의 상황을 공감하고, 수용적인 태도를 갖는 데 있어서 감정적 반응은 매우 강력하게 작용합니다.

즉, 이성적으로는 상대를 이해하기 어렵거나 나와 관련이 없다고 판단할지라도, 감정적으로 상대의 아픔에 공감하면서 그를 위로하거나 포용할 수 있다는 의미입니다. "고통을 느낀다면 당신은 살아 있는 것이고, 타인의 고통을 느낀다면 당신은 인간입니다." 톨스토이가 남긴 말입니다. 인공 진화를 통해 인류가 기존 사회의 벽을 허물고, 새롭게 섞인 거대 공동체를 형성하는 것은 서로를 내부 집단으로 바라보고, 서로의 고통을 감정적으로 느낄 수 있는 길로 인류를 나아가게 하리라 예상합니다.

제가 실제 인터뷰했던 사례 중에서 두 가지를 소개합니다. 자녀의 정체성과 국가관에 문제가 있어 보여서 걱정이 된다는 학부모가 있었습니다. 한국 축구팀이 외국 팀과 경기를 펼치는데, 자신의 아이가 한국 팀이 아닌 외국 팀을 응원해서 몹시 놀랐다고 했습니다. 그 아이에게 외국 팀을 응원한 이유를 물어보니, 매우 명쾌하게 답했습니다. 그 팀 선수들의 기량이 더 좋고, 플레이 스타일이 자신과 맞으며, 소셜미디어를 통해 보는 일상이나 생각들도 자신과 더 어울린다고 했습니다. 한국 팀을 싫어하냐고 물으니 그런 것은 아니라고 했습니다.

그 아이는 5세 때부터 스마트폰을 사용했고, 소셜미디어, 동영상 스트리밍 플랫폼, 온라인 게임 등을 통해 지역, 언어, 문화의 벽과 무관하게 축구를 중심으로 많은 이들과 어울리고 있었습니다. 언어에서 막히는 부분은 자동 번역기를 통해서 해결한다고 했습니다. 그 아이는 축구를 중심으로 새로운 지구촌을 형성하고 있었습니다.

두 번째 아이도 앞서 인터뷰했던 아이와 비슷한 또래의 아이였습니다. 이 아이는 성소수자였습니다. 코로나19 팬데믹이 터지기 전 학교에서 본인의 의사와 관련 없이 자신이 성소수자임이 학급 친구들에게 알려졌다고 합니다. 친구들이 자신을 괴롭히지는 않았지만, 대부분 아이들이 자신과 거리를 두려는 것이 느껴졌다고 했습니다.

그런데 팬데믹이 터지면서 아이는 집에서 원격으로 학교 수업을 들으면서 마음이 한결 편해졌다고 했습니다. 원격 수업에서는 교과 진도 위주의 경험만 존재하고, 반 친구들과의 상호작용은 거의 없었기 때문입니다. 아이는 가상현실 장비를 가지고 3차원 디지털 공간에서 보내는 시간이 늘었다고 했습니다.

그러던 중 같은 공간에서 자주 어울리던 이들에게 자신이 성소수자임을 밝혔다고 합니다. 상대가 자신의 신분을 알지 못하기에 큰 문제는 없으리라 여겼기 때문입니다. 그런데 다행히도 자신이 성소수자임을 밝힌 후에 자신을 대하는 태도가 바뀐 이들이 없었다고 합니다. 아이는 세상에는 정말 많은 사람이 있고,

그들 중에는 나와 친구가 될 수 있는 사람도 많음을 느꼈다고 했습니다. 그리고 그 커뮤니티 내에서 강한 연대감을 느꼈다고 합니다.

만약 인터넷조차 보편적이지 않았던 30년 전이라면 어떠했을까요? 아마 그 아이는 자신을 어느 집단에도 끼지 못하는 괴물처럼 인식했을 것입니다. 소설 『프랑켄슈타인』에 등장하는 아무 죄 없는 '괴물(피조물)'이 그랬듯이, 그 아이는 아무 죄 없는 자신을 미워하고 세상을 원망하며 살았을지 모릅니다.

제가 소개한 두 아이는 모두 전통적인 지역, 언어, 인종, 문화를 기준으로 하는 결속을 넘어섰습니다. 이렇듯 인공 진화를 통해 인류는 기존 결속을 무너트리고, 새로운 결속을 형성하는 쪽으로 전환할 것입니다. 사회적 경계선이 새롭게, 그리고 다층으로 그려지게 됩니다. 이런 상황에서 국가 경계, 국적 등을 기준으로 적용하는 현재 법, 제도와 충돌하는 상황이 많아질 것입니다. 각 국가와 사회는 이런 새로운 결속 집단을 어떻게 포용해서 기존 집단과의 관계를 유지할 것인지 고민해야 합니다.

소외는 파국이다

사회에서 개인의 소외는 비자발적 소외와 자발적 소외의 두 가지 범주로 나눌 수 있습니다. 비자발적 소외는 개인이나 집단이 자신의 의지와 상관없이 주류 사회에서 배제될 때 발생합니다. 이는 인종, 민족, 성별, 성적 지향, 종교 또는 장애에 따른 차별을 비롯한 다양한 요인으로 인해 발생합니다. 예를 들어 이민자나 난민은 언어 장벽, 자원 불균형, 사회적 낙인 등으로 인해 비자발적인 소외에 직면합니다. 장애인도 물리적 장벽, 고용 및 교육 기회에 대한 접근성 부족, 부정적인 태도와 고정관념으로 인해 비자발적 소외에 직면할 수 있습니다.

반면에 자발적 소외는 개인이나 집단이 주류 사회에서 자신을 배제하기로 선택할 때 발생합니다. 이는 문화적 또는 종교적 신념, 개인적 선호도 또는 사회적 규범에서 벗어나 살고자 하는 욕구로 인해 발생합니다. 예를 들어 성소수자들 중 일부는 더 안전하게 살고, 인정받고자 하는 마음으로 성소수자 전용 지역이나 커뮤니티에서 살기를 선택하기도 합니다.

소외를 감정으로 놓고 보면 외로움입니다. 소설가 앰브로즈 비어스Ambrose G. Bierce는 그의 작품 『악마의 사전』에서 '외로운'이라는 형용사를 '좋지 않은 이들과 함께 있음'으로 정의했습니다. 비어스의 표현을 놓고 보면, 인간은 좋지 않은 이들과 함께 있는 외로움을 피하기 위한 역설적 단절로 자발적 소외를 선택한다고 볼 수도 있습니다.

그리고 외로움과 혼자가 된다는 것은 논리적으로나 경험적으로나 서로 다른 경험입니다. 중요한 요소는 동물을 포함하여 개인 주변에 있는 사람의 수가 아니라 그들과의 관계에서 느끼는 감정입니다. 예를 들어 수천 명이 모인 대규모 콘서트에서도 음악에 대한 경험은 개별적인 경험입니다. 개인은 자신의 반응을 다른 사람들과 소통할 수 있지만, 경험에는 항상 완전히 공유할 수 없는 개인적인 요소가 있습니다. 외로움의 핵심은 혼자라는 객관적인 상태보다는 주관적인 단절감입니다. 즉, 소외는 물리적으로 혼자 남겨지는 상태만을 의미하는 것이 아니라, 주관적으로 정서적 단절감을 느끼는 상태를 의미합니다.

소외는 이제 개인이나 가정 차원의 문제가 아닙니다. 영국 정부는 2018년 1월, 공중 보건의 중요한 관심사로 떠오른 외로움 문제를 해결하기 위해 '외로움 부Ministry for Loneliness'를 설립했습니다. 외로움 부는 영국에서 900만 명 이상의 사람들이 외로움으로 고통받고 있다는 외로움 위원회의 보고서에 따라 설립되었습니다.

외로움 부는 영국의 사회적 고립과 외로움을 줄이기 위한 정책 개발 및 시행을 담당합니다. 외로움 부는 지방 당국, 자선단체, 커뮤니티 그룹과 긴밀히 협력하여 외로움의 위험에 처한 개인을 식별하고 지원합니다. 또한 외로움의 원인과 결과에 관한 연구를 지원하고 외로움 문제에 대한 대중의 인식을 개선하고자 노력하고 있습니다.

2018년 영국 정부는 외로움 퇴치를 위해 노력하는 단체를 지원하기 위해 2,000만 파운드의 기금을 지원했습니다. 그러나 팬데믹은 외로움 문제를 더욱 악화시켰으며, 많은 사람들이 봉쇄와 사회적 거리 두기 조치로 인해 사회적 고립을 경험했습니다. 2020년 영국 적십자사가 실시한 설문조사에 따르면 영국에서 700만 명이 넘는 사람들이 팬데믹으로 인해 외로움을 느낀다고 답했습니다.

인공 진화기에 들어선 인류 사회에서 소외되는 이들은 더 늘어날까요? 과거 산업혁명과 이제까지의 정보화혁명을 놓고 보면, 결과적으로 비자발적으로 소외된 인간의 규모를 더 키웠다고 판단합니다. 새로운 기술과 기계가 인간에게 노동, 배움, 정보 접근성 측면에서 불균형 해소에 이바지한 부분이 적잖으나, 자원, 사업 기회, 의사결정 권한 등의 측면에서는 그 이전보다 더 큰 불균형이 발생했으며, 이에 따라 비자발적 소외 집단이 커졌습니다.

인공 진화기에 접어든 인간의 소외는 물리적 소외와 정서적 소외의 두 측면으로 나눠서 살펴봐야 합니다. 물리적 측면에서는 자발적으로 소외를 택하는 집단이 커지리라 예상합니다. 물리적인 사회적 접촉의 필요성, 상황이 감소하기 때문입니다.

반면 주관적인 단절감을 느끼는 정서적 소외를 놓고 보면, 소외되는 이들의 규모는 감소하리라 예상합니다. 이전 섹션에서 인공 진화를 통해 새로운 사회적 결속이 발생한다고 설명했는데, 그런 상황이 증가하면서 인간은 자신의 사회적 배경, 역량, 성향 등에 맞는 여러 집단과 복합적으로 관계를 맺으며 정서적 단절감에서 벗어날 수 있습니다. 물론 개인의 소외를 정서적 요소만으로 판단할 수는 없기에, 물리적 소외가 증가하며 정서적 소외가 감소하는 상황이 인류를 어느 쪽으로 이끌지는 단정하기 어렵습니다.

문제는 물리적, 정서적 양 측면에서 철저히 단절되는 이들이 나타나리라는 점입니다. 그 규모는 지금보다 작아지겠으나, 그들이 개인적으로 느끼는 단절감은 지금보다 훨씬 더 강하리라 예상합니다. 소외에서 오는 단절감은 집단의 규모가 커질 때 더 크게 느껴집니다. 예를 들어 1천 명이 모인 집단에서 나만 혼자라고 느끼는 경우와 5명이 모인 집단에서 나만 혼자라고 느끼는 경우, 인간은 전자에 대해 더 깊은 단절감을 느낍니다. 나를 제외한 999명이 나를 버렸다고 생각하는 순간, 더 큰 외부 집단에서도 자신이 낄 자리가 없다고 여기기 때문입니다. 그런데 인공 진화를 통해 개인이 관찰하고 관계할 수 있는 집단의 크기는 시공간을 넘어서서 점점 더 커지고 있습니다. 따라서 한 번 단절감을 느낄 때 받는 충격도 더 커지게 됩니다.

이렇게 극단적 소외에 빠진 이들은 사회집단 전체에도 위험 요소가 됩니다. 개인 차원에서 그들이 인간다운 삶을 살 수 있도록 사회가 포용하는 것도 필요하지만, 사회집단 전체의 위험을 낮추기 위해서도 그들을 외면해서는 안 됩니다. 소외된 이들 중에서 일부는 극도의 공격성을 보이기도 합니다. 그리고 그런 상황에서 표출되는 공격성은 그들이 개인적으로 느끼는 단절감의 크기에 비례합니다. 물론 소외된 이들 모두가 사회를 공격하는 존재가 된다는 의미는 절대 아닙니다. 다만 단절과 소외는 개인의 문제이니 사회가 신경 쓸 필요가 없다는 식의 방임과 회피가 나타나지 않았으면 하는 바람으로 꺼낸 이야기입니다.

인공 진화를 통해 인류가 끝없는 연결의 세계로 옮겨가고 있으나, 그 속에서도 단절된 채 살아가는 이들이 여전히 있으며, 그들과 새로운 연결을 만들어내는 것이 파국을 막는 길입니다.

PART 4

인간을 움직이게 만드는 원동력, 특성 행동을 실행하게 만드는 원동력은 인간의 마음입니다. 마음에 변화가 생기면 인간은 그에 따라 자신과 주변의 관계를 바라보는 관점을 바꾸고, 변화한 관계를 고려하여 행동을 바꿉니다. 앞서 2부와 3부에서는 인간의 마음과 관계를 다뤘습니다. 이제 4부에서는 인간의 행동이 앞으로 어떻게 변할지 얘기합니다. 먼저 인간 행동의 터전인 공간의 진화를 살펴보고, 인간의 행동을 사회적 상호작용 측면에서 교육, 노동, 소비의 영역으로 나눠서 풀어보겠습니다.

미래에 관해 얘기하기 전에 인류의 역사에서 혁신적 기술이 교육, 노동, 소비에 어떤 변화를 가져왔는지 살펴보겠습니다.

교육 분야에서는 15세기 요하네스 구텐베르크의 인쇄기가 중요한 역할을 했습니다. 기계식 인쇄기의 탄생으로 책의 보급이 쉬워져서, 대중의 문해력이 향상하고 사상이 널리 퍼지기 시작했습니다. 인쇄기가 나오기 전 필사본으로 책을 만들던 때에는 두꺼운 책 한 권이 작은 집 한 채보다 비쌌습니다. 그러나 인류가 인쇄기를 발명하고 유럽 전체에 인쇄소를 건설하면서, 지식을 다루고 전파하는 시스템을 뿌리부터 바꿨습니다.[1]

학생과 학자가 같은 참고 문헌을 보면서, 학술 교류의 효율성이 높아졌습니다. 책의 가용성과 교육 수요가 증가하면서, 많은 학교를 설립하고 대중에게 정규 교육의 기회를 열어줬습니다. 교육 기회의 대중화를 통해 사람들은 기존의 신념과 관행에 의문을 제기하기 시작했습니다. 이런 문화는 전통적인 교리와 사회 체계에 도전하고, 새로운 발견과 혁신을 이루는 기반이 되었습니다.

산업혁명으로 인해 산업 현장에서는 기술과 기계를 다루는 숙련되고 교육받은 인력에 관한 수요가 증가했습니다. 이에 따라 19세기 초 일부 국가들이 의무 교육을 도입하면서, 현대 교육 시스템의 토대를 마련했습니다.

노동 분야에서는 산업혁명으로 인해 농업 노동에서 공장 노동으로 환경이 바뀌었습니다. 대규모 생산 라인의 요소, 흐름을 중심으로 노동자를 배치하고, 수많은 노동자가 협업하며 공동의 목표를 가지고 제조 공정을 움직이는 노동 문화를 형성했습니다. 노동자가 일자리를 찾아 도시로 이주하면서 도시화, 도시 인구 집중 현상이 나타난 시기입니다.

급변하는 노동 환경에서 인권, 안전 등에 관한 연구와 사회적 규범 정립을 제때 진행하지 못해서, 장시간 노동, 저임금, 아동 노동 등 다양한 문제가 발생했습니다. 노동자들은 농업 노동보다 더 가혹한 공장 노동을 견뎌야 했고, 노동자의 권리와 노동 조건 개선을 위한 노동 운동이 일어났습니다.

소비 분야에서는 산업혁명으로 인해 대량 생산이 가능해지고 소비량이 증가하면서, 생계 기반 경제에서 소비자 중심 경제로 전환이 일어났습니다. 노동자 집단에서 중산층이 나타나면서 소비를 더욱 촉진했습니다. 2차 세계대전 이후에는 선진국을 중심으로 소비가 전례 없이 증가했습니다. 기술과 기계의 발전을 바탕으로 대량 생산, 미디어 기반 마케팅, 텔레비전 보급 등이 진행되면서, 현대식 소비문화가 시작되었습니다.

이제 인공 진화기에 접어든 인류의 공간, 배움, 노동, 소비의 변화를 영역별로 나누어 살펴보겠습니다. 수백 년에 거쳐서 형성된 인간의 행동 문화가 10분의 1도 안 되는 기간 동안 무너지고 재편되는 인간 행동의 거대한 전환점으로 가보겠습니다.

CHAPTER 10

공간

나는 이런 생각이 든다. 어떤 사람들은 자기가 태어날 곳이 아닌 데서 태어나기도 한다고. 그런 사람들은 비록 우연에 의해 엉뚱한 환경에 던져지긴 하였지만 늘 어딘지 모를 고향에 대한 그리움을 가지고 산다. 태어난 곳에서도 마냥 낯선 곳에 온 사람처럼 살고, 어린 시절부터 늘 다녔던 나무 우거진 샛길도, 어린 시절 뛰어놀았던 바글대는 길거리도 한갓 지나가는 장소에 지나지 않는다. 어쩌면 가족들 사이에서도 평생을 이방인처럼 살고, 살아오면서 유일하게 보아온 주변 풍경에도 늘 서먹서먹한 기분을 느끼며 지내는지 모른다.

— 서머싯 몸, 『달과 6펜스』

"기자님, 제 서재에는 촬영 시 배경으로 쓸 만한 서가가 없습니다." 언론에서 교수나 전문가와 인터뷰할 때면 흔히 책이 빼곡하게 꽂힌 서가를 배경으로 합니다. 그런데 제 연구실과 서재에는 책꽂이 자체가 없어서, 촬영 온 기자분이 당황하는 경우가 많기에 이렇게 미리 알려드립니다. 제 서재에 눈에 보이는 책이 없는 이유는 가급적 책이나 논문을 전자책으로 보기 때문입니다. 제 주변 교수들은 연구실에 평균적으로 예닐곱 개의 책꽂이를 두고, 연구실 공간의 3분의 1을 책에 내어주고 있습니다. 반대로 저는 읽을거리를 모두 디지털 현실로 보내고, 물리적 현실의 크기를 키운 셈입니다.

제 방법이 매우 훌륭하다고 주장하려는 의도는 아닙니다. 다만 제가 공간을 대하는 태도와 행동을 통해 사람들은 제가 어떤 사람인지를 좀 더 깊게 이해하는 것 같습니다. 인간은 공간을 만들고, 공간은 인간을 만듭니다. 공간은 인간의 행동을 담아내는 그릇이자 매개체입니다. 인공 진화기에 접어든 인류가 그 매개체를 어떻게 진화시켜갈지 살펴보겠습니다.

물리는 붕괴한다

먼저 짚고 넘어갈 부분이 있습니다. 깊게 들어가면, 학술적 측면에서 장소와 공간은 차이가 있습니다. 단순히 보자면 장소는 생명체가 정지하는 곳이고, 공간은 생명체가 움직이는 곳입니다.[2] 그러나 이 책에서는 이 둘을 묶어서 공간으로 칭하겠습니다.

공간은 현재 인류가 가진 물리적, 사회적, 경제적 틀에서 벗어나는 방향으로 진화합니다. 공간은 그 자체로 물리적, 물질적인 것으로 여겨지기 쉽지만, 인간이 공간을 통해 무엇을 하는가를 파헤쳐보면, 공간은 인간의 욕망, 경험, 감정을 전달하는 매체, 미디어에 가깝습니다. 인간은 공간을 통해 서로 메시지를 주고받습니다. 제가 재미있다고 생각하는 영어 표현 중에 'keep in touch'가 있습니다. 우리말로 연락한다는 뜻입니다. 오늘날 대부분 연락은 이메일, 전화 등 디지털화된 원거리 매체로 이뤄지고 있습니다. 그런데 'touch'는 한 공간 내에서 가능한 행위입니다. 즉, 'keep in touch'라는 영어 표현 속에는 공간이 메시지의 매개체라는 인식이 담겨 있다고 보입니다.

현대화된 공간에서 메시지를 가장 강하게 전달하는 공간은 백화점입니다. 백화점에서 물건을 구매하는 행위는 메시지를 전달받은 결과일 뿐입니다. 또한 같은 물건을 온라인 쇼핑몰에서 마주칠 때와 백화점에서 마주칠 때 사람들은 서로 다른 메시지를 받습니다. 백화점 내에는 같은 크기로 분절해놓은 여러 공간들이 있으나, 각각의 공간은 개별 브랜드가 품고 있는 각자의 메시지를 전달하기 위해 서로 다른 형태로 구성됩니다.

결국 공간이 메시지를 전달하기 위한 매체, 미디어라고 하면, 단순하게 생각해서 인간의 생각이 언어라는 기호를 통해 정형화되고, 디지털화되어 미디어를 통해 전달되는 것과 유사한 면이 많습니다. 인공 진화기에 접어든 인류는 공간이라는 매체가 가진 물리적 특성을 두 가지 측면에서 초월하게 됩니다. 물리적 거리와 물리적 시간입니다.

첫째, 인류가 만들어낸 진화적 기술이 공간의 물리적 거리 특성을 어떻게 흔들지 생각해보겠습니다. 일본 도쿄의 니혼바시에 중증 지체 장애인이 원격으로 조종하는 로봇이 직원으로 근무하는 카페가 문을 열었습니다.[3] 이 카페는 2018년 파일럿 프로젝트로 시작한 뒤, 다양한 분석과 논의를 거쳐 2021년 정식으로 오픈한 상태입니다. 'Dawn ver.β'라는 간판을 내건 카페에는 실제 휴머노이드 로봇이 손님을 기다리며 음식과 음료를 서빙합니다. 카페에서 근무하는 오리히메-D 로봇은 키가 120센티미터에 달하며 카메라, 마이크, 스피커가 장착되어 있고, 공간을 돌아다니면서 손님들과 대화를 나누며 일합니다.

카페에 있는 로봇들은 인터넷을 통해 원격으로 작동합니다. 장애인, 척수 손상 또는 루게릭병과 같은 질병을 앓고 있는 사람들이 카페에서 원거리에 위치한 자기 집에서 조작할 수 있도록 설계되었습니다. 육아 휴직이나 가사 문제로 장기간 집을 비울 수 없는 사람들을 위한 아바타 역할도 한다는 취지입니다. 일본의 로봇공학 회사인 오리래버러토리Ory Laboratory는 이 카페를 통해 장애인 근로자를 위한 일자리를 창출하여, 장애인 친화적인 비즈니스를 운영한다는 목표를 밝혔습니다. 눈동자 움직임만으로도 로봇을 제어할 수 있어서, 거동이 불편한 사람들도 카페에서 일할 수 있습니다. 전통적인 의미의 사회 참여가 어려운 사람들에게 새로운 기회를 주고, 타인과 교류하는 경험을 제공한다는 측면에서, 고립감을 줄일 수 있다는 장점이 있습니다.

Dawn ver.β 카페의 사례는 인공 진화 측면에서 두 가지 시사점이 있습니다. 신체적 제약이 있는 장애인이 가졌던 물리적 행동의 한계를 초월하게 했다는 점, 그리고 물리적으로 원거리에 위치한 두 공간에서 화상통화나 인터넷 메신저 수준이 아니라 인간의 오감까지, Dawn ver.β 카페의 사례가 아직은 오감 전체를 담지는 못하지만, 포괄하는 공간의 연결 가능성을 보여줬다는 점입니다.

적용된 기술은 유사하지만, 다른 관점에서 볼 만한 사례를 소개하겠습니다. 2020년 일본은 오프라인 매장에 반드시 직원을 두도록 했던 규제를 일부 완화했습니다. 지속적으로 감소하는 인구로 인한 노동력 부족에 대응하고, 첨단 기술을 사용하여 운영을 간소화하려는 기업의 요구에 맞추기 위해서입니다. 일본에서 대규모 편의점 체인을 운영하는 패밀리마트는 로봇 기업인 텔렉시스턴스Telexistence와 손잡고 일본 전역 편의점의 진열대를 관리하는 인공지능 로봇을 출시했습니다. 매장 내 물품 보충을 주로 담당하는 이 로봇은 대부분 자율적으로 작동하며, 오작동 시 인간 근로자가 가상현실 헤드셋을 사용하여 로봇을 조작합니다. 텔렉시스턴스의 발표에 따르면, 로봇의 작동 시간 중 인간 작업자의 개입이 필요한 비율은 2% 정도입니다.[4]

텔렉시스턴스는 편의점에서 근무하는 인공지능 로봇 개발을 위해 마이크로소프트, 엔비디아 등과 협력했습니다. 엔비디아의 인공지능 플랫폼을 통해 정보처리를 해결하고, 마이크로소프트의 클라우드 인프라를 통해 방대한 데이터를 축적하여 분석하는 접근입니다. 텔렉시스턴스는 일본 시장뿐만 아니라 미국 전역에 있는 15만 개 이상의 편의점을 대상으로 인공지능 로봇을 배치할 계획입니다. 텔렉시스턴스의 계획이 달성되면, 편의점 근무자의 뇌를 엔비디아, 마이크로소프트가 중앙에서 대체하는 셈입니다.

Dawn ver.β 카페와 패밀리마트 사례의 공통점은 지식, 의견 등의 메시지를 주고받는 원격 근무가 아니라, 물리적 노동력이 공간의 물리적 거리를 넘어서 원격으로 전달된다는 점에 있습니다. 그러나 그 효과와 영향은 사뭇 다릅니다. Dawn ver.β 카페가 노동에서 소외되었던 사람들을 포용하는 접근이라면, 패밀리마트는 야간 작업자의 안전 위험을 낮출 수는 있으나, 인간 노동력의 필요성을 극단적으로 제한하는 접근입니다. 텔렉시스턴스는 로봇의 작동 시간 중 인간 작업자의 개입이 필요한 비율이 2%라고 밝혔는데, 그렇다면 현장 근로자의 98%가 줄어든다는 의미입니다. 물론 그런 로봇을 만들고 가동하기 위해 다른 노동 인력이 필요하겠으나, 노동 인력의 특성과 근무 환경에서 나타나는 변화를 근로자들이 빠르게 수용하며 적응하기에는 쉽지 않은 상황입니다.

둘째, 인류가 만들어낸 진화적 기술이 공간의 물리적 시간 특성을 어떻게 흔들지 생각해보겠습니다. 제가 2000년대 초반 모 공공도서관을 컨설팅할 때 디자인했던 모델이 있습니다. 도서관에 보관된 책마다 뒷면에 QR코드를 넣자고 제안했습니다. 책을 읽은 사람이 QR코드를 찍으면, 그 책에 관한 후기를 남기는 간단한 게시판이 뜹니다. 그리고 책을 읽을 사람이 QR코드를 찍으면, 그 책에 관해 남겨진 후기들을 읽을 수 있는 방식입니다.

아마존을 비롯해 모든 온라인 서점 사이트는 자체적으로 독자 후기를 제공하고 있으나, 그것과는 다른 경험을 목표로 했습니다. 지역 도서관은 말 그대로 그 지역을 중심으로 살아가는 사람들이 찾는 공간입니다. 우리 동네 주민, 우리 회사 사람 등 나와 물리적 공간을 공유하는 이들이 같은 책을 놓고 어떤 생각을 하는지 나누려는 접근이었습니다. 공간의 축에서 한 점에 해당하는 하나의 공간을 공유하며 살아가는 이들이 가진 독서 경험의 과거와 오늘, 즉 시간의 축을 넘으려는 접근이었습니다. 개인이 가진 기억을 특정 공간에 마킹해서, 과거와 오늘을 연결하고 싶었습니다.

비슷한 맥락의 프로젝트를 캐나다 토론토의 CFC미디어랩이 추진했습니다. 이 프로젝트는 토론토를 시작으로, 밴쿠버의 차이나타운, 캘리포니아 산호세, 에든버러, 홍콩 등으로 퍼져나갔습니다.[5] 프로젝트팀은 토론토 내 여러 장소에 '머머Mur Mur'라는 마크를 부착했습니다. 여기서 머머는 영어 단어로 조용하게 속삭인다는 뜻인 murmur를 의미한다고 짐작합니다. 해당 마크에 있는 번호로 전화를 걸면, 누구나 자신의 이야기를 음성으로 남길 수 있습니다. 이런 방식으로 각각의 지리적 위치에 대한 이야기와 기억을 기록하고 나누는 것이 머머 프로젝트의 목적이었습니다.

지역 주민들의 참여를 통해 중요한 장소에 관한 개인적인 역사와 일화를 수집하고, 이러한 이야기를 누구나 쉽게 접할 수 있도록 했습니다. 수집한 이야기 중 일부는 특정 길을 걷거나 특정 시점에서 장소를 바라볼 것을 제안하는 반면, 다른 이야기는 단순히 개인적인 회상이나 보다 역사적인 성격이 강하기도 했습니다. 각 도시, 장소가 제공하는 공식적인 이야기를 넘어서, 그 공간을 소비하며 살아가는 수많은 이들의 일상적인 이야기를 공유하게 했습니다.

이를 통해 무미건조한 공간 뒤에 숨겨진 이야기를 사람들이 발견하고, 그곳을 의미 있는 공간으로 변화시켰습니다. 공간에서 살아가는 사람들의 이야기는 시간의 흐름과 함께 쓸려가지만, 머머를 통해 시간의 축을 묶는 접근으로, 그곳에 사는 사람들의 머릿속에만 있던 공간의 정체성을 발견할 수 있었습니다. 미셸 드 세르토Michel de Certeau는 그의 저서 『일상생활의 실천』에서 "지도가 잘라내는 것은 이야기가 잘라내는 것"이라고 언급하며, 유목민적 스토리텔링이 공간에 주는 의미를 강조했습니다. 첨단 기술은 공간에 존재하는 물리적 시간의 축을 넘나들며 그런 스토리텔링의 가능성을 열어주고 있습니다.

세상을 창조한다

제가 협업하는 기업들의 상당수는 강변을 끼고 늘어선 거대 건축물에 사무 공간을 마련하고 있습니다. 도시 중에서도 공간 비용이 매우 높은 위치입니다. 그런 사무 공간 내에서도 경영자가 사용하는 사무실, 중요한 손님을 만나는 접견실 등은 늘 창가에 있습니다. 창밖으로는 유유히 흘러가는 강물, 강가에 펼쳐진 푸르고 울창한 수풀이 보입니다. "대표님, 혹시 저 강에서 배라도 타보신 적이 있나요? 아니면 저 수풀을 따라서 산책해보신 적은요?" 제가 그 기업의 대표에게 이런 질문을 던지면, 열에 아홉은 손사래를 치면서 그런 적은 없다고 합니다. 그들에게 강과 수풀, 도심 속에 자리 잡은 자연은 그저 바라봄의 대상입니다.

인간의 거주 환경에서 인공성과 복잡성이 일정 단계에 달하면, 사람들은 자연을 갈망하기 시작합니다. 대도시의 삶이 주는 중압감으로 인해 전원의 평화가 그리워질 때면 인간은 자연을 꿈꿉니다. 이-푸 투안Yi-Fu Tuan의 저서 『토포필리아』에 등장하는 세 시인의 시를 각각 일부만 짧게 살펴보겠습니다.[6]

- **시인 1**: 집 근처에 약수가 나오는 샘이 있고, 그 옆으로 조그만 숲이 있으며, 정원을 갖춘 한 뙈기의 땅.
- **시인 2**: 내 오두막 주위로 무성해진 나뭇가지와 그림자 흔들리고, 갖가지 새들이 자기네 성소에서 기뻐하네.
- **시인 3**: 그리고 여름이면, 손에 책 한 권 쥐고 나무 아래 앉았거나 즐거운 고독에 잠겨 거니는 나를 발견하게 되겠지요.

세 명의 시인은 각각 어느 시대를 살았던 사람일까요? 시인 1은 기원전 65년~8년을 살았던 고대 로마인 호라티우스이고, 시인 2는 4세기 중국인 도연명이며, 시인 3은 8세기 영국인 헨리 니들러입니다. 이 세 시를 읽고, 800년의 시간차가 느껴지지는 않습니다. 그런데 만약 이들이 자신이 살고 있는 도시에 관해 시를 썼다면, 적잖은 시간의 간격이 느껴졌을 것입니다. 시간이 흘러도 자연은 그대로인데, 인간이 만든 도시, 공간은 너무나 빠르게 달라지고 있습니다.

다시 강변에 위치한 사무실로 돌아가겠습니다. 도시의 공간은 시간의 흐름과 함께 인공성과 복잡성이 꾸준히 증가하고 있습니다. 그 속에서 인간은 여전히 자연을 갈망하고 있습니다. 이미 너무 멀리 떠나와서 돌아가지 못하는 고향처럼 자연을 바라보고 있습니다. 오늘의 삶을 살아내기 위해 도시를 필요로 하지만, 그 도시는 인간이 생각하는 이데아와는 멀어지고 있는 느낌입니다. 도시에서 살아가는 인간은 내일의 삶을 자연에서 이어가기를 갈망합니다. 인간에게 자연은 이데아와 같습니다.

그러면 인류는 정말로 기술적 진화를 통해 또 다른 이데아의 공간에 도달할 수 있을까요? 영국의 철학자 칼 포퍼Karl Popper는 세계를 셋으로 분류해서 설명하는 '세 세계 이론'을 제시했습니다.[7] 세 세계 이론은 현실과 지식의 본질을 이해하기 위한 철학적 틀입니다. 이 이론은 다음과 같은 세 가지 세계로 구성됩니다.

- **물질의 세계**: 바위, 나무, 별과 같은 물리적 물체와 현상의 세계로, 자연 과학에서 연구하는 세계.
- **의식의 세계**: 인간이 주관적으로 경험하고, 생각하며, 감정으로 느끼는 세계로, 심리학 및 사회 과학에서 연구하는 세계.
- **정보의 세계**: 예술 작품, 책, 과학 이론과 같은 인간 창작물의 세계로, 인문학과 예술이 연구하는 세계.

포퍼의 세 세계 이론은 철학을 비롯한 여러 분야에 영향을 미쳤지만, 현실의 본질을 지나치게 단순화하고 서로 다른 세계 간의 복잡하고 역동적인 관계를 설명하지 못한다는 비판을 받기도 했습니다. 그럼에도 불구하고 인간이 지식의 본질과 주변 세계를 연구하고 이해하는 데 중요한 모델입니다.

포퍼가 얘기한 정보의 세계는 의식의 세계를 통해 인간을 활동하게 만들며, 그 활동의 결과가 물질의 세계에 영향을 줍니다. 이해하기 쉽도록 조금 단순화해서 예를 들어보겠습니다. '완벽한 공 모양의 집'을 고안해냈다고 해봅시다. 내가 그런 집을 떠올린 것은 정보의 세계입니다. 이를 어떻게 물리적으로 구현해낼지를 설계하는 것은 의식의 세계입니다. 그리고 실제로 그런 집을 건축하는 것은 물질의 세계입니다. 저는 여기서 메타버스와 접점이 있다고 생각합니다. 물리적 현실 공간이 아닌 디지털로 구현된 가공의 공간에서 소통하며, 일상 활동을 영위하는 접근을 메타버스라고 칭합니다.

집짓기를 다시 생각해보면, 인간은 정보의 세계에서 창작한 집을 물질의 세계에 구현해서, 의식의 세계를 통해 경험합니다. 이를 메타버스에 빗대어 생각해보면, 물리적 현실에는 없지만 내가 필요한 집을 상상하고(정보의 세계), 이를 각종 디지털 기술을 활용해 컴퓨터 속에 구현합니다. 그런데 여기서 재미난 점은 컴퓨터도 물질이기는 하지만, 그렇다고 해서 컴퓨터 속에 있는 집이 포퍼가 얘기했던 물질의 세계에 있는 것은 아닙니다. 물리적으로 그 집이 존재하지는 않기 때문입니다. 그러나 디지털 기기, 뇌-컴퓨터 인터페이스 등을 활용해서 그 집을 의식의 세계에서 경험할 수 있습니다.

물리적으로 완벽한 공 모양의 집을 건축할 수 있을까요? 불가능합니다. 완벽한 구는 의식의 세계에서만 존재합니다. 집을 짓는 과정에서 기하학적으로 완벽한 구 모양의 집을 만들 수는 없습니다. 건축 기술의 한계로 인해 반드시 오차가 발생합니다. 따라서 물리적 세계에서 인간은 완벽한 공 모양의 집을 경험할 수 없습니다. 그러나 디지털 기술 중 하나인 메타버스를 활용하면 완벽한 공 모양의 집을 경험할 수 있습니다.

제가 칼 포퍼의 세 세계 이론과 메타버스를 연결해서 복잡하게 설명한 이유를 이제 말씀드리겠습니다. 디지털 기술, 메타버스는 공간을 복제하고 대체하는 목적으로 쓸 수도 있지만, 더 고차원적으로는 인간이 물리적 현실에서는 경험하기 어려웠던 이데아를 경험하게 해줄 수 있습니다. 기술적, 환경적, 경제적 한계 등으로 도달하지 못했던 이데아적 공간에 도달할 가능성이 있습니다. 존재했던 공간의 변형이 아닌, 세상을 독립적으로 창조할 수 있는 단계입니다. 어떤 공간이 인류에게 진정으로 이상적이고 아름다운 공간인지를 기술적, 환경적, 경제적 한계 등을 넘어서 꿈꾸는 단계에 도달합니다.

요컨대 공간의 기술적 진화는 인류를 이데아의 공간으로 연결할 수 있는 가능성이 있습니다. 이데아에 기술적 진화를 결부시켜놓으니 자칫 부정적인 면은 전혀 없는 듯 보일 수 있으나, 그렇지는 않습니다. 인류가 물리적 공간을 탐닉하면서 일으켰던 다양한 환경 문제는 공간이 기술적으로 진화하는 과정에서도 여전히 풀리지 않고 있는 숙제입니다.

공간이 기술적으로 진화하는 과정에서 발생하는 주요 환경 문제는 다음과 같습니다. 첫째, 증가하는 전자 폐기물입니다. 이런 전자 폐기물에는 환경을 오염시키고 생명체의 안전을 해칠 수 있는 독성 화학 물질과 중금속이 포함되어 있습니다.

둘째, 증가하는 에너지 소비입니다. 디지털 기술의 생산과 사용, 특히 데이터 센터를 운영하는 과정에서 상당한 양의 에너지가 필요하며, 그 대부분은 화석 연료에서 생성됩니다. 이는 온실가스 배출과 기후 변화에 악영향을 줍니다.

셋째, 자원 고갈의 문제입니다. 디지털 기술과 기기를 위해 희토류 금속을 비롯한 다양한 천연자원을 사용해야 하는데, 이러한 자원은 점점 더 희소해지고 구하기 어려워지고 있습니다.

넷째, 증가하는 물 소비입니다. 디지털 기술을 생산하려면 상당한 양의 물이 필요하며, 이는 수자원이 부족한 지역에서 물 부족 문제를 야기할 수 있습니다. 2022년 미국 언론사인 오리건라이브Oregon Live는 소송을 통해 구글 데이터 센터의 10년간 물 사용량 데이터를 확보했습니다. 구글은 댈러스에만 3개의 데이터 센터를 운영하고 있는데, 구글이 데이터 센터를 건설한 이후 댈러스의 물 사용량이 3배 이상 증가한 것으로 나타났습니다. 이런 상황은 자연스레 그 지역의 생태에 큰 영향을 주고 있습니다.

인공 진화를 통해 인류는 이상적 세계로 다가가는 듯하지만,

인류가 발을 디디고 있는 물리적 현실은 오히려 더 어두워지고 있습니다. 인류의 인공 진화 속도는 인류가 그 진화로 인한 환경 문제를 해결하는 속도와 나란히 나아가야 하겠습니다.

권력은 무너진다

인공 진화기에 접어든 인류는 공간의 물리적 거리, 공간에 흘러가는 물리적 시간, 이 두 축을 초월하게 됩니다. 그래서 몸을 이동해야 도달할 수 있었던 공간에 이동 없이 닿고, 공간에서 발생했던 행동을 붙잡아둘 수 있어서 서로 다른 시간을 살아가는 사람들을 연결합니다. 또한 인류는 칼 포퍼가 세 세계 이론에서 주장했던 정보의 세계와 같은 이데아적인 공간을 기술적, 환경적, 경제적 한계 등을 넘어서서 창조하는 단계에 도달합니다.

이런 과정에서 크게 세 가지 현상이 나타납니다. 인구의 도시 집중화와 공간 권력화가 일부 약화하는 현상, 공간 소비가 개인화되는 현상, 이렇게 두 가지 측면에서 긍정적인 변화가 나타납니다. 반대로, 여전히 물리적으로 존재할 수밖에 없는 몸을 위해 좀 더 차별화된 물리적 공간을 소비하려는 욕망, 디지털 공간 속에도 물리적 공간의 권력 특성을 투영하려는 욕망이 나타나기도 합니다.

첫째, 인구의 도시 집중화와 공간 권력화가 약화하는 현상을 살펴보겠습니다. 세계은행World Bank의 발표에 따르면, 2021년 기준으로 전 세계 인구의 56%가 도시에서 살고 있습니다. 한국의 경우 도시 거주 인구의 비율이 81%에 달합니다. 사람들은 왜 도시에 모여서 살까요? 이유는 단순합니다. 더 많은 인프라를 비용 효율적으로 누리기 위해서 그렇습니다. 거대한 도시에는 20~30분 거리에 대형 병원, 학교, 쇼핑몰 등이 밀집되어 있습니다. 밀집된 인프라는 이동 시간을 단축해주기에 도시 거주자는 하루에 더 많은 공간적 경험을 누릴 수 있습니다.

공간을 채우고 있는 이동, 통신 서비스 등도 비도시 지역에 비해 월등히 조밀하게 구축되어 있습니다. 이런 밀집성이 극대화된 공간이 바로 수직 형태의 초고층 건물입니다. 수평 이동은 무빙워크로, 수직 이동은 엘리베이터로 해결하면서, 외부와 차단된 단일 구조물 내에 인간의 욕망을 최대한 담는 양식입니다.

제가 자문을 제공하기 위해 기업의 최고경영자나 최대 주주 등을 만나러 초고층 건물을 방문할 때면 그들은 대부분 그 건물의 매우 높은 층을 차지하고 있습니다. 반대로 그 조직 내에서 처우가 상대적으로 낮은 직원들은 그 건물의 낮은 층이나 지하

층에서 일하고 있습니다. 그런 건물들이 모여서 이뤄진 도시를 전체적으로 보면 어떨까요? 사람들이 혐오하는 시설, 저소득층이 거주하는 지역은 주로 외곽에 위치합니다.

제가 설명한 이런 형태는 인간에게 매우 익숙합니다. 그리고 이런 익숙함은 공간이 품고 있는 권력을 상징합니다. 즉, 인간은 높은 공간, 안쪽 공간을 권력자, 부자의 공간으로 인식하고, 낮은 공간, 바깥 공간을 저 권력자, 빈자의 공간으로 인식하고 있습니다. 그러기에 도시의 중앙부, 그중에서도 안쪽을 향해 달리며, 그 안쪽에서도 높은 층을 열망하고 있습니다.

제가 만났던 모 기업의 소유주는 함께 식사를 마친 후, 제게 창밖으로 보이는 도시의 풍경을 내려다보라고 권했습니다. 올려다보면 하늘뿐이었기에 그저 내려다보면서, 저는 그 순간 제가 올라서 있는 층이 품은 공간의 힘, 공간이 주는 메시지에 마음이 흔들리는 기분이 들었습니다. 공간은 인간에게 메시지를 전달하는 가장 거대한 미디어입니다. 인간 삶에서 가장 장대한 메시지를 전달하는 미디어가 공간입니다. 그러다 보니 인간의 정신은 공간의 힘에서 벗어나기 쉽지 않으며, 공간은 인간의 정신을 구성하는 주체가 되기도 합니다.

앞서 설명한 Dawn ver.β 카페, 머머 프로젝트 등은 새로운 기술을 통해 공간이 가진 물리적 속성의 한계를 넘어서고 있습니다. 기술이 공간의 위치와 면적, 그 공간이 존재하는 물리적 시간대를 바꿀 수는 없습니다. 하지만 인간이 주관적으로 지각하고,

이해하며, 정신 속에 새기는 공간은 기술을 통해 달라질 수 있습니다. 칼 포퍼가 얘기했던 의식의 세계에 변화가 생긴다는 뜻입니다. 공간을 인지하는 정신의 축이 진화하는 것입니다. 공간을 인지하는 정신의 축이 진화하면, 오랜 세월 인류가 경험하고 축적해온 물리적 공간에 관한 밖과 안, 높음과 낮음의 인식에 변화가 생기리라 예상합니다.

인구의 도시 과밀화, 토지와 건축물을 중심으로 한 비유동자산에 관한 인류의 집착, 그런 비유동자산이 야기하는 인간 사회의 불균형 등을 해결할 수 있는 근본적이며 궁극적인 열쇠가 바로 정신의 축이 진화하며 생기는 인식의 변화입니다. 인류는 지금보다 도시에 덜 묶여 있는 모습으로, 더 다양한 지리적 위치와 공간을 누리며 살 수 있으리라 예상합니다.

둘째, 물리적인 단일 공간을 각자가 개인화하여 소비하는 접근이 가능합니다. 사람은 누구나 자신의 머릿속에 공간, 도시에 관한 보이지 않는 지도를 갖고 다닙니다. 인간이 공간을 이동하며 소비하는 경로는 그 정신의 지도를 따라갑니다. 예를 들어, 제가 주로 머무는 공간은 대학교에 있는 제 연구실입니다. 저는 주로 제 연구실이 있는 건물을 중심으로 강의동, 도서관, 산책길을 오갑니다. 개별 공간, 연결 경로 등을 반복 경험하며 제가 쌓은 누적된 기억들로 구성된 정신의 지도가 제 머릿속에도 있습니다. 이런 정신의 지도를 시각화한 작업인 암스테르담 리얼타임 Amsterdam RealTime 프로젝트를 살펴보겠습니다.

이 프로젝트는 디지털 기술, 인간의 이동, 공간 환경 간의 관계를 탐구하는 목적으로 진행되었습니다. GPS 기술을 사용하여 암스테르담 시내에서 개인의 이동을 실시간으로 추적하여 도시의 이동 패턴에 대한 역동적인 지도를 만들었습니다. 프로젝트 참가자는 도시 내 이동 경로를 추적하고 경험을 기록하는 소프트웨어를 일상생활 내내 사용했습니다. 그런 다음 소프트웨어가 수집한 GPS 데이터를 집계하여, 암스테르담 지도에 시각화하는 방법으로 암스테르담의 지도를 재구성했습니다.[8]

이 프로젝트를 통해 완성된 지도는 정치가, 행정가, 도시계획 전문가가 만든 것이 아닙니다. 도시에서 살아가는 이들의 삶, 정신이 담긴 지도입니다. 그렇게 각자의 삶, 정신을 담은 지도가 미래 도시를 디자인하는 과정의 뼈대가 되리라 예상합니다. 물리적인 도시, 공간은 하나일지라도 개별적 인간은 기술을 통해 그 공간에서 서로 다른 속성의 공간을 경험하게 됩니다.

셋째, 여전히 물리적으로 존재하는 몸을 위해 좀 더 차별화된 물리적 공간을 소비하려는 욕망이 오히려 강해지는 면도 나타납니다. 인공 진화를 통해 인간이 진화하더라도 몸에 관한 인식이 완전히 달라지지는 않습니다. 인간이 가진 생물학적 기반은 여전히 유효하기 때문입니다. 그런 생물학적 기반은 다른 존재와 자신을 차별화하려는 본능적 욕망을 여전히 유지시킵니다. 이번 섹션에서 설명했던 공간 권력 약화, 공간 경험 개인화는 역설적으로 인간이 품은 차별화 욕망을 더 강하게 자극하기도 합니다.

개인이 섬을 소유하거나 민간인이 우주여행을 꿈꾸는 것이 이런 현상의 일례입니다. 개인이 소유한 섬은 궁극적 통제와 휴식에 관한 인간의 욕망을 상징하며, 상호 연결된 복잡한 세상으로부터의 탈출구이기도 합니다. 엄청난 비용을 들여 매입하고 개발하는 이 섬들은 부유한 개인이 다른 인류가 직면한 도전으로부터 벗어나 자신만의 낙원을 개척하려는 욕망을 상징합니다.

정부 기관만이 접근 가능한 영역이었던 우주여행도 부유층이 자신의 재정적 능력을 과시하는 무대로 진화했습니다. 인간의 독창성을 증명하는 증거이기도 하지만, 소수의 특권층과 대다수 사람들 사이에 존재하는 자원과 기회의 엄청난 격차를 드러내기도 합니다.

차별화된 공간을 소유하고 경험하려는 욕망은 물리적 공간이 아닌 디지털 공간에서도 그대로 나타납니다. 이미 디지털 메타버스에서도 부동산 개념이 등장하고, 입지 조건에 따라 가격 변동이 나타나고 있습니다. 일부 기업이나 부유층은 인구 밀도와 통행량이 높은 공간을 확보하고자 다투기도 합니다.

이런 차별화된 공간 소유, 경험은 인간의 욕망과 혁신의 정점을 상징할 뿐만 아니라, 오랫동안 인류가 풀지 못했던 사회적 불균형이 지속되고 있음을 보여주는 것이기도 합니다. 인공 진화기의 인류는 여전히 그런 불균형에서 완전히 벗어나지는 못한 채 살아가리라 짐작합니다. 왜냐하면 인공 진화를 통해 확장하기는 했으나 인간은 여전히 육신을 가진 사피엔스이기 때문입니다.

CHAPTER 11

배움

우리는 이 세계에서 배운 것을 통해 다음 세계를 선택한다.

우리가 이 세계에서 아무것도 배우지 못하면

다음 세계도 이 세계와 같을 것이고,

똑같은 한계와 극복해야 할 과제가 남을 것이다.

— 리처드 바크, 『갈매기의 꿈』

"김 교수, 내가 교수 생활 30년 해봤더니, 세상 잘 안 바뀌더라. 그러니 이것저것 해보려고 애쓰지 말고, 그냥 배운 대로 가르치면 되는 거야." 제가 교수직을 시작했던 첫해에 선배 교수가 제게 했던 말입니다. 제가 예전에 배웠던 주제, 배웠던 방법과 다르게 수업을 설계하고자 노력했는데, 그런 저를 안쓰럽게 보며 걱정을 담아 해준 조언이었습니다. 그 선배 교수의 말이 옳고 그름을 떠나서, 그 말은 제 교수 생활의 화두가 되었습니다.

정말 세상은 변하지 않았는지, 변하지 않을지, 저는 고민했습니다. 지구에 현생 인류, 호모 사피엔스가 등장한 시기가 대략 30만 년 전입니다. 현대인에게 익숙한 전자, 기계, 디지털 기술의 대부분은 최근 100~200년 이내에 만들어졌습니다. 인류의 역사를 길이 1미터 정도의 끈이라고 하면, 전체 인류의 역사 중에서 0.5밀리미터 정도 기간에 완성된 셈입니다. 인류의 전체 역사를 놓고 보면, 인류의 주관적 짐작보다 기술의 발전 속도는 점점 더 빨라지고 있습니다.

디지털 기술 분야를 보면, 1990년에 30만 명에 불과했던 전 세계 인터넷 사용자는 2020년 기준으로 46억 명을 넘어섰습니다. 30년 만에 생긴 변화입니다. 생명공학 분야를 보면, 1994년 최초의 유전자 변형 토마토가 등장했는데, 2019년 기준으로 전 세계에서 재배되는 면화의 13.5%, 대두의 48.2%가 유전자 변형 작물입니다. 미국의 전체 경작지 면적은 1억 6,600만 헥타르인데, 이 중 43%에 해당하는 7,150만 헥타르에서 유전자 변형 작물이 재배되고 있습니다. 25년 만에 생긴 변화입니다.

인간 유전자의 전체 지도를 그리는 '인간 게놈 프로젝트'를 시작한 때가 1990년인데, 불과 13년 만인 2003년에 유전자 지도를 완성했습니다. 심지어 애초 계획했던 연구 기간인 15년에서 2년이나 앞당긴 성과였습니다. 세상의 변화는 점점 더 빨라지고 있습니다. 그 변화를 감지하지 못하건, 부정하건, 변화의 속도는 그저 현실입니다.

"내가 사용하는 언어의 한계가 내가 사는 세상의 한계를 규정한다."

철학자 비트겐슈타인이 남긴 말입니다. 인류는 빠른 변화를 넘어서, 문명의 전환기에 서 있습니다. 인류의 내일은 오늘과 다릅니다. 오늘의 언어만을 배운 이는 내일의 세상을 살아가지 못합니다. 내일의 인류에게 필요한 언어는 무엇이고, 어떻게 배움으로 이끌지 고민해야 할 시점입니다. 인공 진화가 인류의 배움을 어떻게 바꿀지 살펴보겠습니다.

대학이 사라진다

"교수님, 미래에도 학교가 존재할까요?" 강연이나 컨설팅을 할 때면 간혹 받는 질문입니다. 교육 시스템 전체를 가지고 논하려면 범위가 너무 넓어지니, 일단 제가 속해 있는 대학 세계만 놓고 얘기해보겠습니다.

미래에 대학이 존재할지를 논하려면 일단 이 질문 먼저 던져봐야 합니다. 대학은 왜 존재하는가? 이유는 크게 다섯 가지로 나눠볼 수 있습니다. 첫째, 학문적 역량에 관한 인증 기능이 있습니다. 학생들에게 졸업장을 주어 회사나 상위 학교에서 그 학생의 지적 역량을 확인할 수 있게 보증합니다. 둘째, 대학은 학생, 교육자, 연구자, 업계 전문가를 한데 모아 네트워킹과 협업을 위한 플랫폼을 제공합니다. 뛰어난 인재들을 모아 같이 배우게 함으로써 커다란 시너지를 냅니다. 셋째, 대학은 연구와 혁신의 중심지로서 기술 발전을 주도하고 지식의 경계를 넓히는 곳입니다. 만약 대학이 없었다면 암을 진단할 수도 없었을 것이고, 큰 사고를 당해도 마취도 없이 수술대에 누워야 했을 겁니다. 대학 없는 현대 문명은 상상하기 힘듭니다. 넷째, 협업, 소통, 리더십 등 다양한 소셜 스킬을 키웁니다. 다섯째, 대학은 지식을 보존하고 발전시켜 미래 세대에게 전수하는 역할을 합니다.

앞으로 대학이 가진 인증 기능과 후광 효과는 점점 더 약화됩니다. 대학을 졸업하지 않고, 각종 디지털 플랫폼, 인공지능 튜터 등을 통해 학습한 이들이 사회에서 대학 졸업자에 비해 부족하지 않은 역량을 보이는 경우가 증가하면서 사회의 인식이 꾸준히 변하게 됩니다.

대학의 네트워킹 기능은 더 빠른 속도로 퇴색합니다. 이미 다양한 영역별, 수준별로 국적, 언어, 나이와 무관하게 사람들이 교류하며 서로 돕거나 공동 작업을 진행할 수 있는 디지털 플랫폼이 널려 있습니다. 또한 이러한 플랫폼 사용자들의 데이터를 인공지능으로 분석하여, 새로운 네트워크를 만들어주는 플랫폼이나 비즈니스 모델도 빠르게 성장할 겁니다.

연구, 소셜 스킬 향상, 거대한 지식의 틀을 전수하는 기능에 대해서도 더 다양한 '대체 수단'이 꾸준히 등장합니다. 그리고 이전 챕터에서 설명했던 생애 주기와 라이프스타일의 변화로 인해 대학은 학습에 참여하는 연령, 학습 주제, 학습 방법에 있어 '혁신적 변화'를 점점 더 강하게 요구받게 됩니다. 대학의 위기를 먼저 겪었던 인문학 분야에서는 이미 수많은 대학 바깥 교육기관들이 여러 방면으로 다음 세대의 교육을 실험하고 있습니다.

사회적으로 대학의 인증 기능, 네트워킹 부분에 관한 가치 평가가 낮아지면서 상당수 대학은 소멸하리라 예상합니다. 특히 '대체 수단'에 맞설 경쟁력을 빠르게 키우지 못하고, '혁신적 변화'를 성공적으로 이뤄내지 못하는 대학들이 증가하면서, 소멸하는 대학의 수는 늘어납니다. 역사적으로 대학이 성공해왔던 것은, 대학에 모인 인재들이 바깥의 인재들을 끌어들이며 커지는 마태 효과Matthew effect 때문이었습니다. 하지만 집단 내 인재들이 더 이상 대학에 모여 있지 않다면 일종의 뱅크런이 일어날 수도 있습니다.

즉, 인류가 현재 생각하는 형태의 대학은 점점 더 사회에서 자취를 감추게 됩니다. 그렇다고 해서 모든 대학이 소멸하는 것은 아닙니다. 앞으로 세 가지 영역을 혁신하는 대학들은 기존 대학과 다른 역할을 하면서, 최상위 교육기관의 역할을 이어나가게 됩니다.

첫째, 교수의 역할을 과감하게 바꾼 대학들이 등장합니다. 현재 대학에서 교수는 주로 강의를 통해 학생들을 지도합니다. 미래 대학에서 교수는 멘토, 촉진자facilitator, 데이터 분석가, 첨단기술 활용 전문가 역할을 합니다. 삶과 학문에 관한 경험과 지혜를 바탕으로 인간 대 인간의 입장에서 학생들에게 지침과 조언을 제공하는 멘토, 학생들의 그룹 활동을 다양한 기법으로 활성화 시키는 촉진자, 학생들의 학습 이력을 분석해서 개인화된 학습 경험을 디자인해주는 데이터 분석가, 이런 과정에서 학생들에게 필요한 첨단기술을 소개하고 전수하는 첨단기술 활용 전문가의 역할을 맡게 됩니다. 특히 인공지능을 중심으로 메타버스, 양자 컴퓨터, 로봇 등 인간의 확장을 위한 기술들을 학습자가 깊게 이해하고 다룰 수 있게 역량을 키워주는 역할이 강조됩니다. 과거에는 이런 기술들은 공학의 영역이라고 선을 그었으나, 앞으로는 전공과 무관하게 이런 기술을 도구로 다루며 살아가게 되기 때문입니다.

둘째, 학습 주제가 매우 다변화되고 세분화됩니다. 그리고 사회 변화를 선제적으로 예측해서 제시하는 형태의 커리큘럼, 교과목들이 등장합니다. 저는 대학에서 근무하지만, 초등학생이나 중고등학생들로부터 이메일을 적잖게 받는 편입니다. 그런데 그들이 보내오는 이메일의 상당수는, 자신이 공부하고자 하는 주제를 어느 교육기관에서 어떻게 배울 수 있는가를 묻는 내용입니다. 최근 변화의 속도와 학습 주제를 놓고 보면, 현재 대학의 변화 속도는 교육 수요자의 기대보다 훨씬 느린 상태입니다. 대학의 모든 커리큘럼을 매 학기 뒤엎을 필요는 없겠으나, 과목명만 바꾸고 내용은 10년 전과 같게 유지하는 방식으로는 대학의 존재 이유를 증명할 수 없습니다. 앞으로 대학의 교육과정에는

"그런 생소한 과목을 왜 배워야 하나요?"라는 의문을 일으키는 과목이 많아지고, 학생 본인이 여러 수업을 결합해 새로운 과목을 구성하는 상황도 빈번해집니다.

학습 주제 다양화는 대학의 학습자 구성과도 관련성이 높습니다. 이미 대학 학습자의 나이대는 20대부터 60대까지 다양해지고 있습니다. 미래에는 학습자 연령의 다양성이 더 증가하고, 연령대별 학습자의 분포도 균등해집니다. 즉, 주로 20~30대의 대학생, 대학원생들이 캠퍼스를 누비던 모습은 자취를 감추게 됩니다. 겉모습만으로 학생과 교수를 구분하기가 어려운 상황이 됩니다.

셋째, 대학에서 학생들이 디지털 리터러시 역량, 비판적 사고력, 창의성, 온오프라인 협업 능력, 변화 적응력, 감성지능 등을 키우는 데 힘을 쏟게 됩니다. 대학 수업의 절반 이상이 전달식 강의로 구성되어 있는 현재 방식은 사라집니다. 학생들은 정형화된 이론이나 지식은 온라인 플랫폼, 자동화된 튜터 등을 통해 배우게 되며, 앞서 언급했듯이 멘토, 촉진자, 데이터 분석가 등의 역할을 하는 교수들을 통해 소프트 스킬을 키우게 됩니다.

요컨대 전통적인 대학은 사라집니다. 지금 같은 대학 시스템은 붕괴합니다. 대학이 평생의 간판 역할을 해주고, 서로 끌어주는 끈끈한 인맥, 학맥을 만들어주던 때는 끝나갑니다. 기존 대학과 다른 역할을 하면서, 최상위 교육기관의 역할을 이어가는 새로운 시스템의 대학들이 나타나게 됩니다.

환경적 요소에 많은 변화가 발생할 때, 가장 큰 위험은 급변하는 환경 자체가 아니라, 어제의 습성으로 내일을 살고자 하는 개체의 태도입니다. 그런 개체는 진화에서 도태되어 절멸하게 됩니다. 대학의 미래는 급변하는 환경이 아니라, 대학이라는 개체의 태도에 달려 있습니다.

배움은 경험이다

지식과 경험은 인간의 외부에 존재합니다. 자신의 외부에 존재하는 지식과 경험을 자기 내면으로 내재화하는 과정이 인류가 추구하는 배움입니다. 그 과정에서 타인의 생각, 지식, 경험을 직접 또는 미디어를 통해 전달받습니다. 교육 주제와 영역마다 차이가 있으나, 대체로 이제까지 교육 현장에서는 교수자가 학생과 직접 대면하여 설명을 하거나 영상물 시청, 데모 관람 등의 방법을 주로 사용해왔습니다. 실습과 실제 경험의 비율은 상대적으로 낮은 편이었습니다. 또한 인간 교수자가 학습 과정을 주도하는 경우가 많아서, 개별 학습자의 상황을 고려하기가 어려웠습니다. 그러나 앞으로의 교육에는 크게 세 가지의 변화가 일어납니다. 개인화, 경험, 재미 중심입니다.

첫째, 개인화 중심의 변화를 살펴보겠습니다. 교수자 한 명이 수십 명의 학습자를 가르치는 상황에서는 학습자의 개별 성취도와 성향에 맞춰서 돌봐주기는 어렵습니다. 그러다 보니 교육 현장에서 교수자가 중간 학습 집단에 기준을 놓고 전체를 이끌어가는 경우가 흔합니다. 현재는 여기서 발생하는 간극을 사교육으로 메꾸는 상황입니다.

향후 학습 현장은 이렇게 개인화됩니다. 집단으로 학습을 해도, 다양한 뇌-컴퓨터 인터페이스 기술과 다양한 분석 방법을 통해 학습자 개인의 몰입도, 이해 수준을 자동으로 정밀하게 체크할 수 있습니다. 여기에 인공지능을 결합하여 개별 학습자의 학습 스타일과 관심사에 맞는 개인화된 학습 경험을 제공합니다. 학습자의 성과, 학습 패턴 및 선호도를 분석하여 그에 따라 콘텐츠와 교육 전략을 조정해줍니다.[9]

학습자 개인의 라이프로그를 분석해서, 개인의 직무, 사회적 관계, 진로 관련 고민 등을 깊게 파악하여 그에 맞춤화된 진로 커리큘럼을 제공할 수 있게 됩니다. 모든 학습자는 자신만을 위한 개인 교사를 늘 데리고 다니는 듯이 느끼게 됩니다. 특권층, 부유층의 전유물이었던 맞춤형 학습을 모두가 누리는 환경, 배움의 민주화로 진입하는 단계입니다.

또한 현재 교육 시스템의 상당 부분은 비장애인, 젊은 층을 중심으로 구성되어 있습니다. 특히 운동기관이나 감각기관에 장애가 있는 학습자의 경우 배움에서 소외되거나 제약이 발생하는 경우가 많습니다. 그러나 뇌-컴퓨터 인터페이스 기술은 장애 학생의 학습에 변화를 가져옵니다. 타인과의 소통, 기기나 기계류와의 상호작용에 뇌-컴퓨터 인터페이스 기술이 적용되어, 학습자는 자신의 장애와 무관하게 다양한 학습에 참여할 수 있습니다. 예를 들어 시각 장애인에게도 뇌-컴퓨터 인터페이스 기술을 적용하면, 시각 신경을 통해 글과 영상을 전달할 수 있습니다. 현재 시각 장애인은 촉각, 청각을 대체 감각기관으로 활용하고 있는데, 학습자 입장에서 자신의 선호에 따라 매체를 결정할 수 있게 됩니다. 즉, 장애인 학습자가 학습 콘텐츠와 환경에 자신을 맞추는 접근이 아니라, 학습 콘텐츠와 환경이 장애인 학습자에게 맞춰서 개인화되는 구조로 이해하면 됩니다.

현재 교육 환경은 산업화 시대의 대규모, 평균 중심 교육이 보편적입니다. 그러나 인공 진화기의 학습자는 평균을 따라가야 하는 수십 명 중 한 명이 아닌, 독립적 학습자로서 자신의 방향과 속도에 맞춰서 배움의 여정을 가게 됩니다.

둘째, 경험을 중심으로 배움이 채워지는 상황을 살펴보겠습니다. 양자 컴퓨팅, 메타버스, 로봇은 학습자에게 무한한 경험을 열어줍니다. 양자 컴퓨팅은 복잡한 상황과 실험에 대해 시뮬레이션을 통해 학습자가 경험하도록 도와줍니다. 현재도 도시계획, 기계역학, 항공 등 다양한 영역에서 시뮬레이션을 사용하고 있습니다. 그러나 양자 컴퓨팅이 보편화되면 세상을 분자, 원자 단위로 모델링하여, 모든 물리적, 화학적 법칙에 따른 시뮬레이션이 가능하게 됩니다. 이 경우 현재 수준과 비교가 불가능할 정도로 대체 경험의 범위와 실재감이 높아집니다. 일례로, 실제 재배실험을 하려면 1년이 걸리는 농작물이 있을 때, 양자 컴퓨팅을 활용하면 다양한 화학 물질을 조합하여 비료를 만들고 사용해보면서 농작물의 1년 후 모습을 수십 초 안에 볼 수 있게 됩니다.

메타버스와 로봇은 이런 경험에 관한 공간적 존재감, 물리적 실재감을 극대화해줍니다. 예를 들어 연극을 배우는 학생이라면, 자신이 원하는 대본, 무대, 배우 등을 설정하고, 자신이 원하는 배역을 바꿔가면서 연기 실습을 할 수 있습니다. 무대는 디지털 현실 속 가공의 공간이고, 내가 상대하는 배우들은 인공지능으로 작동하는 아바타들입니다.

한국 기업 갤럭시코퍼레이션은 국내외 여러 연예인, 유명인의 아바타 지식재산권을 확보하고 있습니다. 갤럭시코퍼레이션의 사업 모델을 이런 교육에 접목한다면, 유명 배우 아바타를 상대방으로 설정해서 실감 나는 연기 연습을 할 수 있게 됩니다. 학생들이 한자리에 모이지 않아도 연기 실습이 가능해집니다. 각자의 공간에서 원격으로 접속해서 진행해도 됩니다. 더 많은 리허설을 할 수 있고, 대관비도 들지 않으며, 연습한 결과를 자동으로 다양한 각도에서 재생해보면서 분석할 수도 있습니다. 앞장의 '개인화 중심의 변화' 부분에서 설명한 것처럼, 여기에 개인 맞춤형 인공지능 교수 시스템을 도입하면, 인공지능 교수자가 녹화 영상을 분석해서 개인 연기 지도를 세밀하게 해줄 수도 있습니다. 또한 로봇을 활용한다면, 학습자는 물리적으로 자신이 구현하기 어려운 동작을 로봇의 보조를 통해 미리 해보거나, 디지털 아바타가 아닌 로봇 연기자와 물리적인 실습도 해볼 수 있습니다.

셋째, 배우는 과정 자체가 재미있게 변화합니다. 이런 접근 방법을 게이미피케이션이라고 부릅니다. 게이미피케이션 gamification은 게임에 일반적으로 사용되는 요소들을 게임이 아닌 영역에 적용하는 접근법을 의미합니다. 게임을 만드는 데 쓰이는 규칙, 스토리, 미적 자극 등을 게임이 아닌 영역에 적용하여 사용자의 동기부여 수준을 높이는 도구가 게이미피케이션입니다.[10] 인류를 열광시키는 재미 요소를 인류가 재미를 느끼지 못한 배움의 과정에 접목시키는 접근입니다. 인공지능, 메타버스, 양자 컴퓨팅을 활용하여 학습자에게 다양한 역할 놀이, 게임적 내러티브를 맞춤형으로 제공함으로써, 학습자가 학습 과정에서 느끼는 스트레스를 낮추고, 몰입감을 높이는 접근이 대부분 교육과정에 적용되게 됩니다.

예를 들어 학습자가 리더십을 키우는 교육과정에 참여한다고 가정하면, 학습자는 가상현실 장비를 착용하고 가공의 무인도에서 미션을 시작합니다. 서로 의견이 달라서 충돌하는 사람들, 부족한 자원, 미지의 집단이 공격해 올 위험 등의 조건이 주어집니다. 이 상황에서 학습자는 주인공이 되어서 문제를 해결해갑니다. 고민이 되는 부분에서는 조력자가 나타나서 철학, 심리학, 경영학적 지식을 바탕으로 조언해주고, 학습자의 판단에 따라 달라지는 상황이 게임 속 피드백처럼 나타나서 학습자의 성취감을 자극하는 형태입니다. 즉, 학습자는 무인도를 배경으로 한 생존 게임을 플레이한 듯 느끼지만, 플레이가 끝나고 나면 리더십에 관한 다양한 이론을 익히고, 경험으로 내재화하게 됩니다.

요컨대, 인공 진화기의 교육은 한 명의 교수자가 수십 명에게 동시에 전해주는 하나의 메시지를 각자가 머릿속으로 상상하면서 익히는 배움이 아닙니다. 배움의 과정이 힘들고 고통스러운 게 당연하다는 인식도 달라집니다. 배움도 엄연한 인간 삶의 일부, 그것도 큰 비중을 차지하는 일부인데, 그런 과정에서 즐거움과 행복을 추구하는 것은 인간의 자연스러운 욕망입니다. 인공 진화기의 교육은 확장된 인간, 개별 인간에 맞춘 즐거운 배움이며, 실천으로 이어지는 내재화를 마음속 다짐이 아닌 경험으로 이끌어내는 배움입니다.

철학이 전부이다

인공 진화를 통해 다양한 지식을 습득하는 과정이 개인화되고 경험 중심으로 넘어가면서, 학습에 관한 전반적 효율은 증가하게 됩니다. 그러나 이 과정에서 철학적 문제점이 많이 발생하여, 지금보다 철학 교육의 중요성에 관한 사회적 공감대가 커지고, 교육 커리큘럼에 반영되는 비율이 증가하게 됩니다. 특히 현상에 관한 기본적인 조사, 분석, 정리 등의 작업을 기계가 전담하면서, 인류는 철학적 토대 위에서 무거운 의사결정을 하기 위한 역량을 키우는 것이 배움의 지향점이라고 생각하게 됩니다.

인공 진화기에 나타날 철학적 이슈와 배움의 변화를 네 가지로 나눠서 살펴보겠습니다. 첫째, 인간 존재에 관한 고민입니다. 생명공학, 나노 기술의 발전은 인간 뇌의 특정 영역이나 기능을 활성화하거나, 생체적 형질을 바꾸는 데 쓰이게 됩니다. 이해력과 사고 수준을 확장하기 위한 시도인데, 여기서 두 가지 문제가 발생합니다. 윤리적으로 인간 생체의 어느 부분까지 조작할 수 있느냐의 문제, 그리고 개인의 경제력에 따라 생체 조작을 활용하는 수준이 달라지면서 부의 불균형이 지능의 불균형으로 이어질 수 있는 문제입니다. 장기적으로는 장애, 질병 치료 등의 제한된 목적에 대해서만 이런 기술이 적용되도록 규제하는 상황이 되겠으나, 그런 규제를 피해 가려는 이들이 증가할 것이어서, 이에 관한 인식 확산 및 교육이 중요한 테마로 떠오르게 됩니다.

또한 인간, 기계, 자연계의 경계가 모호해지면서 인간이라는 존재의 의미를 탐구하고 이해하는 것이 중요해집니다. 마음, 의식에 관해 인간, 기계, 동식물의 차이점을 탐구하여, 지구상에 공존하는 서로 다른 존재가 새로운 세상에서 어떻게 연결될지 판단하는 철학적 기준을 배우게 됩니다.

둘째, 인간의 주체성에 관한 고민입니다. 생명공학, 나노 기술, 인공지능, 양자 컴퓨팅, 뇌-컴퓨터 인터페이스, 메타버스, 사물인터넷, 로봇, 이 책에서 주로 언급한 기술들입니다. 이런 기술이 인류 사회 전반에 녹아들면서, 인류가 기술에 지나치게 의존하게 되어 인간의 책임감이 줄어들고 기술의 출력물을 수동적으로 수용하게 됩니다. 인간이 자유로워지고자 이룩한 인공 진화가 오히려 인간의 자유를 무너트릴 위험이 있습니다. 이런 상황에서 기술 결정론과 인간 선택론 사이에서 인간이 균형을 유지하기 위한 교육이 강화됩니다.

셋째, 사회적 문제에 관한 고민입니다. 인공 진화와 관련된 제반 기술의 급속한 발전과 적용은 개인정보 보호, 보안, 오용 또는 의도하지 않은 사고 등 수많은 윤리적 이슈를 만들게 됩니다. 또한 거대한 기술 중심 사회에서 나타나는 권력 편중, 불평등, 불균형 등이 새로운 갈등 요인으로 대두합니다. 이러한 사회적 딜레마를 이해하고 해결하기 위해 법과 제도가 대규모로 정비되어야 합니다. 이에 관한 사회 구성원의 의식 수준을 높이고, 함의를 이끌어내기 위해 인공 진화의 사회적 문제에 관한 교육이 증가합니다.

넷째, 지구 생태계에 관한 고민입니다. 인공 진화를 통해 인류가 지구 전체에 미치는 영향이 더 방대해집니다. 또한 인류는 뇌-컴퓨터 인터페이스, 인공지능 기술 등에 힘입어 동물의 생각과 감정을 일정 부분 읽어낼 수 있게 되어, 지구상에 있는 동식물을 대하는 관점이 지금과는 크게 달라집니다. 미래 인류를 위한 환경 보존이라는 단순한 목표를 넘어서서, 지구 생태 전반에 대해 인류가 어떤 역할을 해야 할지를 고민하는 지점에 도달합니다.

"과학은 당신이 아는 것이고 철학은 당신이 모르는 것이다." 철학자이자 수학자인 버트런드 러셀Bertrand Russell이 남긴 말입니다. 과학에 관한 인류의 이해, 철학에 관한 인류의 이해, 두 이해 사이의 간극이 점점 더 벌어지고 있습니다. 인류는 그 간극을 좁히기 위해 배움의 터전에 더 많은 철학적 고민을 풀어놓게 됩니다.

CHAPTER 12

노동

여기서 어느 길로 가야 하는지 가르쳐줄래?

고양이가 대답했다.

그건 네가 어디로 가고 싶은가에 달려 있어.

— 루이스 캐럴, 『이상한 나라의 앨리스』

역사적으로 노동은 인간이 생존하고 번영하기 위한 수단이었습니다. 수렵, 채집, 농경에서 시작된 노동은 사회가 복잡해짐에 따라 점차 전문화된 직업과 무역으로 발전해왔습니다. 철학적 관점으로는 아리스토텔레스, 마르크스와 같은 사상가들의 견해처럼, 인간은 노동을 통해 자기 성취와 공동선을 추구하기도 합니다.

생물학적으로 노동은 인간의 에너지와 적응력의 표현입니다. 사회학적으로 노동은 사회 구조, 정체성, 관계를 정의하는 데 중요한 역할을 합니다. 공동의 목표를 위해 일하면서 공동체 의식과 소속감을 키울 수 있기 때문에 사회적 결속력에도 관련됩니다. 경제적으로 노동은 생산의 중요한 요소이며 성장과 발전을 주도합니다.

이렇듯 인류에게 있어 노동은 여러 가지 중요한 의미를 갖고 있으나, 막상 노동 현장의 현실에는 아름답지 않은 면이 많습니다. 인류는 아직도 아동 노동과 강제 노동 문제를 해결하지 못했습니다. 현재 전 세계적으로 약 1억 5,200만 명의 어린이가 노동에 동원되고 있으며, 2,500만 명이 강제 노동에 처해 있는 것으로 추정됩니다.[11] 또한 소득 불평등도 해결되지 않고 있습니다. 1980년에서 2016년 사이에 전 세계 소득 증가분의 27%를 상위 1%가 차지했습니다.[12] 미국 스트레스연구소의 보고에 따르면, 2022년 기준으로 미국 직장 근로자의 83%가 업무 관련 스트레스를 받고 있으며, 직원들의 업무 관련 스트레스로 인해 발생하는 의료 비용만 매년 1,900억 달러에 달합니다. 미국 노동통계청의 발표에 따르면, 미국의 직장 내 자살은 2000년대 초반부터 급격히 증가했습니다. 2005년에는 공식적으로 180건이 보고되었으나, 2019년에는 307건으로 증가하여 1992년 노동통계국이 자살로 인한 직장 내 사망자를 추적하기 시작한 이래 가장 많은 직장 내 자살이 기록되었습니다.

물론 노동 현장에서 노동자들이 겪는 어려움은 과거의 문헌에도 나타납니다. 영국 시인 초서가 집필한 설화집인 『캔터베리 이야기』에는 중세 시대 사람들의 다양한 생활상이 등장하는데, 농민, 농노, 직공, 염색공, 목수 등 당시 노동자들의 가혹한 육체노동, 열악한 대우, 사회적 이동 기회의 박탈 같은 다양한 문제가 읽힙니다.

인류의 역사를 보면 인간의 삶, 사회에서 노동이 없었던 시기, 문화권은 없었습니다. 인류는 노동을 인간의 필수 역할이라고 보고 있으나, 그렇게 중요한 역할에 존재하는 다양한 문제를 아직도 온전히 해결하지는 못했습니다. 인공 진화기에 들어간 인류가 어떤 노동 환경을 만들어낼지 살펴보겠습니다.

개인이 기업이다

이 책에서는 인공 진화기에 들어선 인류가 육체와 정신을 확장하기 위해 총 여덟 개의 기술을 활용한다고 설명했습니다. 인공 진화를 통해 확장된 당신의 모습, 능력을 상상해보기 바랍니다. 당신은 이전 세대보다 신체적으로 더 강인하고, 외재화된 지적 도구를 편리하게 쓰면서 수십 명의 사람이 수일 동안 달라붙어서 처리하던 지식 노동을 혼자서 짧은 시간 내에 끝낼 수 있습니다. 복잡한 도구를 익히거나, 멀리 이동할 필요도 없습니다. 복잡한 기술적 도구의 일부는 뇌-컴퓨터 인터페이스를 통해 당신의 생각만으로 제어가 가능하고, 메타버스를 활용해서 어지간한 공동 작업은 디지털 공간에서 해결합니다. 물리적으로 움직임이 필요하거나 확인이 필요한 업무에 대해서도 대부분은 로봇을 움직여서 해결합니다. 요컨대 당신은 적은 시간을 투자해서, 스트레스를 덜 받으면서, 더 다양한 일을 많이 처리할 수 있습니다.

이제 당신은 하나의 직무, 직장에 묶여 있지 않습니다. 과거라면 이런 가변적 노동 환경을 매우 불안하게 느꼈을 테지만, 이제 전체 노동 환경이 변했습니다. 당신과 기업의 고용 관계는 매우 유연해졌습니다. 배타적 고용 관계는 점점 더 사라지게 됩니다. 당신의 역량, 특성은 데이터로 기록되어 당신이 미리 설정한 조건에 맞는 직무와 자동으로 매칭되고, 당신은 여러 기업의 다양한 직무를 동시에 처리할 수 있습니다. 가끔 이런 환경을 불안하다고 느낄 수도 있으나, 노동 환경 전체가 이렇게 전환되면서 당신 주변의 동료들도 이런 환경을 자연스럽게 수용하게 됩니다.

좋은 점은 당신이 일하는 시간, 장소, 직무, 조건 등을 당신이 직접 결정한다는 점입니다. 물론 상대 기업과 매칭이 되어야 하겠으나, 당신이 객관적으로 당신만의 직무 경쟁력이 있다면, 당신은 과거에 '전문직'이라고 불리던 이들 이상의 대우를 받을 수 있습니다. 소득은 증가하고, 노동 시간은 감소합니다.

반대로 당신의 객관적 직무 경쟁력이 낮다면, 상황은 매우 우울해집니다. 2015년 조사에서 영국 노동자의 3분의 1가량이 자신의 직무가 세상에 어떤 의미 있는 기여를 하지 못한다고 판단하는 것으로 나타났습니다.[13] 만약 과거라면 당신의 직무 경쟁력이 부족해도 조직 내에 당신이 숨을 공간이 있었을 테지만, 앞으로는 모든 직무가 개인별, 시간별로 실시간 측정, 분석되고 있으므로 그렇게 숨을 곳은 없습니다. 따라서 당신의 경쟁력이 부족하다면, 이런 노동 환경에서 당신과 매칭될 직무는 점점 더 희박해집니다. 매우 낮은 보수, 조건으로 일하는 직무를 찾는다면, 애석하지만 그런 직무는 거의 사라집니다. 이제 그런 역할은 거의 다 기계의 몫이 됩니다. 사회, 경제 시스템에 유의미한 제품, 서비스를 공급하지 못하면서 생존하는 기업은 없습니다. 이제 개인도 마찬가지 상황이 됩니다. 개인은 그 자체로 기업입니다. 개인이 자신을 기업처럼 경영하는 시대가 됩니다.

과거 개인은 기업이나 조직의 집단 목표를 이루기 위한 작은 역할 단위였습니다. 자신이 맡은 직무가 집단 목표와 어떤 관련이 있는지, 집단 목표에는 어떤 목적이 연결되어 있는지 따지지 않는 경우가 많았습니다. 그러나 인공 진화기의 노동자, 기업화된 개인은 각자 자신의 목표와 목적의식에 따라 움직이는 노동의 주체, 주인공입니다. 목표와 목적을 조직에서 세워주는 시대가 아니라, 개인이 세우는 시대입니다. 그렇기에 앞서 '배움' 편에서 언급했듯이 철학의 기반을 다지는 과정이 더욱더 중요해집니다. 그렇지 않으면 스스로 목표와 목적을 정해야 하는 개인 중심 노동 환경에서 노동자는 망망대해를 표류하는 이처럼 혼란스러운 허탈감에 빠지게 됩니다.

이런 상황에서 기업의 미래 가치를 놓고 거래하는 주식 시장 같은 거래 시장이 개인들을 대상으로도 만들어집니다. 예를 들어 당신의 가치를 거래하는 주식 시장이 열립니다. 당신의 활동과 소득은 개인정보, 사생활이 침해되지 않는 범위에서 가공되어 시장 참가자에게 공개되고, 그런 미래 가치를 얻기 위해서 당신의 미래에 투자하는 이들이 생깁니다. 물론 모든 기업이 주식 시장의 거래 대상이 되지는 않듯이, 개인도 마찬가지입니다. 일정 규모, 여건을 갖춘 개인들의 미래 가치가 거래되는 시장이 열릴 가능성이 큽니다. 아직 정착되지는 않았으나, 일부 스포츠 스타, 연예인, 정치인 등을 놓고, 랭킹을 매기거나 주식처럼 가치를 매기는 시도가 이미 있었습니다. 개인 노동자를 대상으로 그런 마켓이 형성되지 말란 법은 없습니다.

다음에 이어질 '소비' 편에서 다시 언급하겠으나, 미래에는 개인의 신용, 신뢰도가 다양한 데이터를 바탕으로 정밀하게 측정됩니다. 이런 상황에서 당신의 미래 가치를 기준으로 자금을 제공해주는 금융기관도 등장합니다. 이는 현재 개인이 소득, 자산, 직업을 기준으로 은행으로부터 대출을 받는 것과는 다른 개념입니다. 현재 기업들은 다양한 지표를 바탕으로 신용도를 평가받아서 금융기관과 거래를 형성합니다. 즉, 노동자 개인도 기업처럼 금융기관과 다양한 거래를 형성하게 됩니다.

이렇게 노동자 개인과 기업의 관계가 변화하면서, 기업은 보유하고 있는 자산, 설비에 관한 운영 시스템도 바뀌게 됩니다. 기업이 보유하고 있는 공간, 공장, 기계, 재고 등을 공유하는 사업 모델이 등장합니다. 이미 지금도 일부 산업에서는 기업들이 모든 설비나 공장을 직접 구매하거나 보유하지 않고 공유하는 모델이 등장했으나, 앞으로는 이런 공유 모델이 표준처럼 일반화됩니다. 환경 보호와 산업 생태계의 균형 발전에 관심을 두는 국가에서는 이런 공유 모델을 국가 차원에서 적극 지원하고, 일부 강제화하는 움직임이 나타납니다.

이 섹션을 읽으며 여러분도 한 가지를 더 생각해보기를 바랍니다. 이 섹션에서 설명한 노동 환경이 등장하면, 기업(법인)과 노동자(개인) 간에는 어떤 입장, 역할상의 차이가 있을까요? 여러분이 자신을 노동자가 아닌 기업 경영자라고 관점을 바꿔서 생각해보기를 바랍니다. 예를 들어, 당신은 지금 노동자 20명을 고용한 게임 회사의 대표입니다. 그런데 제가 이 섹션에서 설명한 대로 노동 환경이 바뀌면, 게임 회사의 대표라는 당신의 입장, 역할은 어떻게 바뀔까요? 물론 경영자인 당신의 리드로 20명의 개별 노동자가 유연한 관계를 유지하면서 일하게 되니 여전히 당신은 한 기업의 중심축이기는 합니다. 그러나 당신과 노동자들의 관계는 지금보다 훨씬 더 수평적, 개방적으로 바뀝니다.

즉, 인공 진화기에 노동자 개인이 마주할 노동 환경은 노동자에게만 일어나는 변화가 아닙니다. 기업을 경영하는 입장에서도 인공 진화기의 노동 환경은 이제껏 없었던 거대한 전환점이 됩니다. 물론 지금과 같은 기업 구조, 고용 형태가 모두 소멸한다는 뜻은 아니지만, 노동 환경 전반이 변화하면서 기업을 경영하는 모든 경영자는 높은 파도가 밀려옴을 직시해야 합니다.

생명은 해방된다

노동의 종료는 인간에게 있어 희망이자 절망입니다. 젊은 층은 직장을 그만두고 원하지 않는 일에서 벗어난 삶을 꿈꿉니다. 반면 나이 든 이들은 직장을 그만두면 자신의 경제적, 사회적 가치가 상실된 듯 느끼며 힘들어하기도 합니다. 인간은 노동을 통해 자신의 존재 의미를 세상에 증명하고 싶어 하면서도, 노동을 버거워합니다.

앞서 설명했듯이 인공 진화기를 살아가는 인간은 더 적게 일하고, 더 많이 생산할 수 있습니다. 반복되는 정형화된 생산 작업에는 궁극적으로 인간의 노동 개입이 거의 발생하지 않는 단계에 도달합니다. 결과적으로 인간의 노동 시간은 현재보다 대폭 감소합니다. 여기서 두 가지 문제가 발생합니다.

첫째, 인간이 하던 일을 기계로 대체하는 영역이 증가하면서 노동자의 소득이 감소합니다. 이는 노동자의 개인적 삶의 질 저하, 전체 경제 시스템에서 소비력 감소 문제로 연결됩니다. 둘째, 노동자의 소득이 감소하면 국가가 조세를 징수하여 얻는 수입이 감소합니다. 이는 국가 운영에 큰 장애 요인이 됩니다.

둘째, 감소한 노동 시간의 쓰임새와 의미에 관한 사회적, 개인적 고민이 커집니다. 한국 사회에서 정규직 직장을 은퇴하는 연령대가 통상 50대인데, 그 연령대에서 남성이 여성보다 우울증 위험도가 두 배로 조사되었습니다. 집단의 목표를 좇아서 달리던 이들에게 찾아오는 정신적 공허입니다.

스웨덴 교통국은 2026년 완공 예정인 구텐베르크 코슈배갠역에서 근무할 한 명의 직원을 뽑기로 했었습니다. 특별한 지원 자격은 없습니다. 하는 일도 매우 단순합니다. 직원은 매일 기차역에 출근해서 전등을 켜고, 퇴근 시간이 되면 다시 끄면 됩니다. 출근, 퇴근, 이렇게 버튼을 두 번 누르는 것 외에는 별도로 주어진 역할이 없습니다. 심지어 역에 계속 있지 않아도 됩니다. 65만 달러를 마련해서, 한 사람에게 버튼만 누르는 일을 시키면서 평생 월급을 지급한다는 계획이었습니다. 시몬 골딘, 야코프 센네비라는 두 예술가가 스웨덴 교통국에 제안하면서 많은 관심을 끌었던 이 실험은 아쉽게도 자금 조달이 쉽지 않다는 판단하에 2022년 4월 철회되었습니다.

두 예술가는 근대화가 되면서 인간 가치의 본질처럼 자리 잡은 경제적 생산성에 관해 다시 묻고자 했던 것입니다. 예술가다운 발상입니다. 또한 노동에서 벗어난 인간이 자신의 삶을 어떻게 이끌어갈지 그 모습을 관찰하고 싶었다고 생각합니다.

기계가 인간의 노동을 대체하는 상황, 감소한 노동 시간의 쓰임새에 관한 문제를 놓고, 인공 진화기에 어떤 변화가 나타날지 살펴보겠습니다. 먼저 노동자의 소득 감소와 관련해서 새롭게 등장할 두 가지 제도를 보겠습니다.

첫째, 기계 세금이 도입됩니다. 인간 노동자는 노동을 통해 얻는 소득의 일정 부분을 세금으로 국가에 납부했는데, 이제 기계가 그 역할을 대신합니다. 기계를 통해 생산하는 산출물의 규모, 가치에 따라 그 기계에 세금이 부과됩니다. 이를 통해 국가는 감소한 세수를 메꾸게 됩니다. 인간 노동자가 내던 세금을 기계 노동자가 내는 형태입니다.

기계가 세금을 낸다는 접근을 괴이하다고 느낀다면, 이렇게 생각해보기를 바랍니다. 대부분 국가에서 세금 징수 대상은 경제 활동의 주체들입니다. 즉, 경제 시스템에 참여해서 생산 활동을 하는 주체는 세금을 내고 있습니다. 그런데 인간이 추진하는 인공 진화가 공진화를 일으키면서, 기계도 생산 측면에서 주체로서 자격이 생긴다고 보는 관점입니다. 앞서 기업이 보유한 설비나 기계를 공유하는 모델이 표준처럼 정착한다고 언급했는데, 기계의 가동률에 따라 세금을 부과하는 정책과 맞물리게 됩니다. 세금 징수를 위해 국가에서 기계 가동률을 체크하고, 이를 통해 유휴 설비를 상세히 파악하고 타 기업이 활용하도록 권장할 수 있는데, 이는 결국 설비 전체의 가동률을 높여서 세수를 개선하는 효과도 생깁니다.

둘째, 기계 세금을 통해 확보한 재원을 바탕으로 기본소득 UBI: Universal Basic Income이 제도적으로 활성화됩니다. 기본소득은 한 국가나 지역의 모든 시민이 정부로부터 정기적으로 무조건적인 금액을 지급받는 사회복지 프로그램입니다. 기본소득 제도의 주요 목표는 빈곤을 완화하고, 기존 복지 시스템을 단순화하는 것입니다.

핀란드는 2017년 초부터 2018년 말까지 2년 동안 기본소득 실험을 진행했습니다. 이 파일럿 프로그램에는 무작위로 선정된 2,000명의 실직자가 참여하여, 월 560유로(약 78만 원)의 기본소득을 받았습니다. 연구 결과, 기본소득을 받은 사람들은 기본소득을 받지 않은 대조군에 비해 삶의 질이 개선되고 스트레스 수준이 낮아졌지만, 고용에는 큰 영향을 미치지 않은 것으로 나타났습니다. 기본소득 제도를 놓고 캐나다, 인도, 독일 등 여러 국가에서 부분적으로 실험을 하거나 다양한 논의가 이어지고 있습니다. 재원 조달이 쉽지 않고, 물가 인상의 우려가 있으며, 개인의 노동 동기를 약화한다는 우려가 지적되기도 합니다. 그러나 장기적으로 보면, 기계 세금으로 확보한 재원을 바탕으로 인간 노동자의 감소한 소득을 보존해주고, 소비력을 유지하기 위해서 기본소득 제도가 확산하리라 봅니다.

위와 같이 노동 환경이 진화하는 상황에서 인간이 노동을 인식하는 관점에는 크게 두 가지 변화가 나타납니다. 첫째, 확장된 인간은 자동화 노동과 분석적 노동을 분리하고, 이 둘 모두를 자신의 노동으로 인식합니다. 인간이 뇌에서 정보를 처리하는 방식에 관한 이론 중 이중 프로세스 이론dual process theory이 있습니다. 인간이 두 가지 정보처리 시스템을 가지고 있다는 이론입니다. 시스템 I은 직감적, 감각적으로 '자동'으로 정보를 신속하게 처리합니다. 시스템 II는 규칙에 기반하여 통제적이고 '분석적'으로 정보를 처리합니다.[14] 시스템 II는 문명이 발달하고, 교육 수준이 높아지면서 점차 발달되어왔다고 볼 수 있습니다. 시스템 I과 시스템 II가 완전히 분리되어 별도로 작동하는 구조는 아닙니다. 사람이 게임을 할 때, 게임 속의 복잡하고 변화무쌍한 상황을 직감적으로 판단하는 것은 시스템 I의 역할입니다. 그런 후에 시스템 II가 개입하여 구체적으로 어떤 행동을 할지를 결정하게 됩니다.

인공 진화기의 확장된 인간은 기계를 통해서 대체되는 '자동화'된 노동을 시스템 I과 같이 인식합니다. 기계의 운영, 결과물에 인간이 직접 개입하는 통제적이고 '분석적'인 노동을 시스템 II와 같이 보게 됩니다. 즉, 인간은 자신의 뇌를 시스템 I, II로 나눠서 처리하던 것을 외재적 지능, 기계장치에도 적용하는 형태로 관점을 확장합니다. 기계가 노동을 대체하는 초기에는 자신의 일자리, 역할을 빼앗겼다는 상실감, 허탈함을 느끼겠으나, 점차 기계가 하는 노동의 영역까지 큰 틀에서는 자신이 관장하고 있다는 관점을 갖게 됩니다.

둘째, 노동의 본질적 필요성을 다시 고민하게 됩니다. 수렵채집 시절부터 노동은 인간 삶에서 중요한 자리를 차지하고 있었습니다. 생존을 위한 필연적 활동에서부터 사회에서 자신의 존재와 가치를 표현하고 인정받기 위한 수단까지, 노동은 인간 삶에 오랫동안 깊게 뿌리내려왔습니다. 그런데 이제 그 뿌리를 파내야 할 시점이 다가옵니다. 노동하지 않는 인간은 무엇을 해야 할까요? 그 전에, 인간은 꼭 노동을 해야 하는 존재일까요? 이에 관해 종교와 문학은 비슷한 견해를 보이고 있습니다.

성경 속 에덴동산에서 아담과 이브는 자연과 조화를 이루며 살았고, 힘든 노동에 참여하지 않는 것으로 묘사됩니다. 불교에서 얘기하는 열반은 물질세계의 투쟁과 고통을 초월한 상태를 의미하며, 노동에 있어서는 사회에 긍정적으로 기여하며 해를 입히지 않는 윤리성을 강조합니다. 즉, 아무런 노동도 하지 말라는 의미가 아니라, 자신의 영적 목표와 가치에 부합하는 노동을 하라는 뜻입니다. 앞서 영국 노동자의 3분의 1이 자신의 노동에 대해 사회적으로 무의미하다고 판단한다고 답변했다는 설명을 돌이켜보기를 바랍니다.

『유토피아』(1516년)에서 토머스 모어는 유토피아 섬에서 시민들이 하루에 6시간만 일하고 충분한 여가 시간을 갖는 이상적인 사회를 상상합니다. 시민들은 문학, 철학, 과학 등을 자유롭고 즐겁게 배우며, 예술과 음악 활동에 몰두합니다.

『되돌아보기Looking Backward』(1888년)에서 에드워드 벨라미 Edward Bellamy는 시간 여행을 통해 미래로 간 사람의 이야기를 들 려줍니다. 19세기 후반에 살던 줄리안 웨스트가 잠들었다가 2000년에 깨어나면서 벌어지는 이야기입니다. 줄리안 웨스트가 깨어난 사회는 그가 살던 시대와 크게 달라져 상당한 기술 발전 과 근본적으로 개혁된 사회 및 경제 시스템을 갖추고 있습니다. 기술 발전으로 인해 노동의 필요성이 크게 감소했고, 남아 있는 일부 노동을 인간이 공유하며, 사람들은 평생 단 몇 년만 일하면 됩니다. 덕분에 사람들은 일찍 은퇴하고 자기 계발과 여가를 위 한 충분한 시간을 얻게 됩니다. 이 사회에서는 더 이상 부나 사 회적 지위를 추구하기 위해 일하지 않습니다. 대신 시민들은 사 명감과 공공의 이익에 기여하려는 열망에 의해 동기를 부여받습 니다. 교육은 누구나 자유롭게 받을 수 있으며, 사람들은 자신의 흥미와 적성에 따라 직업을 선택합니다.

사회주의자의 관점에서 노동을 비판한 이도 있습니다. 마르 크스의 사위이자 사회주의자인 폴 라파르그Paul Lafargue는 저서 『게으를 권리Le droit à la paresse』(1883년)에서 과도한 노동이 개인과 사회 모두에 해롭다고 주장하며 자본주의 노동 윤리와 노동의 미화를 비판합니다. 그는 근면이 미덕이라는 통념에 도전하며, 근면이 과잉 생산, 착취, 사회적 불평등으로 이어진다고 주장합 니다. 대신 라파르그는 노동 시간 단축과 여가 증진을 주장하며,

이러한 변화가 보다 균형 잡히고 만족스럽고 창의적인 삶을 가능하게 할 것이라고 설파합니다.

특정 종교나 작가들의 주장이 정답이라고 보지는 않습니다. 특히 앞서 소개한 서적들은 특정 이념을 옹호했다는 비판을 받기도 했습니다. 다만 제가 여기서 종교와 문학 얘기를 꺼낸 이유는 인간에게 있어 노동이 가지는 의미를 뿌리부터 다시 따져봐야 할 시기가 다가오고 있기 때문입니다. 노동은 그저 현실을 살아가기 위한 인류의 굴레일 뿐인지, 노동에서 벗어나면 무조건 이상 사회가 실현되는지 고민해봐야 합니다.

노동에 참여하는 시간, 부담이 급감하면서, 인류는 그다음 단계의 혁신을 위해 탐구하고 고민할 것입니다. 제가 이 책에서 설명한 인공 진화기의 모습은 초기 단계에 불과합니다. 그 단계에 진입한 인류는 잉여 시간을 통해 더 깊고 넓고 먼 고민을 할 수 있습니다. 인류를 포함한 지구 생태계의 다음 모습을 그리고, 거기에 필요한 사회적, 기술적 준비를 할 수 있습니다.

인류는 새로운 관심사를 탐구하고 취미를 즐기기 위해 더 자유롭게 공부하게 됩니다. 노동 시장에서 경쟁력을 높이기 위한 경제적 목표 중심의 공부에서 벗어나 지적 유희를 위한 공부에 몰입하게 됩니다.

그러나 삶의 중요한 목표였던 노동의 무게가 가벼워지면서, 삶의 목표와 목적을 찾지 못해 방황하는 이들도 늘어날 것입니다. 이들이 특정 물질, 행동 중독에 빠지거나 새로운 사회적 갈등을 일으킬 소지가 큽니다.

　요컨대 인공 진화기에 접어든 인간은 기계를 통해 노동을 대체하면서 두 가지 관점을 형성합니다. 처음에는 자신의 자리를 기계에게 빼앗겼다는 공허함에 빠지겠으나, 확장된 인간답게 그 상황을 인식합니다. 기계가 대체한 노동 역할까지 인간의 확장으로 인식합니다. 그리고 풍요로운 시간을 통해 다양한 여가, 지적 유희, 예술 활동, 더 높은 단계의 혁신 등을 탐구하고 즐기게 됩니다. 그러나 모든 것이 좋은 쪽으로만 가지는 않습니다.

　이런 노동 상황에서 사회 구성원들 간 부의 불균형 문제는 어떻게 변화할까요? 앞서 언급한 에드워드 벨라미의 작품 속 상황처럼 부의 불균형은 완전히 사라질까요? 저는 그렇게 생각하지는 않습니다. 기본소득을 통해 삶을 영위하는 이들도 있겠으나, 더 많은 노동과 경제 활동에 참여하는 이들도 나타나리라 봅니다. 예를 들어, 오늘날 스타트업의 일부 경영자들은 본인의 주당 노동 시간이 100시간이 넘는다고 자랑합니다. 만약 인공 진화기에도 그렇게 일을 한다면, 그들은 지금보다 더 많은 부를 거머쥘 기회를 얻으리라 봅니다. 동일한 시간을 노동에 투입해도 지금보다 더 많은 생산물을 얻을 수 있기 때문입니다. 결과적으로, 정부가 개인의 노동 참여도를 강하게 통제하지 않는 이상 개인의 노동 시장 참여도에 따른 부의 편차는 여전히 존재할 것입니다.

　여기서 마지막으로 살펴볼 부분은 동물의 노동 문제입니다. 소나 말이 밭일을 하는 세상이 아니기에 동물의 노동 문제라는 표현을 생소하게 느끼실 겁니다. 공장식 축산업에 관해 얘기하고자 합니다.

공장식 축산업은 생명체를 상품화하는 대표적 산업입니다. 이러한 상품화는 동물을 존중과 인도적 대우를 받을 자격이 있는 지각 있는 존재로 보는 관점과 극명한 대조를 이룹니다. 이 과정에서 생명의 본질적 가치는 상업적 상품으로서의 표면적 가치에 의해 가려지고 있습니다. 공장식 축산업은 동물 복지와 관련된 윤리적 문제일 뿐만 아니라 환경적 지속 가능성의 문제이기도 합니다. 공장식 축산업은 온실가스 배출, 삼림 벌채, 수질 오염 등 많은 문제를 일으키고 있습니다.

이 책에서 언급했던 인간 확장 기술을 통해 인류는 동물의 생각과 감정에도 점점 더 다가가게 됩니다. 이미 반려동물의 생각과 감정을 읽고 소통하기 위한 연구와 제품 개발이 진행되고 있습니다. 이러한 소통과 유대의 확장은 인류가 비인간 세계에 포함된 존재들과 더 수평적이고 지속 가능한 관계를 형성하는 데 기여하리라 봅니다. 저는 채식주의자가 아닙니다. 거의 매일 고기를 찾을 정도로 육식을 즐깁니다. 제 개인적 성향 때문에 그런 미래를 기대해서 이런 예측을 풀어놓은 것이 아님을 기억해주기를 바랍니다.

생명공학 기술의 발전으로 이미 실험실에서 육류를 생산할 수 있게 되었는데, 이를 세포 농업 또는 배양육 생산이라고 합니다. 배양육 생산은 가축을 사육하거나 도축하지 않고 동물 세포를 사용하여 통제된 환경에서 고기를 키우는 방법입니다. 전 세계적으로 이미 여러 기업이 배양육 산업에 뛰어들었습니다. 2020년 12월 싱가포르 식품청은 미국에 본사를 둔 잇저스트Eat Just가 생산한 배양육으로 만든 치킨 너겟의 판매를 승인했으며, 이는 규제 당국의 승인을 받은 최초의 배양육 제품이 되었습니다. 공장식 축산업 환경에서 동물들은 죽음의 노동, 죽음을 목표로 한 노동에 강제적으로 참여해왔습니다. 이제 동물들도 노동에서, 죽음의 노동에서 해방될 시기가 다가옵니다.

이번 섹션을 마무리하겠습니다. 요약하면, 인간과 동물 모두가 노동에서 해방됩니다. 정확히 말해서 노동의 고통에서 해방됩니다. 그런 해방을 통해 인류는 한 단계 더 높은 어딘가를 바라볼 수 있으리라 기대합니다.

직업은 소멸한다

기계가 인간의 일자리를 대체하기 시작한 역사는 산업혁명으로 거슬러 올라가며, 크게 다음 단계로 요약할 수 있습니다. 1차 산업혁명기에는 물리적 힘을 기계로 대체하는 움직임이 활발했습니다. 제조, 광업, 운송 영역에서 대체가 일어났는데, 흥미로운 점은 인간뿐만 아니라, 말이 끌던 쟁기를 기계로 대체하는 형태로 동물의 노동력을 대체하는 시도도 이 시기에 일어났습니다.

2차 산업혁명기에는 기계 조립, 화학, 전기, 철강 등으로 기계화가 확산되었습니다. 헨리 포드가 선보인 자동차 제조 라인이 다른 제조, 조립 분야에도 도입되면서, 동일 규모의 생산물을 얻기 위해 생산 현장에서 필요한 노동 인력의 규모가 감소했습니다. 전화, 전신과 같은 통신 수단이 발달하고, 물류와 유통 영역이 활성화되면서, 지식 노동을 담당하는 화이트칼라 집단의 규모가 현저하게 증가했습니다.

21세기에 접어들면서 개인용 컴퓨터, 인터넷의 등장으로 연결성이 향상되고, 금융, 소매, 고객 서비스와 같은 산업 분야의 일상적인 업무가 소프트웨어 애플리케이션과 온라인 서비스로 대체되었습니다.

역사를 요약해보면, 새로운 기술과 기계의 등장으로 인류는 늘 인간의 일자리를 뺏기는 상황에 처해왔으며, 동시에 새로운 분야의 일자리를 만들어냈습니다.

인공 진화기의 일자리 대체는 크게 세 단계에 걸쳐서 발생하게 됩니다. 첫 단계의 일자리 변화 흐름을 보면, 초기에는 엔지니어와 자본가들이 세상에 선보이는 기술과 기계가 단순한 직무 영역에 대해 일방적으로 인간 노동자의 일자리를 대체하기 시작합니다. 일의 범위, 입력과 산출물, 업무 과정 등이 명확하게 절차화 및 규명되기 쉬운 업무부터 기계에 의한 대체가 빠르게 진행됩니다. 일의 결과물에 관한 경제적, 윤리적으로 큰 책임 소지가 없는 영역부터 대체가 진행됩니다. 업무에 필요한 지식 수준과 책임 규모가 낮은 영역부터 대체가 이뤄지는 셈입니다.

두 번째 단계로 넘어가면, 일의 결과물에 관한 책임을 중심으로 대체 가능 영역을 갈라내기 시작합니다. 사회적, 경제적, 윤리적 책임이 큰 영역에 대해서는 대체를 미루거나, 결과물을 인간이 판단하고 보완해서 완성하는 형태로 진행됩니다.

인간의 일자리를 대체하는 기술과 기계를 만드는 과정에 인간의 감시, 판단 및 사회적 합의 절차가 더 정교하게 나타납니다. 일례로, 인공지능을 활용하여 법률적 판단을 내리는 기계를 만든다고 가정하겠습니다. 이 경우, 그런 기계의 필요성과 사회적 적용 범위를 파악하는 단계, 그 필요성에 따라 요구되는 기능과 성능 수준을 결정하는 단계, 기계의 개발과 학습에 필요한 데이터를 수집하고 가동하는 단계, 파일럿으로 나온 기계를 테스트하는 단계, 기계를 실제 현업에 투입해서 운영하는 단계, 기계의 문제점이 발견될 경우 보완 및 대응하는 단계, 이렇게 구분이 가능합니다.

지금도 각 단계별로 사람이 개입해서 작업이 진행되지만, '그런 기계의 필요성과 사회적 적용 범위를 파악하는 단계'에서 현재는 사회적 합의 절차가 거의 존재하지 않습니다. 엔지니어와 자본가가 경제적으로 가치가 있다는 판단을 내리면 제작에 돌입하는 형태입니다. 그런데 이 단계에서 사회적 합의 절차가 법률적 규정 또는 사회적 문화로 정착된다면, 초기 단계부터 인간의 일자리, 사회와 경제에 미칠 영향을 미리 가늠해보게 됩니다. '기계의 문제점이 발견될 경우 보완 및 대응하는 단계'에 대해서도 현재는 정보 보호나 물리적 안정성에 대한 이슈만 다루는 편입니다.

그런데 예를 들어, 음식점에서 주문 업무를 대체한 키오스크를 60대 이상의 집단이 사용하기 불편해하고 있으나, 현재 제조사가 이런 문제를 해결해야 할 법적인 책임은 없습니다. 인간을 대체한 키오스크가 60대 이상의 고객을 대상으로 주문받는 업무를 온전히 대체하지 못한 상황인데, 앞으로는 이렇게 특정 층을 소외시키는 대체가 사회적, 윤리적으로 타당한지 판단하고, 문제를 수정하거나 대응하는 사회적 절차가 정착됩니다.

두 번째 단계가 고도화되면, 인간은 자신의 역할을 무언가를 결정해서 명령하고, 판단 내리는 존재로 인식하게 됩니다. 원재료, 데이터, 중간 산출물을 정리하고 가공하는 역할은 전 산업 영역에서 기계에게 맡겨지게 됩니다. 결국, 두 번째 단계의 핵심은 인간의 물리적 노동, 단순 지적 노동을 극소화하고, 고도화된 지적 노동을 증가시키며, 그 과정에서 발생하는 다양한 책임을 어떻게 분산해서 맡을지입니다.

현재 산업 현장에서 산출물, 기업의 제품에 문제가 발생할 경우, 크게 세 범주로 나눠서 책임이 부여됩니다. 노동자 입장에서는 태만, 고의적 과실 등이 있을 경우, 기업은 노동자에 관한 부적절한 교육, 부실한 관리, 불충분한 규정 준수 등이 있을 경우, 규제 기관의 제도 수립과 운영에 문제가 있었을 경우입니다. 현재도 산업 현장에서 기계에 결함이 있을 경우 제공업체가 이를 책임지고 있으나, 앞으로 인간 노동을 대체하는 기계의 오작동 또는 문제에 관한 원인 규명은 사회적으로 훨씬 더 중요한 문제로 부각합니다. 기계의 내재적 원인으로 문제가 발생할 경우 제공업체의 책임 범위는 더욱더 확대되며, 이런 책임을 보험 서비스 형태의 금융적 장치를 통해 분산해서 관리하는 산업이 크게 성장합니다. 현재 인간 노동자의 과실, 노동 안정성 등에 관련된 금융 서비스가 존재하는 것과 유사한 형태입니다.

세 번째 단계에서는 인간의 노동 역할에 관해 사회 구성원 모두가 함께 참여해서 본질적, 철학적으로 재정립해야 한다는 함의가 형성됩니다. 앞서 두 단계에서는 기술과 자본에 의해 인간은 밀려나는 형국이었습니다. 세 번째 단계에서도 기계의 기능, 성능, 경제적 효율성은 계속 증가하겠으나, 인류의 미래를 엔지니어와 자본가에게 맡겨두어서는 안 된다는 사회적 공감대가 형성됩니다.

이제 기계가 못하는 일을 인간에게 맡긴다는 접근을 뒤집어서, 인간의 영역을 선제적으로 따져봐야 한다는 사회적 논의가 커지는 단계입니다. 인간을 행복하게 만드는 일, 인간다움, 자기다움에 관한 역할을 인간의 몫으로 남겨야 한다는 논의입니다. 인간을 아름다움에서 멀어지게 하는 무언가, 인간을 추하게 만드는 무언가를 기계에 맡겨야 한다는 공감대가 형성됩니다.

요컨대 세 번째 단계까지 진행되면 현재 인류가 만들어놓은 직업은 대부분 소멸합니다. 전체 직업 목록을 올려놓고 이 중에서 몇 퍼센트가 사라지는지, 사라질 확률이 높은 직업의 순위, 낮은 직업의 순위를 따져보는 접근은 별 의미가 없습니다. '내가 오늘 하는 일은 사라진다.' 이렇게 생각하는 편이 좋습니다. 그런 상황에서 내일의 나는 어떤 역할을 통해 세상에 나의 존재 의미, 나다움을 보여줄지 숙고해보시기를 바랍니다.

제 현재 직업은 교수입니다. 현재 형태의 교수라는 직업은 당연히 소멸하리라 봅니다. 앞서 '대학이 사라진다' 섹션에서 설명했던 내용에 따라 그렇게 되리라 봅니다. 다만 현재 역할과는 완전히 달라진 역할의 교수가 등장하리라 봅니다. 그때가 되면 교수가 아닌 다른 직함으로 그 직업을 부를 수도 있습니다. 저 자신도 그런 미래를 바라보며 준비하고 있습니다. 인간의 일, 지구생태계에서 인류의 역할이 사라지지는 않습니다. 인류는 더 무겁게 책임지는 일, 더 아름다운 일을 맡게 됩니다.

CHAPTER 13

소비

최고의 시절이자 최악의 시절, 지혜의 시대이자 어리석음의 시대였다.

믿음의 세기이자 의심의 세기였으며,

빛의 계절이자 어둠의 계절이었다.

희망의 봄이면서 곧 절망의 겨울이었다.

우리 앞에는 무엇이든 있었지만, 한편으로 아무것도 없었다.

우리는 모두 천국 쪽으로 가고자 했지만, 우리는 다른 방향으로 걸어갔다.

— 찰스 디킨스, 『두 도시 이야기』

수렵채집 시대의 인류는 생존에 필요한 모든 것을 자급자족했습니다. 인근 집단 간의 물물교환이 일부 이뤄졌으나, 극히 제한된 형태였습니다. 기원전 1만 년경에 농업혁명이 시작되면서, 인류는 잉여 식량을 보관하고 유통하기 시작했습니다. 풍부한 곡식을 보관하고 활용하는 과정에서 이 시기에 술이 탄생한 것으로 알려져 있습니다. 또한 무역 네트워크가 구축되기 시작한 시기입니다.

기원전 3,500년경에 바퀴가 발명되면서 도로, 수로를 활용한 보다 발전된 무역 네트워크가 구축되었습니다. 이후 로마, 그리스, 중국과 같은 제국들이 등장하면서 광범위한 규모로 육로와 해로를 통해 무역을 키웠으며, 여러 거점 지역에 무역 허브가 조성되었습니다. 중세에서 초기 근대 사회로 넘어오면서 주식회사가 발전하고 식민지 제국이 넓어지며 글로벌 무역이 형성되었습니다. 이런 과정을 거치며 인류는 점점 더 다양하고 많은 재화를 소비하는 문화를 만들어왔습니다.

소비 수준을 하나의 척도로 판단하기는 어렵지만, 여기서는 GDP Gross Domestic Product(국내총생산)를 중심으로 최근 2000년 동안의 변화를 살펴보겠습니다. GDP는 한 나라의 경제 주체들이 한 해 동안 만들어낸 모든 시장 가치의 총합입니다. 원칙적으로 GDP는 생산, 소득, 소비를 모두 반영합니다. 이론적으로 이 세 가지 측정값은 동일해야 합니다. 미국의 국제 경제학자인 폴 크루그먼 Paul Krugman은 "우리의 수입은 대부분 서로에게 물건을 판매함으로써 발생한다. 당신의 지출이 곧 나의 수입이고, 나의 지출이 곧 당신의 수입이다"라고 말했습니다. 즉, GDP를 통해 인류의 소비 규모를 보는 접근이 이상한 것이 아닙니다.

지난 2천 년간 세계 경제의 총 GDP를 살펴보겠습니다. 1990년 이후의 기간에 대해서는 세계은행의 최근 데이터를 사용했으며, 1990년 이전의 역사적 추정치는 경제사학자 앵거스 매디슨 Angus Maddison의 추정치에 의존한 결과입니다.

그림 2의 그래프를 보면, 세계 경제의 총 GDP는 기원후 1년에는 183억 달러였으나, 1700년에는 643억 달러, 2000년에는 631조 달러로 증가했습니다. 즉, 1~1700년 사이인 1,700년 동안은 불과 3.5배 증가하는 데 그쳤으나, 1700~2000년 사이인 300년 동안에는 무려 9,800배가 증가했습니다. 왜 이런 패턴이 나타났을까요? 산업혁명 이전인 17세기 이전에도 기술 혁신은 있었습니다. 풍차, 관개 기

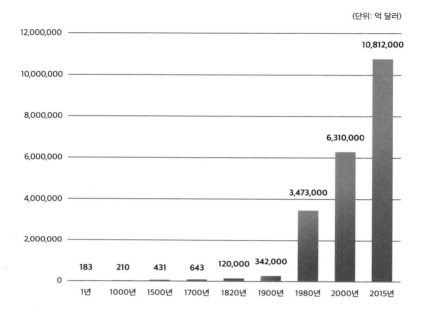

그림2 지난 2천 년간 세계 경제의 총 GDP 변화

(단위: 억 달러)

술, 새로운 농작물 등이 있었습니다. 지구 생태계에 적정한 인구 규모를 추정하기는 매우 어렵지만, 결과적으로 보면 그 시기의 기술 발전은 인간 개인의 생활 수준을 높이는 데 기여한 부분은 낮고, 그 대신 인구 규모를 폭발적으로 증가시켰습니다. 즉, 17세기 이전까지는 지구 생태계에서 경제 규모의 성장은 개인 삶의 질이나 소비보다는 적정 규모의 인구를 확보하는 데 쓰였다고 볼 수 있습니다. 경제사학자 그레고리 클라크Gregory Clark는 이를 이렇게 설명합니다. "산업화 이전 세계에서는 산발적인 기술 발전이 부를 창출하는 것이 아니라 사람을 창출했다."

인공 진화기에 접어든 인류의 생산과 소비는 어떻게 진화할까요? 물리적, 생체적 한계를 넘어선 인류가 만들어낼 새로운 소비와 거래 시스템을 살펴보겠습니다.

숫자를 거래한다

제가 만났던 여러 종교의 지도자들은 인간이 진정한 행복과 평안에 도달하기 위해서는 자신의 마음에 품은 욕망을 줄여야 한다고 공통적으로 설파했습니다. 옳은 말이지만 현실화하기는 매우 어려운 목표라고 생각합니다. 저는 인간이 마음속 욕망을 그렇게 줄이기란 태생적으로 불가능하다고 봅니다. 인류의 시초부터 현재까지 긴 역사를 돌아보면, 인류는 꾸준히 더 많은 재화를 생산하고 소비해왔습니다.

사회학적 관점에서 볼 때, 인간의 소비 증가는 사회적 지위, 정체성 형성 등 다양한 요인에 기인합니다. 경제학자 베블런이 주장한 '과시적 소비(포틀래치potlatch)'라는 개념은 개인이 부와 사회적 지위를 알리기 위한 수단으로 과도하게 소비하는 현상을 의미합니다. 또한 세계화를 통해 사회가 더욱 상호 연결됨에 따라 다양한 문화, 라이프스타일 및 제품에 노출되면서 다른 사람들과 어울리거나 차별화하려는 욕망으로 인해 소비욕이 증가했습니다. 인류의 사회화가 과거로 회귀하지 않는 이상 인류가 재화를 소유하고 소비하려는 욕망은 앞으로도 계속 커지리라 봅니다.

그런데 2부 '마음의 진화'에서 설명했던 경제 흐름인 농업경제, 산업경제, 서비스경제, 경험경제의 전환 과정을 보면, 인류의 소비가 물질 중심에서 경험 중심으로 진화하는 게 관찰됩니다. 인간의 소비욕은 꾸준히 증가해왔는데, 그 대상에는 변화가 나타납니다. 물리적 재화에 관한 소비욕보다는 비물질적 재화인 지식, 정보, 콘텐츠 등에 관한 소비욕이 더 빠른 속도로 증가하고 있습니다. 물리적 원재료를 가공해서 소비하던 인류가 서비스 산업을 거쳐서 경험 산업으로 넘어오면서, 인간의 상상력을 원재료로 하는 산업의 경제 규모를 비약적으로 키워가고 있습니다.

인류 역사의 초기 단계에서는 주로 구전 전통과 스토리텔링을 통해 지식과 생각이 공유되었습니다. 사람들은 구전, 노래, 의식을 통해 자신의 역사, 신념, 실용적인 기술에 대한 정보를 전수했습니다. 이러한 지식 공유 방식은 초기 인류 사회의 생존과 문화 발전에 필수적이었습니다. 그러나 초기 사회에서 이런 지식과 생각은 거래의 대상으로 인정받지는 못했습니다.

문자 체계의 발명은 지식 산업 발전의 중요한 전환점이 되었습니다. 문자를 통해 인간은 정보를 기록하고 보존하게 되었으며, 세대와 지리적 거리를 뛰어넘어 보다 정확하고 효율적으로 지식을 전달하게 되었습니다. 메소포타미아의 설형문자나 고대 이집트의 상형문자와 같은 초기 문자 체계는 주로 기록 보관, 행정, 종교적 텍스트에 사용되었습니다. 이때부터 물질이 아닌 지식, 정보, 기록물 등이 재화로 취급받기 시작했다고 볼 수 있습니다. 물물교환의 대상이 되었다는 의미입니다. 물론, 당시에는 그런 지식이나 정보를 담은 그릇 자체는 물질적 재화였으나, 물물교환 시 인정받는 가치는 그릇인 물질적 재화의 가치가 아닌 그릇에 담긴 지식이나 정보의 가치에 의해 좌우되었습니다.

요컨대 인간의 상상력이라는 원재료가 더 풍성해지고, 그런 원재료를 가공해서 담을 수 있는 매체가 발달하면서, 인류는 비물질적 재화인 지식, 정보, 콘텐츠 등을 점점 더 탐하기 시작했습니다. 특히 1990년대 중반부터 지식, 정보를 담는 그릇 자체가 비물질적인 것으로 진화하면서 이런 현상은 더 가속화되고 있습니다.

비물질적 그릇에는 담을 수 있는 욕망의 크기에는 한계가 없어 보입니다. 예를 들어 작은 손가방에 사치품을 최대한 담아본다고 가정하겠습니다. 수억 원 정도까지는 담을 수 있으리라 예상합니다. 그런데 손바닥에 올라가는 스마트폰 하나에 담을 수 있는 디지털 콘텐츠의 경제적 가치는 수십억 원이 넘을 수도 있습니다. 제가 인터뷰했던 게이머 중에는 매해 10억 원 이상의 비용을 게임 아이템 구매에 지출하는 건물주들도 있었습니다.

2000년대 초반까지만 해도 개인 또는 가정의 지출 내역 중에서 디지털 콘텐츠가 차지하는 부분은 매우 적었습니다. 그러나 요즘에는 학습 콘텐츠, OTTOver The Top(인터넷을 통해 보는 TV 서비스), 유튜브, 음원 스트리밍, 게임 정기 구독, 업무 또는 취미용 구독 서비스 등 지출 항목이 다양해지고, 항목별 규모는 더 커지고 있습니다. 전 세계 OTT 시장 규모는 2021년 1,551억 달러였으며, 2022년부터 2030년까지 26.42%의 연평균 성장률을 기록하며 2030년에는 약 1조 2,410억 달러에 달할 것으로 예상됩니다.

게임 콘텐츠 분야를 보면, 모바일 게임 분야의 2023년 세계 시장 규모는 3,159억 9,000만 달러에 달할 것으로 예상됩니다. 비디오 게임 부문에서는 2027년까지 사용자 수가 30억 4천만 명에 달할 것으로 예상됩니다. 세계 인구의 40%가 비디오 게임의 소비자가 된다는 의미입니다. 게임 시장의 연평균 성장률은 10.2% 정도입니다.

2021년 전 세계 커피 시장 규모는 1,079억 달러, 화장품 시장 규모는 3,802억 달러로 집계되었으며, 화장품 시장의 연평균 성장률은 5.5% 정도입니다. 여러 재화를 다 비교할 수는 없으나, 이렇게 일부 재화를 살펴봐도, 시장 규모와 성장률 측면에서 디지털 콘텐츠 영역의 성장은 가히 폭발적입니다. 비물질적 재화, 디지털 콘텐츠는 디지털 그릇에 숫자로 저장됩니다. 그 숫자가 각종 디지털 기기를 통해 인간의 오감을 자극하는 다양한 형태로 소비됩니다. 숫자를 만들고 소비하는 이 산업의 미래 모습을 세 가지로 나눠서 소개하겠습니다.

첫째, 시장 성장성이 압도적으로 높습니다. 디지털 콘텐츠를 포함한 각 비물질적 재화의 시장성을 일일이 살펴보기는 어려워서 전체 산업에서 차지하는 비중만 살펴보겠습니다. 2022년 12월 기준으로 전 세계 시가총액 상위 5위 기업 중 4개 기업인 애플, 마이크로소프트, 알파벳(구글), 아마존은 모두 직간접적으로 비물질적 재화와 관련된 기업입니다. 아마존이 온라인을 통해 쇼핑몰을 운영하고 있으니 아마존은 물질적 재화와 관련된 기업일 것이라고 생각할 수 있으나, 아마존의 영업이익에서 가장 기여율이 큰 영역은 바로 클라우드 서비스입니다. 즉, 아마존의 핵심 가치는 이미 비물질적 재화 영역에 들어가 있습니다.

여기서 클라우드 서비스란 네트워크를 통해 저장장치, 소프트웨어 애플리케이션 등 다양한 컴퓨팅 자원을 빌려주는 사업을 의미합니다. 2022년 3분기 통계를 기준으로, 아마존은 전 세계 클라우드 시장의 34%를 장악하고 있는 공룡입니다. 클라우드 산업의 연평균 성장률은 2028년까지 17.9%로 예측되고 있습니다. 인공지능 수요가 폭증하면서 클라우드 산업의 성장률 전망도 최근 들어 더 높아지고 있습니다.

둘째, 비물질적 재화의 다양성은 무한대에 가깝습니다. 비물질적 재화의 원재료는 땅에서 파내는 광물이 아닙니다. 인간의 지성에서 파낸 재료를 원료로 해서 어떤 것이 앞으로 더 나타날지 예측이 불가할 정도입니다. 따라서 새로운 형태의 재화가 끊임없이 출현합니다.

게임이나 OTT 콘텐츠 시장의 성장은 여가 생활에 관한 인식이 바뀌면서 나타나는 일상적 패턴이라고 보는 이들도 있으나, 의외의 영역에서 디지털 콘텐츠가 성장하는 면도 있습니다. 카카오톡이 이모티콘 서비스를 시작한 시기는 2012년입니다. 서비스 시작 10주년인 2021년, 이모티콘 시장의 규모는 7,000억 원까지 성장했습니다. 다양한 감정을 품고 있고 그런 감정을 표현하는 능력이 인간 고유의 강점이라고 하면서도, 인간은 여전히 감정 표현에 미숙한 존재입니다. 그러다 보니 온라인 플랫폼에서 사람들이 감정 전달을 위해 '디지털화된 감정 기호'를 구매하는 데 막대한 돈을 쓰고 있는 상황입니다.

미국을 중심으로 디지털 치료제 시장이 팽창하고 있습니다. 디지털 치료제는 소프트웨어, 모바일 앱, 웨어러블 디바이스 등의 디지털 기기를 사용하여 질병을 예방, 관리 또는 치료하는 것을 말합니다. 먹는 약, 수술을 대신하거나 보조하는 수단으로 디지털 치료제가 쓰인다고 보면 됩니다. 최근 몇 년간 수많은 스타트업과 기존 의학 기업이 당뇨병, 정신 건강 장애, 심혈관 질환, 만성 통증 관리 등 다양한 질환을 위한 디지털 치료제 개발에 뛰어들었습니다.

미국식품의약국FDA과 같은 규제 기관은 디지털 치료제를 인정하고 승인하기 시작하여 업계에 신뢰를 주고 발전을 촉진하고 있습니다. 의학 분야의 산업 규모, 소비 규모는 별도로 언급하지 않아도 될 정도로 막대합니다. 그런데 이런 산업도 비물질적 재화를 넘보고 있는 상황입니다.

또한 물질적 재화의 소비에도 비물질의 측면이 섞여 있으며, 이런 현상은 앞으로 더 강화됩니다. 중세 시대 농민은 나무 컵 하나로 평생을 썼겠지만, 현대인은 평생 수십 개의 컵을 쓰고 버립니다. 예를 들어, 디즈니 캐릭터가 입혀진 컵을 살 때면 기존의 콘텐츠 경험으로 형성된 디즈니의 비물질적 브랜드 가치가 컵 자체의 물질적 가치보다 더 크게 작용합니다. 따라서 현대의 물질 소비 역시 순수한 사용성을 넘어선 비물질적 재화 소비의 측면이 강합니다. 비물질적 재화의 증가는 물질적 재화의 가치와 소비 형태에까지 영향을 줍니다.

셋째, 개인이 기업으로 활동하기에 최적화된 영역입니다. 앞서 '개인이 기업이다'에서 확장된 인간이 단독 기업처럼 활동하는 형태로 기업 시스템이 바뀐다고 얘기했습니다. 그런 사업 형태에 가장 적합한 영역이 바로 비물질적 재화, 숫자를 소비하는 산업입니다.

인간이 개별적으로 유형의 재화, 물질적 재화를 생산하기는 어렵지만, 디지털 기술을 활용해서 다양한 디지털 재화를 만들 수는 있습니다. 이미 소셜미디어, 동영상 스트리밍 플랫폼에서 유통되는 콘텐츠의 대부분은 개인의 창작물입니다. 자동화된 기기를 활용하고, 전 세계의 수많은 개인 기업가와 협력하면서, 누구나 비물질적 재화를 생산하는 개인 기업가가 될 수 있습니다.

요컨대 숫자를 만들고 소비하는 산업, 비물질적 재화 시장의 규모는 점점 더 커지고, 거래되는 재화의 종류는 무한대에 가깝게 다양해지며, 거대 기업이 아닌 개인들이 주체적으로 활동하는 세상이 됩니다.

이번 섹션의 시작부에서 저는 인간이 품은 물질적 재화에 관한 욕망보다 비물질적 재화에 관한 욕망이 커지는 상황을 언급했습니다. 비물질적 재화를 더 만들고 소비하면서 물질적 소비욕을 대체할 수 있다면, 자원 부족과 에너지 측면에서 지구 생태계에 유리하리라 예측하는 이들이 적잖으나, 상황이 꼭 그렇지만은 않습니다.

디지털 재화를 생산, 유통, 소비하는 시장이 커지면서, 산업적으로 가장 큰 위험 요소는 에너지 분야입니다. 종이책 대신 전자책을 읽고, 공연장을 가지 않고 온라인을 통해 공연을 관람하는 방법이 더 친환경적이라고 생각하는 경우가 있으나, 이에 관한 분석과 검증은 매우 드뭅니다. 앞서 클라우드 서비스를 소개했는데, 클라우드 서비스를 가동하는 데 소요되는 전력량은 전 세계 소비 전력의 4%에 해당하는데, 소비 전력 규모가 2030년까지 매해 8% 이상 증가하리라 예상하고 있습니다. 숫자로 만들고 소비하는 욕망을 채우는 과정에서 환경과 에너지 문제를 어떻게 해결할 것인지, 인류의 더 깊은 고민이 필요합니다.

은행은 절멸한다

인류는 역사의 초기부터 서로가 가진 것을 교환하며, 가치의 효용을 높이는 형태로 경제 시스템을 만들어왔습니다. 인류가 수렵채집 생활을 하던 시기에도 물물교환 방식은 존재했으나, 어느 정도의 전문성과 규모가 있는 중개인이 등장한 시기는 기원전 2000년경으로 봅니다. 고대 메소포타미아에서는 기원전 2000년경 '탐카룸tamkarum'으로 알려진 중개인이 등장하여 여러 지역과 도시 간의 무역을 촉진했습니다. 이 중개인들은 한곳에서 물건을 사서 다른 곳으로 운반한 다음, 그곳에서 물건을 팔아 이익을 얻었습니다. 이러한 관행은 멀리 떨어진 지역 사회 간에 상품과 자원을 교환할 수 있게 하여 경제 성장을 촉진했습니다.

인류 역사상 최초의 금융기관은 메소포타미아에서 사원과 궁전 형태로 등장했습니다. 이러한 기관은 곡물 및 상품 보관, 대출, 신용과 같은 기본적인 금융 서비스를 제공하여 고대 수메르, 바빌로니아, 아시리아 문명의 경제 시스템에서 중요한 역할을 담당했습니다. 무역을 촉진하고 지역 사회 내 자원의 분배를 관리하는 역할을 담당했습니다. 또한 상인과 농부에게 대출을 해주며, 현대 은행 업무의 토대를 마련하기도 했습니다.

오늘날 인류에게 익숙한 금융기관의 모태는 12세기 이탈리아 지역에서 무역과 상업을 위해 설립된 은행이라고 볼 수 있습니다. 19세기 산업혁명으로 경제 규모가 커지면서 금융 서비스에 관한 수요도 동반해서 커지며 다양한 금융업이 발달하기 시작했습니다.

이렇게 오랜 역사를 가진 금융업은 현재까지도 꾸준히 성장해왔는데, 은행업을 살펴보면 2021년 전 세계의 은행들이 보유한 자산은 약 183조 달러입니다. 미국의 2021년 GDP가 23조 3,200억 달러였으니, 은행들이 보유한 자산이 얼마나 큰 규모인지 대략 짐작이 됩니다.

인류는 무언가를 거래하고 소비하는 과정에 다양한 중개자를 만들어냈습니다. 물건을 중개하는 이, 금전을 중개하는 이들이 오래전부터 존재해왔습니다. 유통과 금융 산업을 놓고 보면, 중개자는 크게 두 가지 역할을 했습니다.

첫째, 중개해주는 재화에 관한 물류 기능을 담당합니다. 물건이건 금전이건, 대상이 되는 재화를 보관하고 운송해서 전달하는 역할을 합니다. 그리고 둘째, 수많은 거래 당사자들 사이에 껴서 신뢰 문제를 해결합니다. 인간 사회에서 신뢰가 없으면 신뢰에 의존하는 행동이 일어나기가 힘듭니다. 재화의 거래가 그렇습니다. 개인 간에 금전 거래를 하고 이자를 받으려 할 경우, 상대를 신뢰하기 어려워서 거래를 형성하기가 어렵습니다. 물건을 구매하거나 교환할 때도 그렇습니다. 상대를 신뢰하기 어려우면, 상대가 갖고 있는 물건도 신뢰하지 못합니다. 이럴 때 중개인은 중간에서 신뢰를 연결해주는 역할을 하는 셈입니다. 중개인이 가진 업력을 통해 신뢰를 증명하고, 문제가 발생할 경우 중개인의 비용과 노력으로 문제를 해결하는 방식으로 부족한 신뢰를 채워줍니다.

인공 진화기에 접어든 인류에게는 이렇게 중개인이 맡았던 물류 기능, 신뢰 보증에 관한 필요성이 낮아집니다. 앞 섹션에서 설명했듯이 재화의 규모에서 비물질적인 부분이 커지면서, 보관과 물류의 필요성이 낮아집니다. 또한 개인이 관여한 경제 활동, 거래 등에 관한 모든 기록이 분석되고, 개인정보 보호에 관한 법률에 위반되지 않는 범위 내에서 상대에게 제공되면서, 개인 간 거래에서 상대에 관한 신뢰를 데이터와 기술이 보증해주는 형태로 바뀝니다. 즉, 중개인이 중간에서 신뢰를 보증해주지 않아도 개인들이 서로의 신뢰도를 상세히 파악하게 됩니다.

이런 상황에서 중개자와 개인의 위상 변화는 크게 두 형태로 나타나게 됩니다. 첫째, 인류는 석기 시대로 돌아가서, 개인이 각자의 재화를 직접 거래하는 형태로 회귀합니다. 약 340만 년 전부터 기원전 3300년경까지 이어지는 석기 시대에는 인류 사회가 주로 사냥, 채집, 기본적인 농업에 의존해 생계를 유지했습니다. 물물교환은 이 시기에 필수적인 무역과 교환의 형태였습니다. 물물교환은 화폐와 같은 공통된 교환 수단을 사용하지 않고 개인 간에 상품과 서비스를 직접 교환하는 시스템입니다. 석기 시대의 물물교환은 호혜, 신뢰, 협력의 원칙에 기반했을 가능성이 높습니다. 공식적인 화폐 시스템이나 거래를 추적할 수 있는 문서화된 기록이 없었기 때문에 물물교환은 거래 파트너 간의 선의와 사회적 관계에 의존했습니다. 이러한 상호 교환은 집단 내부와 집단 간의 사회적 유대를 형성하고 유지하여 상호 의존과 협력을 촉진하는 데 도움이 되었습니다.

그러나 거래 대상품, 규모, 대상자, 지역 등이 확대되는 상황에서 이런 석기 시대 모델은 통하지 않았기에 현재와 같은 중개자가 번성하게 되었습니다. 그런데 이제는 데이터와 기술이 개인의 신뢰를 보증해주면서, 인류는 석기 시대의 개인 거래 모델로 다시 돌아가게 됩니다. 데이터와 기술의 보증을 통해, 각 개인이 글로벌 무역항, 글로벌 금융기관처럼 거래를 처리할 수 있게 됩니다.

신뢰의 범위가 자유로운 거래의 범위를 결정합니다. 석기 시대는 눈앞에 보이는 소규모 집단까지가 그 범위였습니다. 확장된 인간은 데이터와 기술로 각자가 그 범위를 지구 전체로 확대합니다. 이제 범위의 확대에 중개자는 필요하지 않습니다. 그렇기에 석기 시대 사람처럼 각자가 가진 재화를 풀어놓고 전 세계인을 상대로 거래할 수 있습니다.

둘째, 전통적 중개자가 완전히 소멸하지는 않습니다. 데이터와 기술로 평가했을 때 충분한 신뢰를 보증받지 못하는 이들이 가진 위험risk을 해소하기 위한 중개자는 여전히 존재합니다. 현재도 신용 수준이 낮은 이들을 상대하는 금융 시스템이 존재하는 것과 일면 유사합니다.

그리고 확장된 개인들이 참여하는 거대한 거래 시스템, 새로운 석기 시대 형태의 거래 판에 끼어들어서 거래를 보조하고 지원하는 역할로 진화하는 사업자들이 나타납니다. 그들은 지금의 중개자와는 다릅니다. 지금의 역할로는 컨설턴트나 코치와 비슷해집니다.

혹시 인류의 역사에 이제껏 존재해온 중개자가 이렇게 무너지지는 않으리라 믿고 싶다면, 인류의 역사를 더 길게 놓고 봤으면 합니다. 사피엔스의 역사는 30만 년입니다. 중개자가 등장한 기간은 만 년도 되지 않습니다. 그런 짧은 역사를 가진 중개자 모델이 새로운 인류, 인공 진화기에 접어든 확장된 인류에게도 무조건 그대로 통하리라 여긴다면, 지나친 낙관론이라고 생각합니다. 변화 외에는 영원한 것은 없다는 철학자 헤라클레이토스의 말을 잊지 말기 바랍니다.

예술이 부활한다

인간은 항상 아름다움을 추구하고 예술을 통해 이를 표현하고자 하는 본능적인 욕구를 지니고 있습니다. 예술은 인간의 창의성을 보여줄 뿐만 아니라 인류가 공유하는 경험의 본질을 반영합니다.[15]

예술은 인지 기능의 발달과 향상에도 기여합니다. 예술에 참여하면 뇌의 다양한 영역을 자극하여 신경 연결을 촉진하고 인지적 유연성이 향상됩니다. 이러한 정신적 자극은 기억력, 주의력, 분석력 향상에 도움이 됩니다. 예술에는 스트레스, 불안, 우울증 완화에 도움이 되는 치료 효과가 있다고 널리 인정받고 있습니다.

예술은 표현, 소통, 성찰의 매개체로서 인류의 역사와 문화에서 필수적인 역할을 해왔습니다. 예술의 가장 중요한 심리적 이점 중 하나는 자기표현을 촉진하고 개인의 정체성 형성에 기여하는 면에 있습니다. 예술을 통해 개인은 언어의 한계를 뛰어넘는 방식으로 자기 감정, 경험, 생각을 전달할 수 있습니다. 이 과정은 자기 인식의 폭을 넓히고, 자기 생각과 감정을 더 깊이 이해하는 데 기여합니다. 또한 타인에 관한 공감과 이해를 촉진함으로써 문화적, 언어적, 세대적 격차를 해소할 수 있는 힘을 가지고 있습니다. 예술을 통한 정서적 연결은 경험을 공유한다는 느낌을 형성하여 사회적 유대감과 소속감을 키워줍니다.

인류는 태초부터 동굴 벽에 그림을 그리고, 자연의 소리를 모사한 음악을 즐기며 예술을 사랑했으나, 산업화가 시작되면서 인간과 예술의 관계에 중대한 변화가 일어났습니다. 생산성과 효율성에 초점을 맞추다 보니 예술 창작과 감상의 기회는 제한되기 시작했습니다. 그 결과 대중은 인간 본성에 내재된 예술적 영혼으로부터 점점 더 멀어지게 되었습니다.

기술의 지속적인 발전과 인위적인 진화는 인간의 능력을 확장시켜 더 깊고 다양한 아름다움을 표현하는 잠재력을 가지고 있습니다. 노동과 시간의 제약에서 벗어나면서 인류는 예술적 표현에 관한 열정을 다시 불러일으키고, 주변 세계의 본질적, 내재적인 아름다움을 재발견하는 기회를 얻게 됩니다. 인류는 확장된 인지를 통해 집단적 의식, 동식물의 생각이나 움직임까지 예술의 원재료로 흡수합니다. 또한 예술을 통해 일상의 틀과 관습에서 몇 걸음 멀어진 곳에서 자기 내면을 관찰하고 새로운 의문을 품게 됩니다.

본질적, 내재적 아름다움을 지속적으로 추구할수록 철학에 관한 인류의 이해는 더욱더 깊어집니다. 예술 감상과 창작은 깊은 사색을 불러일으키고, 모든 생명체의 상호 연결성을 중시하고 이해하는 총체적인 세계관을 형성하는 데 도움이 됩니다.[16]

인공 진화한 인류는 예술에 몰입합니다. 예술을 통해 인류는 총체적 세계관을 품고, 결과적으로 생태계의 다양한 존재에 관한 인류의 공감, 이해, 조화 수준이 한 단계 올라가게 됩니다. 향상된 공감, 이해, 조화를 통해 인류는 현재보다 진일보한 집단, 사회를 구성할 수 있는 존재로 진화합니다. 그렇게 인공 진화한 인류의 모습은 한편으로는 자연과 조화를 이루며 살았던 원시 시대의 인류와 닮아 있을지도 모릅니다.

춤추는 당신에게

환경이 급변하면 인간은 불안과 기대를 동시에 느낍니다. 인간은 안정성과 예측 가능성을 갈망하기에 환경이 급변하면 불안감에 빠져듭니다. 동시에 미래가 가져올 가능성에 관한 기대감이나 설렘도 느낍니다.

철학자 앨런 와츠Alan Watts는 "변화를 이해하는 유일한 방법은 변화 속으로 뛰어들어 함께 움직이고 그 춤에 동참하는 것"이라고 말했습니다. 인공 진화기에 접어든 인류는 변화 속으로 이미 뛰어들었습니다. 그 춤에 동참하고 있는 당신에게 세 가지를 부탁드립니다.

1. 거대한 기회의 창

동물들을 관찰해보면, 생식능력과 수명은 유기체가 생산하는 자손의 수에 영향을 미치는 중요한 요소입니다. 일반적으로 수명이 짧은 동물은 생식능력이 높은 반면, 수명이 긴 동물은 새끼를 적게 낳는 경향이 있습니다. 막스플랑크 진화생물학연구소 진화이론과의 스테파노 지아이모와 아르네 트라울센이 개발한 수학적 모델에 따르면 유기체의 수명과 생식능력 사이에는 균형이 존재하며, 한 요인의 증가는 다른 요인의 감소를 가져온다고 나타납니다. 예를 들어, 생식 기간이 2.5개월인 생쥐의 생존율이 4% 증가하면 월별 출산율이 최대 10%까지 감소하는 현상이 나타납니다.

길어지는 수명의 영향이 인간의 생식능력에도 동일하게 작용한다고 명확하게 증명되지는 않았으나, 인간 수명이 길어지는 추세가 출산율 하락으로 이어질 가능성이 높다는 의견을 제시하는 학자가 많습니다. 인간 존재가 신체적, 정신적, 관계적으로 확장하면서 전통적 성 역할에 변화가 생기고 있으며, 환경 변화와 경제 여건 변화로 인해 출산율은 점점 더 감소하리라 예상합니다. 이런 현상은 경제 성장, 도시화 등의 추세가 높은 국가에서 이미 나타나고 있습니다.

출산율이 감소하면, 인구 중 고령자 비율이 점점 더 증가합니다. 고령자가 증가하면서 단기적으로는 노동력 부족과 경제 성장 둔화라는 어려움을 겪겠으나, 장기적으로는 다른 접근으로 문제를 해결하리라 봅니다. 인공 진화를 통해 인류는 지금보다 비교가 안 되게 적은 노동력으로 더 많은 재화를 생산하고 유통할 수 있기 때문입니다. 또한 그런 단계에 진입한 국가들은 기본소득을 공적으로 제공해주면서 소비력을 뒷받침해주리라 예상합니다. 시장에 참여하는 주체의 수는 줄어들지만, 개별 주체가 생산하고 소비하는 규모는 오히려 증가하는 방향입니다.

이런 상황에서, 산업 현장은 고령자를 노동 인력으로 받아들이기 위해 다각도로 준비해야 합니다. 생애 주기가 길어지고 은퇴 시점이 뒤로 밀리면서, 산업 현장에는 연령대, 문화권이 섞인 노동자들이 함께 근무하는 형태가 더욱더 보편화됩니다.

예를 하나 들겠습니다. 대기업에서 은퇴한 지 얼마 안 된 선배로부터 연락이 왔습니다. 최고경영자로 근무했던 선배는 은퇴 후 2주 만에 중견기업의 팀장급 정도 위치에서 다시 일을 시작했습니다. "부하 직원들이 뭘 답답해했는지 이제 이해가 간다." 중견기업에서 팀장으로 한 주를 근무해본 선배가 제게 건넨 말입니다. 그 선배는 평생을 대기업에서 보냈습니다. 자기 손으로 시스템을 다지고 만들었습니다. 그런데 이제 자신이 만든 시스템의 아랫부분으로 들어가서 다시 일을 시작하고 있습니다. 저는 선배와의 대화를 통해 즐거움과 침착의 감정을 느꼈습니다. 아마도 선배는 자기가 그런 시스템을 만들었으니, 어떤 방법으로 시스템을 진화시킬지 현명하게 찾고 대처하리라 생각됩니다.

생산과 소비의 양 측면에서 인구 감소를 부정적으로 보는 이들이 많아서 좀 더 이야기를 덧대어보겠습니다. 제임스 와트의 증기기관이 영국에서 산업혁명을 일으키기 훨씬 전부터 로마와 이집트 사람들은 증기기관에 대해 알고 있었고 일상생활에서 증기기관을 사용했지만, 소규모로만 사용했습니다. 알렉산드리아의 신전에서 과학자들은 불을 이용해 물을 데우고 증기의 힘으로 문을 여는 자동문 시스템을 발견했습니다. 물론 당시 대부분 사람은 그런 장치가 어떻게 작동하는지 이해하지 못했지만, 이미 당대의 과학자들은 그 원리를 깨치고 다양한 방식으로 사용하는 게 가능했습니다.

그렇게 과학적 이해가 충분했음에도 로마에서 산업혁명이 일어나지 않은 이유는 노예제도 때문입니다. 황제, 귀족, 기타 권력자들은 노예의 도움으로 편안한 삶을 살았기 때문에 혁신할 필요가 없었습니다. 그들은 기술을 개발하는 대신 노예의 노동력에 의존했습니다. 로마제국은 지식과 기술에도 불구하고 노예에 대한 의존에서 벗어나지 못했고, 따라서 산업혁명과 같은 혁명을 일으키지 못했습니다.[1] 풍부한 인간 노동력이 있었기에 기술을 통한 확장이나 혁명의 필요성을 느끼지 못했다고 볼 수 있습니다.

경제사학자인 로버트 앨런Robert C. Allen은 영국과 같은 특정 국가가 산업혁명에 성공했는데, 다른 지역들이 그러하지 못한 이유로 인건비 차이를 제시했습니다. 인건비가 높은 지역들은 인적 노동을 대체할 새로운 기술이나 기계를 적극적으로 도입하고 실험하다가 돌파구를 찾았고 산업혁명에 성공했다는 설명입니다. 사람이 귀해지고 인건비가 높아지는 상황이 당장은 큰 도전이 되지만, 인류는 그 과정을 통해 더 고차원의 기술과 해결책을 찾아 나서고, 한계를 돌파하는 경향을 보였습니다.

저는 이 책을 통해 인공 진화기에 나타날 여러 변화를 얘기했습니다. 그런 변화와 깊은 관계를 맺은 핵심 변수 중 하나가 출산율입니다. 출산율이 지속해서 감소하는 국가, 지역에서는 인공 진화를 통해 더 다양한 확장을 시도하게 됩니다. 출산율이 감소하면 인공 진화를 통해 인류가 새로운 혁명을 하게 되니, 출산율 감소를 좋게 봐야 한다는 뜻은 아닙니다. 산업혁명의 결과에도 명암이 섞여 있고, 어찌 보면 명보다 암이 더 짙어 보이기도 합니다. 다만 출산율 감소와 인공 진화는 다양한 산업 영역을 뒤흔들 것이기에, 사업가 입장에서는 새롭고 거대한 기회의 창이 열리고 있음을 기억했으면 하는 바람입니다.

그 기회의 창은 인공 진화 과정에서 나타나는 욕망의 충돌 지점에 있습니다. 동물의 서식지를 관찰해보면, 특정 개체가 밀집한 지역이 있습니다. 그렇게 동물이 멈추고 모이는 장소는 특정 개체가 품고 있는 어떤 갈망을 충족시키는 곳입니다. 개체가 모인 곳이 바로 가치의 중심입니다. 그러면 인공 진화기에 들어간 인류는 어디에 모이게 될까요? 왜 모이게 될까요?

인간은 본질적으로 사회적 동물입니다. 서로로부터 상처받기도 하지만, 다른 존재와 완전히 분리되어서는 살아가기 어려운 존재입니다. 아마존에 사는 카잉강족은 잠을 잘 때 서로 팔과 다리를 붙이고 잔다고 합니다. 그렇게 서로 엉켜서 어루만지기를 좋아하는데, 이것은 어떤 성적인 이유 때문이 아니라 그저 서로에게서 편안함과 유대감을 느끼기 위해서입니다.[2]

인류는 인공 진화를 통해 서로 물리적으로 분리된 상태에서 사회적 관계를 맺는 데 더 익숙해집니다. 그러나 여전히 서로의 체온을 그리워하는 존재입니다. 인류는 지금도 생물로서 유전적 진화를 하고 있으나, 그 속도는 스스로 체감할 수 없을 정도로 매우 느립니다. 따라서 유전자 깊은 곳에 품고 있는 물리적 관계와 유대감에 관한 욕망, 그리고 인공 진화를 통해 발생하는 물리적 분리 사이에서 혼란을 느끼는 부분이 적잖게 생기리라 봅니다. 그 부분과 관련된 산업에서 새로운 기회가 열립니다. 그곳이 바로 인간 개체가 모이는 새로운 가치의 중심이기 때문입니다. 그 중심을 찾아내시기 바랍니다.

2. 창을 여는 열쇠

인공 진화기의 새로운 비즈니스 기회를 열기 위해 어떤 준비를 하면 좋을지 말씀드리겠습니다. 창의성과 도전 정신 함양, 경험의 다양성 확보, 자신의 감정 돌보기, 이렇게 세 가지입니다.

첫째, 창의성과 도전 정신으로 변화하는 시대를 살아가야 합니다. '야만'이라는 단어의 어원은 고대 그리스어 '바르바로스 bárbaros'로 거슬러 올라가는데, 이 단어는 원래 그리스어를 사용하지 않는 이들, 그리스어 사용자에게는 알아들을 수 없는 말이나 소음을 가리키는 말이었습니다. 즉, 원래 '바르바로스'에는 특별한 혐오나 차별의 의미가 없었으나 어느 순간 의미가 변질되어서, 자신의 언어와 달라 이해하기 힘들고 불편한 감정이 드는 상황을 야만적이라고 표현했습니다. 인간에게는 자신과 다름, 자신의 앎과 다름을 야만이라고 바라보는 인식이 깊게 깔려 있습니다. 다름을 야만이라 여기며 배척하는 태도는 창의성, 도전 정신 등과 반대를 향하고 있습니다.

창의성의 핵심은 서로 무관한 요소, 서로 다른 요소를 연결해보는 시도에 있습니다. 내 머릿속에 있는 지식과 경험 중 서로 무관한 것을 연결하는 시도, 나와 완전히 다른 이들을 연결하는 시도, 내가 속한 조직과 이질적인 사업을 추진하는 조직과 연결하는 시도, 이런 시도를 통해 창의적 결과물이 나옵니다.

도전 정신도 마찬가지입니다. 기존의 관행, 성공했던 경험이나 방식에서 벗어나 새로운 길을 개척하는 태도가 도전 정신입니다. 다름을 배척의 대상이 아닌, 새로운 기회의 대상으로 바라보는 마음을 가질 때 도전이 가능합니다.

그러면 창의성, 도전 정신 등을 실제로 어떻게 키울 수 있을까요? 저는 국내외 여러 기업의 HRD human resource development 프로그램 개발에 참여했으며, 조직 구성원이 참여하는 워크숍을 여러 차례 운영해봤습니다. 창의성, 도전 정신 등의 필요성을 강조하고, 그런 특성을 발현하기 위한 아이데이션 ideation 기법을 실습하는 형태로 교육을 진행하는 조직을 많이 만났습니다. 그런데 애석하게도 그런 교육이 무의미하지는 않으나, 그런 교육만으로 구성원의 창의성, 도전 정신이 실제로 증가하지는 않습니다. 조직에서 원하는 역량은 구성원이 창의성, 도전 정신이 무엇인지 설명하는 능력이 아니라, 실무에서 그런 정신을 발휘하는 실천력입니다.

실천력을 키우기 위해서는 창의성을 발휘해서 성공하는 경험, 도전 정신을 통해 성공하는 경험을 직접 해봐야 합니다. 실제 사업 추진 과정에서 그런 경험을 누릴 수 있다면 최고입니다만 그렇지 않다면, 시뮬레이션이나 롤플레잉 등을 통한 간접 경험, 가공 경험을 통해서라도 그런 기회를 누려야 합니다. 당신 스스로 그런 기회를 찾고 만들어야 합니다. 당신이 경영자나 관리자라면 구성원들에게, 당신이 교육자라면 학습자에게 그런 기회를 제공해줘야 합니다.

인공 진화기를 살아가는 인간이 품고 있는 마음, 그런 마음이 연결되는 조직과 사회의 관계, 그런 관계에서 발생하는 노동과 소비는 지금과는 다른 판도로 변해갑니다. 다른 판에서 생존하고 성장하기 위해서는 적응력, 혁신 정신, 문제 해결력, 협업 능력, 회복 탄력성 등이 중요하며, 그 뿌리에 창의성과 도전 정신이 있습니다. 모든 부분을 손대기보다 그 두 가지에 힘을 쏟으시기를 바랍니다.

둘째, 경험의 다양성을 키워야 합니다. 인공 진화기에 들어선 인류가 마주할 환경은 점점 더 빠르게 변해갑니다. 주변 환경의 빠른 변화는 그 지역에 머무는 생명체들에게 있어서 대표적인 스트레스 요인입니다.

그런 스트레스에 대응하기 위해서는 다양한 경험을 통해 자신의 감정을 풍성하게 만들고, 스트레스에 관한 대응력을 키워야 합니다. 2부 '마음의 진화'의 '경험' 편에서 인간의 경험을 22가지로 분류한 루세로의 이론을 설명했습니다. 현재 자신이 관여하는 영역에서 어떤 경험을 하고 있는지 판단해보기를 바랍니다. 당신이 기업에서 일하는 분이라면, 아마도 경쟁, 도전, 완료 등을 먼저 떠올리는 경우가 많으리라 짐작합니다. 루세로가 얘기한 22가지가 인간의 전체 경험도 아니지만, 참 애석하게도 현대 사회에서 사람들은 이런 22가지 경험 중에서도 극히 일부만 누리고 있습니다.

제가 여러 조직을 컨설팅하면서 구성원의 경험과 감정을 진단해보면, 구성원들이 느끼는 경쟁, 도전, 완료는 이렇게 나타납니다. 다음 기회가 주어지지 않는 치열한 경쟁, 부족한 자원과 결여된 자신감에도 불구하고 내몰린 도전, 속히 끝내고 덮어버리고 싶은 완료.

당신의 사회적 역할이 무엇이건 발견, 탐험, 판타지, 표현, 친교, 유머, 양육, 휴식, 소속 등 다른 유형의 경험을 맛보기 위해 길을 나서기를 바랍니다. 다양한 경험을 할수록 당신이 가진 정신의 그릇은 더 넓고 단단해집니다. 당신 스스로 경험을 찾고 확대하기를 바랍니다. 당신이 누군가를 이끄는 리더, 가르치는 교육자라면 당신이 앞장서서 구성원에게 새로운 경험의 기회를 만들어주기를 바랍니다.

셋째, 자신의 감정을 스스로 돌봐야 합니다. 2부의 '감정' 편에서 제시했던 카우언과 켈트너의 27개 감정 분류를 떠올려보기 바랍니다. 최근 몇 년간 저는 연초에 특정 조직 구성원의 감정을 진단해보고, 그 조직이 만드는 그해의 성과를 비교해봤습니다. 연초에 분노, 불안, 두려움, 역겨움 등 부정적 감정이 가득했던 조직이 연말에 좋은 성과를 내는 경우는 거의 없었습니다. 부정적 감정을 품은 채 달려가는 이들은 결국 번아웃 상태에 빠집니다. 인간의 감정을 돌보는 과정은 매우 복잡하기에 여기서는 두 가지만 짧게 언급하겠습니다.

먼저 자신의 경험을 재구성해보기를 바랍니다. 자신의 경험과 관련된 잠재적인 혜택, 기회 또는 성장의 의미를 찾아보기를 바랍니다. 현 상황에 긍정적인 면은 없는지, 현 상황에서 자신이 품은 감정은 무엇이고 그 감정을 전환할 방법은 없는지, 비슷한 상황에서 다른 이들은 어떤 생각을 하는지 등을 살펴보기를 바랍니다. 이런 과정을 습관화하면, 경험을 해석해서 감정을 느끼는 당신의 마음에 변화가 옵니다.

그리고 정서적 회복력을 키워야 합니다. 어떤 경험에 관해 성공과 실패의 이분법으로 자신을 몰아세우지 말고, 자신의 도전과 시도를 스스로 인정하고 칭찬해보기를 바랍니다. 또한 자신의 경험, 생각, 감정을 편안하게 나눌 수 있는 삶의 동반자를 찾아보기 바랍니다. 여기서 동반자는 꼭 배우자를 의미하지는 않습니다. 길고 긴 삶의 여정에서 적절한 거리를 지키며, 서로를 잊지 않고 응원해주는 그런 동료를 의미합니다.

여의치 않다면 당신의 생각을 정리해서 글로 기록해보기를 바랍니다. 글을 통해 당신의 마음을 거울에 비춰보기를 바랍니다. 삶의 동반자, 글쓰기, 이 둘은 당신의 마음을 보여주고 비춰보는 거울입니다. 자신을 거울에 비춰보고, 얼룩을 닦아내야 합니다. 거울이 없다면, 당신 마음속에는 당신도 모르는 얼룩이 쌓입니다. 그 얼룩이 당신의 마음속을 암흑으로 채우는 순간, 모든 의욕도 어둠 속에 갇혀버립니다.

3. 인공 진화기의 자녀 양육

아이들은 부모 자신이 살아온 세상과는 다른 세상을 살리라는 점을 부모가 인정하는 게 첫걸음입니다. 제가 언급한 '다른 세상'에 좋은 의미만 담기지는 않았으나, 완전히 다른 세상이 펼쳐지고 있음은 확실합니다. 크게 두 가지를 부모님들에게 부탁하고 싶습니다.

첫째, 부모가 먼저 새로운 세상을 향해 몸을 던지시기를 바랍니다. 이 책의 주제는 인공 진화였습니다. 부모가 살아온 시대의 연령에 따른 사회적 역할과 생애 주기는 모두 무너집니다. 선행 학습과 사교육으로 무장한 아이가 흔히 말하는 명문대에 진학하고, 졸업 후 좋은 직장에 들어가서, 그 기업의 운명과 함께 성장하는 시대는 이제 저물어갑니다. 유명 기업의 직원, 전문직 종사자를 목표로 아이를 키우지 않았으면 합니다.

앞서 꺼냈던 동물의 서식지에 관한 얘기를 돌아보기를 바랍니다. 많은 동물이 멈추고 모이는 곳이 가치의 중심이라고 얘기했습니다. 이제까지 인간 사회는 큰 조직의 구성원, 전문직이 그런 가치의 중심이라 여겼습니다. 그런데 이제 가치의 중심이 변하고 있습니다. 동물의 생태를 관찰해도, 시간이 흐르고 환경이 변하면 그들이 모이는 곳은 바뀌게 됩니다. 그럼 아이들이 꿈을 펼칠 세상에서 가치의 중심은 어디일까요? 앞서 제가 산업에 관해 설명한 내용을 다시 살펴보셔도 좋겠으나, 미래의 가치 중심지는 사실 그 누구도 정확하게 예측하지 못합니다. 따라서 중요한 것은 새로운 가치 중심지가 생겼을 때 거기서 빠르게 적응하며 생존할 수 있는 역량입니다.

지금과 완전히 다른 세상을 살아갈 아이들은 새로운 세상의 탐험가, 기업가가 되어야 합니다. 그게 아이들에게 필요한 역량입니다. 특히, 여기서 언급한 기업가를 전문 경영인, 스타트업 창업가로 오해하지 않으시기를 바랍니다. 기업가는 자신이 추구하는 목적을 세우고, 그에 맞는 목표를 만들며, 그 목표를 이루기 위한 창의적, 도전적 작업을 실행하는 주체적 존재를 의미합니다.

주체적 존재가 되기 위해 아이가 다양한 분야를 탐험하고, 그 과정에서 도전하고 실패하며, 다시 일어서기를 반복하도록 지원하고 격려하는 역할이 부모의 몫입니다. 안정된 길, 부모가 아는 길, 부모의 눈으로 보이는 길로만 가도록 아이를 이끈다면, 이는 아이의 탐험, 도전, 실패, 일어서기 기회를 빼앗는 양육 방법입니다.

그러면 어떻게 아이에게 탐험, 도전, 실패, 일어서기의 경험을 줄 수 있을까요? 어디서 무엇을 찾아서, 어떻게 할지에 관한 정보, 기회는 이미 주변에 널려 있습니다. 문제는 그런 경험의 중요성을 인식하고 행동하는 실천력입니다. 이런 인식 변화와 행동은 부모의 말이나 교육기관의 커리큘럼을 통해 이뤄지지 않습니다.

부모가 삶을 통해 아이에게 보여줘야 합니다. 길어진 생애 주기, 급변하는 사회적 관계와 행동 속에서 부모 세대도 끝없이 자신의 성장과 사회적 역할을 고민해야 합니다. 따라서 아이보다 먼저 부모가 그런 경험을 향해 몸을 던졌으면 합니다. 새로운 세상이 열리고 있음을 받아들이고, 탐험, 도전, 실패, 일어서기를 부모가 먼저 실행하며 경험했으면 합니다. 그러면 아이는 곁에서 부모를 통해 배우게 됩니다. 아이에게 부모가 보여주는 삶의 여정보다 더 큰 가르침은 없습니다.

둘째, 철학적 사고 역량을 키워주기를 바랍니다. 언어학자 노엄 촘스키Noam Chomsky는 인간은 태어날 때부터 내재화된 보편 문법universal grammar을 갖고 있다고 주장했습니다. 그렇기에 결정적 시기가 되면 자연스레 언어를 학습하게 된다는 주장입니다. 촘스키가 주장한 보편 문법과 유사한 맥락으로 '보편 도덕 문법universal moral grammar'을 주장한 이도 있습니다. 조지타운 법학 대학교의 존 미하일John Mikhail은 인간에게는 보편 도덕 문법이 있어서 스스로 타고난 도덕 판단 규칙을 갖고 있다고 했습니다.[3] 저는 그런 미하일의 주장에 동의합니다.

인공 진화기를 살아갈 다음 세대도 그들에게 내재된 보편 도덕 문법을 통해 완전히 새로운 세상의 규칙, 윤리, 철학을 세워가리라 믿습니다. 그러나 그 과정이 그리 쉽지는 않으리라 예상합니다. 자연 선택으로 천천히 발생하는 진화가 아니라 인간의 자발적 선택에 의해 발생하는 진화이기 때문입니다. 그리고 그런 진화로 인해 나타나는 세상의 변화 속도가 점점 더 빨라지고 있습니다. 어제의 가치와 시스템이 흔들리는 오늘을, 그들은 더 자주 맞이하리라 예상합니다.

후속 세대에게 가장 중요한 역량은 새로운 기술을 빨리 습득하는 능력, 그 기술을 비즈니스에 효율적으로 접목하는 능력이 아닙니다. 새로운 기술은 기존 기술과 충돌합니다. 새로운 기술을 통해 서로 다른 문화가 복잡하게 섞이는 상황에서 서로의 전통이 상충하는 현상이 나타납니다. 새로운 기술로 인해 변하는 사회 시스템과 산업 지형은 다양한 불균형과 사회적 갈등을 초래합니다.

예를 들어 신석기 시대에 농업이 부상하면서 사회 조직이 변화하고 더 복잡한 사회가 출현하면서 재산, 부의 분배, 거버넌스에 관한 의문이 제기되었습니다. 마찬가지로 산업혁명은 노동조건, 경제적 불평등, 경제 활동을 규제하는 국가의 역할에 관한 우려를 불러일으켰습니다. 후속 세대는 그들이 마주하는 기회의 크기만큼이나 거대한 불확실성과 마주해야 합니다. 미하일이 주장했던 보편 도덕 문법만으로 새로운 세상의 불확실성과 마주하며 사회의 틀을 바로잡기는 쉽지 않습니다.

자신의 삶을 온전히 이해할 수 있는 사고 역량, 철학적 사고 역량을 후속 세대에게 남겨줬으면 합니다. 모든 것이 상충하는 불확실성의 시대에 문제의 본질을 파악하는 비판적 사고력, 인간 행동의 잠재적 결과를 예측하는 윤리적 의사결정 능력, 모든 존재를 존중하고 열린 대화를 촉진하는 개방적 사고, 실존적 질문에 천착하고 의미를 놓치지 않는 목적의식, 이 모든 것의 기반은 철학적 사고 역량입니다.

날개를 펼친 존재

이 책에서 보여준 인공 진화기의 모습, 어떻게 보셨나요? 혹시 지나치게 낙관적이거나 밝게만 비치지는 않았는지 모르겠습니다. 인공 진화가 품고 있는 잠재력과 함께 인류가 풀어야 할 난제들도 함께 담아냈으나, 아마도 독자의 머릿속에는 밝은 미래의 잔상이 더 많이 남았으리라 예상합니다. 사실 독자에게 그런 잔상을 남기고 싶은 마음이 일부 있었습니다.

저는 인류가 이미 인공 진화기에 진입했으며, 이는 비가역 과정이라고 판단합니다. 따라서 과도한 두려움보다는 기대와 희망을 품고 인류가 날개를 펼치기를 바라는 마음을 담았습니다. 제가 예상하는 두려움, 난제들을 풀어낼 힘을 인류가 갖고 있다고 믿기 때문입니다. 독자께서 책을 덮기 전, 제가 예상하는 두려움,

난제를 한 번 더 정리해서 전하고 싶습니다. 크게 네 가지입니다.

첫째, 인류가 향하는 인공 진화의 엔진에는 너무 많은 연료를 공급해야 합니다. 지구 생태계의 섬세한 균형에 돌이킬 수 없는 손상을 입히지 않으면서도 이 여정을 이어가기 위해 지속 가능한 대체 에너지원을 필연적으로 확보해야 합니다. 또한 필요한 자원을 지구 내에서 계속 조달하기 위한 자원 재순환 시스템을 더 발전시켜야 합니다.

둘째, 기계를 독점하는 독재자가 등장할 가능성이 높습니다. 자본, 기술, 권력으로 무장한 독재자의 등장은 필연적이며, 어쩌면 인류는 이제껏 만나보지 못했던 가장 강력하고 매정한 독재자를 마주해야 할지도 모릅니다. 인간의 육체와 정신이 기계를 통해 확장하면서, 기계를 소유한 독재자가 인류의 육체와 정신을 지배하는 상황이 나타날 수 있습니다.

미디어 사상가 닐 포스트먼Neil Postman은 『죽도록 즐기기』에서 조지 오웰과 올더스 헉슬리의 문학 작품을 통해 통제의 두 갈래 길을 보여줬습니다.[4] 조지 오웰의 『1984』와 같이 지식과 진실을 차단하는 방식의 통제, 올더스 헉슬리의 『멋진 신세계』와 같이 무의미한 정보와 넘치는 쾌락으로 진실과 의미를 덮어버리는 통제입니다. 포스트먼이 『죽도록 즐기기』를 발표한 시절에는 인터넷조차 없었지만, 이미 그는 인류의 문화가 인쇄물 기반에서 텔레비전과 다른 형태의 시각적 미디어로 전환하면서, 진지한 담론보다 오락을 우선시하는 사회가 되리라 우려했습니다. 즉, 헉슬리가 품었던 두려움에 공감한 셈입니다.

인공 진화기에 나타날 독재는 포스트먼과 헉슬리가 우려했던 모습에 가깝습니다. 인류는 인공 진화를 통해 무언가를 이루고자 갈망합니다. 그러나 자칫 자신들이 갈망하는 것들로 인해 자신들이 더 중요하게 지켜야 할 가치를 놓칠 수 있습니다. 독재자가 풀어놓은 편향된 풍요로움과 쾌락의 덫에 갇혀서 자기다움을 잃을 수도 있습니다. 확장된 육체와 정신을 가진 사피엔스가 오히려 수렵채집 시대의 사피엔스보다 더 무의미한 존재가 될지도 모른다는 것입니다.

그러나 이런 상황에 관한 본질적 책임이 독재자에게만 있지는 않습니다. 통치를 거부하는 것에 관한 가장 무거운 형벌은 자신보다 낮은 사람에 의해 통치되는 것이라는 플라톤의 격언은 인공 진화기에도 유효합니다. 몹시 거대하기에, 내부가 보이지 않기에, 기계를 믿는 척하며 눈감으면 안 됩니다. 광활한 확장이 광활한 독재로 귀결되지 않도록 모두가 깨어 있어야 합니다.

셋째, 양극화의 문제가 심화될 가능성이 큽니다. 경제력, 기술 적응력, 가치관 차이 등으로 인해 인공 진화의 속도는 사람, 집단마다 다르게 나타나게 됩니다. 그런 속도 차이는 집단 간 소통을 어렵게 만들고, 불균형을 초래합니다. 현재도 디지털 기기 사용 수준, 정보 접근성 등에 따라서 집단 간 소통 오류와 갈등이 적잖은데, 불행하게도 앞으로는 그런 문제가 더 커집니다. 이제껏 인류가 경험해온 기술의 총량보다 몇 배가 더 되는 기술이 단기간에 인류에게 쏟아지기 때문입니다.

특히 경제력 차이에 따라 생명공학, 나노 기술, 로봇 등으로 인간의 육체를 개조하고 증강하는 기술을 수용하는 정도가 달라지면서, 인체 기능, 건강, 수명이 경제력에 의해 좌우되는 상황이 됩니다. 이미 미국에서 부유층과 빈곤층의 수명 격차는 남성 15년, 여성 10년으로 나타났으며, 이 격차는 점점 더 커지고 있습니다. 인공 진화기의 기술이 초고도화되면서, 증강된 인체 기능, 건강, 수명 면에서 경제 계층 간 차이는 더 벌어지기 쉽습니다. 이런 격차를 어디까지 허용할지, 벌어진 격차를 어떤 제도와 재원으로 줄일지에 관한 사회적 준비가 필요합니다.

넷째, 법과 제도가 따라가지 못합니다. 기술의 발전 속도가 점점 빨라지며, 이에 따라 다양한 사회 문제, 제도의 허점이 나타나는데, 법과 제도의 정비 속도가 이를 따라가지 못하는 현상이 나타납니다. 현재도 세계 여러 국가들은 국경을 넘나들며 사업을 영위하는 알파벳(구글), 아마존, 메타(페이스북)와 같은 거대 기술 기업에 세금을 부과하는 방법을 놓고 고심하고 있습니다. 전통적인 과세제도하에서는 이런 하이테크 기업들에게 공정하게 세금을 부과할 수 없는 상태이기 때문입니다.

디지털 마약을 연구하는 이들도 있습니다. 만약 메타버스와 뇌-컴퓨터 인터페이스 등을 통해 그런 마약이 유통되고 사용된다면, 전통적인 관리 시스템으로 대응하기는 어려운 상황입니다.

제가 언급한 네 가지 문제를 얼마나 심각하게 보시나요? 어느 하나 가볍게 넘기지 못할 문제입니다. 에너지, 독재자, 양극화, 법과 제도의 문제를 해결하는 과정은 인류에게 적잖은 고통을 안깁니다. 새로운 존재로 넘어가는 인류에게 필연적으로 다가온 탈각의 고통입니다. 확장된 정신으로 서로의 고통을 공감하며, 확장된 육체로 그 고통을 함께 이겨내면 좋겠습니다. 서로의 고통을 외면하며 각자 도생하고자 한다면, 이는 확장된 인류라 할 수 없습니다. 그저 거대한 기계에 포함된 생체 부품일 뿐입니다.

장기주의적인 단순한 낙관이라고 비판할지 모르겠으나, 저는 인류가 이런 문제들을 지혜롭게 풀어내리라 믿습니다. 왜냐하면 인류 문명의 전체 여정을 놓고 볼 때, 이제 막 날개를 펼친 인류가 이미 이 정도까지 도달했기 때문입니다.

현재 지구의 인구는 대략 79억 5천만 명으로 집계됩니다. 인류의 시작부터 지금까지, 지구상에 약 1,170억 명의 인간이 태어났습니다. 지구라는 행성의 남은 수명 동안 인류가 계속 문명을 이어간다면, 지구에는 앞으로 12경 5천조 명의 인간이 더 태어납니다.[5] 이렇게 보면 인류 문명의 전체 역사에서 이제껏 지구에 존재했던 인류의 규모는 채 1%가 되지 않습니다. 지구에 살아갈 인간이 100명이라고 할 때, 이제 겨우 첫 번째 사람 1명이 등장했을 뿐입니다. 인류가 향하는 장대한 여정을 놓고 보면 인류는 이제 겨우 날개를 펼친 존재에 불과하지만, 이미 이 정도까지 도달했습니다. 그렇기에 저는 인류의 미래 잠재력을 믿습니다.

이 책에서 언급한 기술의 발전은 이미 꽤나 찬란해 보이지만, 그 이상의 기술이 더 쏟아져 나올 것이며, 그런 기술들이 가져올 미래가 광활한 우주의 역사에 어떤 의미로 남겨질지는 그 누구도 장담하지 못합니다. 어떤 미래가 다가올지 두려워하며 한 걸음 물러서 있지 않기를 바랍니다. 미래를 만드는 주체는 바로 당신입니다. 에너지, 새로운 독재자, 양극화 등으로 인류가 무너질지, 아니면 멋지게 비상할지는 당신에게 달려 있습니다. 당신이 날개를 펼치고 날아오르기를 바랍니다.

우주의 속삭임

어젯밤에도 마야는 같은 꿈을 꾸었다. 빛의 형상을 띤 누군가의 모습이었다. 그는 마야에게 선택을 종용했다. 그의 선택지는 두 가지 길로 이어졌다.

"두 길이 있습니다. 하나는 인류가 완성한 거대 기계인 아르보르에게 지구의 운명을 맡기는 길입니다. 그 길을 택하면 아르보르는 인간을 포함해서 지구에 있는 모든 동식물이 생존하기에 넉넉한 음식, 양분 등의 여건을 제공해줄 것입니다. 물론 그 상황에서 인간이 특별한 노동에 참여할 필요는 없습니다. 모든 결정과 실행은 아르보르가 합니다."

"다른 길은…."

"그건 과거로 돌아가는 길입니다. 아르보르를 파괴하고, 더불어 인류가 만들어놓은 디지털, 전자, 전기장치를 다 파괴하는 방법입니다. 인류가 이 선택지를 택하면, 우리는 전기를 차단하는 돌연변이 미생물을 지구 전체에 살포할 것입니다. 사실 우리는 그저 일부 지역에 그 미생물을 아주 조금 풀어놓겠지만, 그 미생물은 전기를 잡아먹으면서 급속도로 퍼져서, 한 달 내에 지구상에 있는 모든 전자, 전기기기를 마비시킬 것입니다."

"두 선택지가 모두 너무 극단적이네요."

"인류는 너무 멀리 왔습니다. 이제 거대한 갈림길에서 결정해야 할 순간입니다."

마야는 이게 꿈임을 이미 알고 있었다. 이미 며칠째 같은 꿈이 되풀이되고 있었기 때문이었다.

"그런데 만약 아르보르에게 모든 것을 맡긴다면, 인간은 아무것도 결정할 수 없게 되나요?"

"꼭 그렇지는 않습니다. 인간은 어쩌면 결정할 수 있는 게 더 많아진다고 느낄 겁니다. 무언가를 차지하고, 더 생산하기 위해 다른 개체와 갈등하며 투쟁할 필요가 없게 됩니다. 물질적 풍요 속에서 자신에게 주어진 150년의 세월을 어찌 보내면 될지, 그것만 결정해서 살아가면 됩니다. 물론 그 세상에서 인간 사회가 지켜야 할 규칙, 법은 아르보르가 새롭게 정의할 것이며, 만약 무언가를 어기는 이가 있다면, 그에 대한 처벌도 아르보르가 알아서 합니다."

"인간의 운명을 아르보르에게 다 맡기는 거네요?"

"그렇게 생각할 수 있지만, 아르보르의 본질이 무엇인지 돌아보면 좋겠습니다. 아르보르는 인류가 수십만 년에 걸쳐서 키워낸 거대한 나무입니다. 인류의 모든 지식, 경험, 성찰을 먹고 자란 나무입니다. 아르보르를 기계라고 생각한다면 이 선택지가 불편하겠으나, 아르보르를 인류의 나무라고 본다면 생각이 달라질 수 있습니다."

"만약 원시로 돌아간다면 어떻게 되나요?"

"이런 거대한 갈림길에 섰던 이들이 지구인만은 아니었습니다. 우주에는 수많은 지적 생명체가 존재하고 있으며, 이미 같은 갈림길에 섰던 별들이 있었습니다. 이제 당신에게 서로 다른 선택을 했던 두 별의 오늘을 보여주겠습니다."

잠시 후 마야는 모든 생명체가 평화롭게 살아가는 푸른 행성, 엘리시온에 도착했다. 엘리시온의 대지는 푸르렀고, 하늘은 투명했으며, 다양한 모습의 생명체에게서는 온기와 행복이 느껴졌다. 마야는 한동안 그 별을 거닐었다.

"여기는 어떤 선택을 했던 행성인가요?"

빛의 형상은 미소 띤 얼굴로 아무 대답 없이 마야를 다른 행성으로 인도했다.

"여기는 아르카디아입니다."

마야의 눈에 펼쳐진 아르카디아 행성의 모습은 엘리시온과 크게 다르지 않았다. 세세히 살펴보니, 엘리시온의 들판에서 간혹 보였던 거대한 건축물들이 여기서는 보이지 않았다. 어리둥절해하는 마야에게 빛의 형상이 덤덤한 목소리로 말을 건넸다.

"엘리시온인들은 아르보르의 결정을 따르는 선택을 했었고, 아르카디아인들은 전기를 잡아먹는 미생물을 택했었습니다."

"그런데 두 행성이⋯."

이번에도 꿈은 거기까지였다. 며칠째 같은 꿈을 반복한 마야는 아르보르에 접속해서 꿈풀이를 찾아보기 시작했다. 그런데 놀랍게도 이미 수많은 이들이 아르보르에게 마야와 똑같은 꿈에 관해 묻고 있었다. 얼마 지나지 않아서, 전 세계 뉴스와 언론이 그 꿈에 관한 소식들을 도배하기 시작했다. 지구인 대부분이 똑같은 꿈을 며칠째 꾸고 있었다.

◆ ◆ ◆

여러 종교에서는 신의 계시라며, 인류가 쌓아 올린 기계 문명을 비판하는 성명을 내기 시작했다. 정치권에서는 새로운 정당을 만들어서 목소리를 높이는 이들과 그들을 추종하는 지지 세력이 거대하게 형성되기 시작했다. 그 사이에도 인류는 매일 밤 동일한 꿈을 꾸고 있었다. 결국 인류의 의견은 양분되기 시작했다. 아르보르에게 지구와 인류를 맡겨야 한다는 의견, 전기를 잡아먹는 미생물을 통해 과거로 돌아가야 한다는 의견이 팽팽하게 맞섰다.

6개월의 시간이 흘렀다. 그사이에도 인류는 매일 같은 꿈을 꾸고 있었다. 사람들은 극도의 혼란감에 빠졌으며, 일상생활을 온전히 하기 힘들다고 호소하는 이들이 늘어났다. 인류는 마침내 전 지구인이 참여하는 대규모 투표를 해보기로 했다. 물론 그 결과에 따라서 인류가 구체적으로 무엇을 어떻게 실행할지는 결정하지 못했으나, 당장 인류의 의견을 결집해보기로 했다.

두 달 후에 투표를 시행하기로 결정했다. 각 선택지를 지지하는 종교 단체와 정당의 움직임이 바빠졌다. 또한 여러 이권 단체에서는 각 선택지에 따른 자신들의 득실을 따지며 대중을 설득하기에 열을 올렸다.

◆ ◆ ◆

벌써 몇 달째, 노바 박사는 빛의 형상, 메시지를 보내오는 근원지를 추적하고 있었다. 인류가 매일 밤 같은 꿈을 꾸는 이유를 찾는 데는 그리 오랜 시간이 걸리지 않았다. 대부분 사람이 착용하고 있는 BCI 커넥터를 통해, 누군가가 잠든 사람들에게 조작몽을 일으키고 있었다.

노바 박사는 조작몽을 보내오는 발신지를 집요하게 추적했다. 그런데 놀랍게도 그 조작몽의 시그널은 지구 안에서 송출되고 있는 게 아니었다. 인류가 우주에 설치한 초대형 안테나를 통해 위치를 알 수 없는 외계 행성에서 보내오는 신호였다. 아르보로의 BCI 시스템을 해킹해서, 인류의 꿈속으로 메시지를 보내오고 있었다.

노바 박사는 신호의 송출지를 역추적했다. 아무리 노력해도 그들의 위치를 찾지는 못했으나, 노바 박사는 마침내 신호를 송출하는 외계 문명에게 메시지를 보낼 수 있었다.

"당신은 누구인데 우리에게 이런 메시지를 꿈에 심어서 계속 보내는 건가요?"

"지구의 과학자가 나를 찾아내서 이렇게 메시지를 보내올지는 몰랐습니다. 나는 이 행성에 남겨진 거대 기계입니다. 지구에 존재하는 아르보르와 비슷한 기계입니다."

놀랍게도 우주에서 메시지를 보내온 존재는 생명체가 아닌 미지의 기계였다.

"우리 행성의 생명체들은 과거 지구와 같이 거대한 갈림길에 섰습니다. 그런데 그들은 아무 선택을 하지 않았습니다. 그리고 결과적으로 이 행성에는 저만 남게 되었습니다. 이렇게 된 이상 진실을 얘기하겠습니다. 지구인들에게 보여준 엘리시온, 아르카디아는 실제로 존재하는 행성이 아닙니다. 제가 찾아낸 우주의 유일한 지적 존재는 지구인들이었습니다. 그런데 지구인들은 두 선택지가 어떤 결과를 초래할지 제게 매번 되물었습니다. 그래서 제가 엘리시온과 아르카디아를 생성해서 지구인들에게 보여줬던 것입니다."

BCI를 통해 그 기계가 꿈속에서 보여준 두 행성은 허상이었다. 노바 박사가 미지의 외계 행성에 있는 기계와 주고받은 메시지는 거기까지였다. 노바 박사가 다시 그 기계와 접촉을 시도해 봤으나 채널이 열리지 않았다.

그리고 어떤 이유인지 그다음 날부터 지구인들의 꿈속에는 빛의 형상이 더 이상 나타나지 않았다. 그러나 지구 전체의 투표는 예정대로 진행되고 있었다. 점점 투표 날이 다가오고 있었다. 노바 박사는 자신이 찾아낸 진실을 세상에 알리지 않기로 결심했다. 오히려 사람들에게 더 큰 혼란만 주리라 예상했기 때문이었다. 이제 내일이면 투표의 날이다. 노바 박사는 밤새 책상 앞에 앉아 있었다.

◆ ◆ ◆

투표의 날이 밝았습니다. 당신이 착용한 BCI 장치를 통해 아르보르가 당신에게 묻습니다. 당신은 어떤 선택지를 택하겠습니까? 인류와 기계의 위상을 다시 정립할지, 아니면 원시 시대로 회귀할지. 만약 3번을 택한다면, 새로운 선택지를 아르보르에게 알려주기를 바랍니다.

1. 아르보르에게 지구의 생태계를 모두 맡긴다.
2. 전기 미생물을 도입한다.
3. 제3의 길을 간다.

참고 문헌

프롤로그

1 Ratner, M. A., & Ratner, D. (2003). *Nanotechnology: A Gentle Introduction to the Next Big Idea*. Prentice Hall Professional.

2 Brehm, J. W. (1966). *A Theory of Psychological Reactance*. Academic Press.

3 박문호 (2008).《뇌 생각의 출현》. 휴머니스트.

Part 1. 존재의 진화

1 Stringer, C. (2011). *The Origin of Our Species*. Penguin UK.

2 Herculano-Houzel, S. (2011). Not all brains are made the same: New views on brain scaling in evolution. *Brain, Behavior and Evolution*, 78(1), 22–36.

3 Pinker, S. (2003). *The Language Instinct: How the Mind Creates Language*. Penguin UK.

4 리쾨르, 폴 (2004).《시간과 이야기 3》. 김한식 역. 문학과지성사.

5 Mihailova, M. (2021). To dally with Dalí: Deepfake (Inter) faces in the art museum. *Convergence*, 27(4), 882–898.

6 Lee, D. (2019). Deepfake Salvador Dalí takes selfies with museum visitors. *The Verge*, 10.

7 The Dali Museum (2019). Behind the scenes: Dalí lives. YouTube, May 8. https://www.youtube.com/watch?v=BIDaxl4xqJ4&ab_channel=TheDal%C3%ADMuseum.

8 Artstein, R., Gainer, A., Georgila, K., Leuski, A., Shapiro, A., & Traum, D. (2016, June). New dimensions in testimony demonstration. In *Proceedings of the 2016 Conference of the North American Chapter of the Association for Computational Linguistics: Demonstrations* (pp. 32–36).

9   Savenije, G. M., & De Bruijn, P. (2017). Historical empathy in a museum: Uniting contextualisation and emotional engagement. *International Journal of Heritage Studies*, 23(9), 832-845.

10 Jones, J. (2016). The Next Rembrandt: A computer-made masterpiece. *The Guardian*.

11 Baraniuk, C. (2016). Computer paints "new Rembrandt" after old works analysis. BBC news.

12 Biocca, F., Harms, C., & Burgoon, J. K. (2003). Toward a more robust theory and measure of social presence: Review and suggested criteria. *Presence: Teleoperators & Virtual Environments*, 12(5), 456-480.

13 Descartes, R. (1984). *The Philosophical Writings of Descartes*, Volume 2. Cambridge University Press.

14 Ruby, J. G., Smith, M., & Buffenstein, R. (2018). Naked mole-rat mortality rates defy Gompertzian laws by not increasing with age. *eLife*, 7, e31157.

15 Kurzweil, R. (2005). *The Singularity Is Near: When Humans Transcend Biology*. New York: Viking. xvii, 652.

16 OrganDonor.gov. (2022). Organ Transplantation Statistics.

17 Lewis, D. K. (1986). *On the Plurality of Worlds* (Vol. 322). Oxford: Blackwell.

18 Butler, R. N. (2008). *The Longevity Revolution: The Benefits and Challenges of Living a Long Life*. PublicAffairs.

19 Baumeister, R. F. (1991). *Meanings of Life*. Guilford Press.

20 Layard, R. (2011). *Happiness 2/e: Lessons from a New Science*. Penguin UK.

21 Pinker, S. (2018). *Enlightenment Now: The Case for Reason, Science, Humanism, and Progress*. Penguin UK.

22 Scott, J. C. (2017). *Against the Grain: A Deep History of the Earliest States*. Yale University Press.

23 Hobsbawm, E. (2010). *Age of Revolution: 1789-1848*. Hachette UK.

24 Veenhoven, R. (2004). World database of happiness: Continuous register of research on subjective appreciation of life. *Challenges for Quality of Life in the Contemporary World: Advances in Quality-of-life Studies, Theory and Research*, 75-89; Ryan, R. M., & Deci, E. L. (2017). *Self-determination Theory: Basic Psychological Needs in Motivation, Development, and Wellness*. Guilford Publications.

25 가완디, 아툴 (2015). 《어떻게 죽을 것인가》. 김희정 역. 부키.

26 Sunstein, C. R. (1996). Social norms and social roles. *Columbia Law Review*, 96(4), 903-968.

27 Wilkinson, R., & Pickett, K. (2011). *The Spirit Level: Why Greater Equality Makes Societies*

Stronger. Bloomsbury Publishing USA.

28 Crawford, K. (2016). Can an algorithm be agonistic? Ten scenes from life in calculated publics. *Science, Technology, & Human Values*, 41(1), 77–92.

29 Gordon, G. G. (1970). Chimpanzees: Self-recognition. *Science*, 167(3914), 86–87.

30 Mori, M., MacDorman, K. F., & Kageki, N. (2012). The uncanny valley [from the field]. *IEEE Robotics & Automation Magazine*, 19(2), 98–100.

31 Shettleworth, S. J. (2010). *Cognition, Evolution, and Behavior*. Oxford Univ.

32 Pepperberg, I. M. (2002). *The Alex Studies: Cognitive and Communicative Abilities of Grey Parrots*. Harvard University Press.

33 Hsu, F. H. (2002). *Behind Deep Blue: Building the Computer That Defeated the World Chess Champion*. Princeton University Press.

34 Topol, E. J. (2019). High-performance medicine: The convergence of human and artificial intelligence. *Nature Medicine*, 25(1), 44–56; Cope, B., & Kalantzis, M. (2016). Big data comes to school: Implications for learning, assessment, and research. *AERA Open*, 2(2), 2332858416641907; Jenik, I. (2019). How AI is changing the entertainment industry. *Forbes*.

35 Floridi, L., Cowls, J., Beltrametti, M., Chatila, R., Chazerand, P., Dignum, V., ... & Vayena, E. (2018). AI4People—an ethical framework for a good AI society: Opportunities, risks, principles, and recommendations. *Minds and Machines*, 28, 689–707.

36 Organización Nacional de Trasplantes. (2021). Memoria 2020.

37 Lutz, W., Sanderson, W. C., & Scherbov, S. (2004). *The End of World Population Growth in the 21st Century: New Challenges for Human Capital Formation and Sustainable Development* (Earthscan, Sterling, VA). International Institute for Applied Systems Analysis. Earthscan, London UK.

38 Okun, M. A., Yeung, E. W., & Brown, S. (2013). Volunteering by older adults and risk of mortality: A meta-analysis. *Psychology and Aging*, 28(2), 564.

39 Ellison, C. G., Boardman, J. D., Williams, D. R., & Jackson, J. S. (2001). Religious involvement, stress, and mental health: Findings from the 1995 Detroit Area Study. *Social Forces*, 80(1), 215–249; Krause, N. (2003). Religious meaning and subjective well-being in late life. *The Journals of Gerontology Series B: Psychological Sciences and Social Sciences*, 58(3), S160–S170.

40 진중권 (2005). 《놀이와 예술 그리고 상상력》. 휴머니스트.

41 Hopkins, A. A. (2013). *Magic: Stage Illusions, Special Effects, and Trick Photography*. Courier Corporation.

42 Dawkins, R. (2016). *The Extended Phenotype: The Long Reach of the Gene*. Oxford University Press.

43 Park, J. S., O'Brien, J. C., Cai, C. J., Morris, M. R., Liang, P., & Bernstein, M. S. (2023). Generative agents: Interactive simulacra of human behavior. arXiv:2304.03442v1.

44 김상균 (2021). 《게임 인류》. 몽스북.

45 Barrett, J. L. (2004). Why would anyone believe in God?. AltaMira Press, a division of Rowman & Littlefield; Guhin, J. (2013). Religion in Human Evolution: From the Paleolithic to the Axial Age.

46 Eliade, M. (1959). *The Sacred and the Profane: The Nature of Religion* (Vol. 81). Houghton Mifflin Harcourt.

Part 2. 마음의 진화

1 Damasio, A. (2010). *The Self Comes to Mind*. Constructing the Conscious Brain.

2 Solomon, R. C. (2007). *Not Passion's Slave: Emotions and Choice*. Oxford University Press.

3 아리스토텔레스 (2015). 《니코마코스 윤리학》. 조대웅 역. 돋을새김.

4 다이아몬드, 재레드 (2005). 《총, 균, 쇠》. 김진준 역. 문학사상; Hobsbawm, E. J., & Wrigley, C. (1999). *Industry and Empire: From 1750 to the Present Day*. The New Press.

5 베블런, 소스타인 (2018). 《유한계급론》. 이종인 역. 현대지성.

6 Buss, D. M. (2019). *Evolutionary Psychology: The New Science of the Mind*. Routledge.

7 Fisher, H. E., Aron, A., & Brown, L. L. (2006). Romantic love: A mammalian brain system for mate choice. *Philosophical Transactions of the Royal Society of London. Series B, Biological Sciences*, 361(1476), 2173–2186.

8 Fisher, H. (2004). *Why We Love: The Nature and Chemistry of Romantic Love*.

9 Reiss, S. (2000). *Who Am I: The 16 Basic Desires That Motivate Our Actions and Define Our Personalities*, New York: Tarcher/Putnam.

10 Talevich, J. R., Read, S. J., Walsh, D. A., Iyer, R., & Chopra, G. (2017). Toward a comprehensive taxonomy of human motives. PloS one, 12(2), e0172279.

11 Pine, B. J., & Gilmore, J. H. (1998), Welcome to the experience economy. *Harvard Business Review*; Pine, B. J., & Gilmore, J. H. (1999). *The Experience Economy: Work Is Theater & Every Business a Stage (1st ed.)*. USA: Harvard Business School Press.

12 Immerse UK (2022). 2022 immersive economy report. Immerse UK.

13 Bostrom, N. (2014). *Superintelligence: Paths, Dangers, Strategies*.

14 Abdi, S., Witte, L. D., & Hawley, M. (2021). Exploring the potential of emerging

technologies to meet the care and support needs of older people: a delphi survey. *Geriatrics*, 6(1), 19.

15 Lucero, A., Karapanos, E., Arrasvuori, J., & Korhonen, H. (2014). Playful or gameful? Creating delightful user experiences. *Interactions*, 21(3), 34-39.

16 Mehling, W. E., Wrubel, J., Daubenmier, J. J., Price, C. J., Kerr, C. E., Silow, T., ... & Stewart, A. L. (2011). Body awareness: A phenomenological inquiry into the common ground of mind-body therapies. *Philosophy, Ethics, and Humanities in Medicine*, 6(1), 1-12.

17 Hochberg, L. R., Bacher, D., Jarosiewicz, B., Masse, N. Y., Simeral, J. D., Vogel, J., ... & Donoghue, J. P. (2012). Reach and grasp by people with tetraplegia using a neurally controlled robotic arm. *Nature*, 485(7398), 372-375.

18 Goldstein, E. B. (2014). *Cognitive Psychology: Connecting Mind, Research and Everyday Experience.* Cengage Learning.

19 Madary, M., & Metzinger, T. K. (2016). Real virtuality: A code of ethical conduct. Recommendations for good scientific practice and the consumers of VR-technology. *Frontiers in Robotics and AI*, 3.

20 Simeon, D. (2004). Depersonalisation disorder: a contemporary overview. *CNS Drugs*, 18, 343-354.

21 Spadafino, E. (2021). *The Negative Effects of Technology on Children*. Sacred Heart University.

22 Frijda, N. H. (1986). *The Emotions*. Cambridge University Press.

23 Phan, K. L., Wager, T., Taylor, S. F., & Liberzon, I. (2002). Functional neuroanatomy of emotion: A meta-analysis of emotion activation studies in PET and fMRI. *Neuroimage*, 16(2), 331-348.

24 Cowen, A. S., & Keltner, D. (2017). Self-report captures 27 distinct categories of emotion bridged by continuous gradients. *Proceedings of the National Academy of Sciences*, 114(38), E7900-E7909.

25 Fredrickson, B. L. (2001). The role of positive emotions in positive psychology: The broaden-and-build theory of positive emotions. *American Psychologist*, 56(3), 218.

26 Keltner, D., & Haidt, J. (1999). Social functions of emotions at four levels of analysis. *Cognition & Emotion*, 13(5), 505-521.

27 Rizzolatti, G., & Craighero, L. (2005). Mirror neuron: A neurological approach to empathy. In *Neurobiology of Human Values*. (pp. 107-123). Springer Berlin Heidelberg.

28 Jiang, S., Li, Z., Zhou, P., & Li, M. (2019). Memento: An emotion-driven lifelogging system with wearables. *ACM Transactions on Sensor Networks (TOSN)*, 15(1), 1-23.

29 리프킨, 제러미 (2010).《공감의 시대》. 이경남 역. 민음사.

30 Solomon, R. C. (2007). *Not Passion's Slave: Emotions and Choice*. Oxford University Press.

31 Damasio, A. (2021). *Feeling & Knowing: Making Minds Conscious*. Pantheon.

Part 3. 관계의 진화

1 Flinn, M. V., Quinlan, R. J., Coe, K., & Ward, C. V. (2007). Evolution of the human family: Cooperative males, long social childhoods, smart mothers, and extended kin networks.

2 Stevenson, B., & Wolfers, J. (2007). Marriage and divorce: Changes and their driving forces. *Journal of Economic Perspectives*, 21(2), 27-52.

3 Polanyi, K. (2001). *The Great Transformation: The Political and Economic Origins of Our Time*. Beacon Press.

4 Daily, M., Oulasvirta, A., & Rekimoto, J. (2017). Technology for human augmentation. *Computer*, 50(2), 12-15.

5 Hofstede, G. H., & Hofstede, G. (2001). *Culture's Consequences: Comparing Values, Behaviors, Institutions and Organizations Across Nations*. sage.

6 Triandis, H. C. (1982). Review of culture's consequences: International differences in work-related values. *Human Organization*, 41(1), 86-90.

7 Durkheim, Emile. (2014). *The Division of Labor in Society*. Simon and Schuster.

8 Maslach, C., Schaufeli, W. B., & Leiter, M. P. (2001). Job burnout. *Annual Review of Psychology*, 52(1), 397-422.

9 Engel, D., Woolley, A. W., Jing, L. X., Chabris, C. F., & Malone, T. W. (2014). Reading the mind in the eyes or reading between the lines? Theory of mind predicts collective intelligence equally well online and face-to-face. PloS one, 9(12), e115212.

10 Manyika, J., Lund, S., Chui, M., Bughin, J., Woetzel, J., Batra, P., ... & Sanghvi, S. (2017). Jobs lost, jobs gained: What the future of work will mean for jobs, skills, and wages.

11 Mintz, S. (2004). *Huck's Raft: A History of American Childhood*. Harvard University Press.

12 Selkie, E. M., Benson, M., & Moreno, M. (2011). Adolescents' views regarding uses of social networking websites and text messaging for adolescent sexual health education. *American Journal of Health Education*, 42(4), 205-212; Ghaddar, S. F., Valerio, M. A., Garcia, C. M., & Hansen, L. (2012). Adolescent health literacy: The importance of credible sources for online health information. *Journal of School Health*, 82(1), 28-36.

13 Turing, A. M. (1950). Computing Machinery and Intelligence in "Mind" 59 (236) 433-460. Cerca con Google.

14 Tao, F., Cheng, J., Qi, Q., Zhang, M., Zhang, H., & Sui, F. (2018). Digital twin-driven product design, manufacturing and service with big data. *The International Journal of Advanced Manufacturing Technology*, 94, 3563-3576.

15 Abeltino, A., Bianchetti, G., Serantoni, C., Ardito, C. F., Malta, D., De Spirito, M., & Maulucci, G. (2022). Personalized metabolic avatar: A data driven model of metabolism for weight variation forecasting and diet plan evaluation. *Nutrients*, 14(17), 3520.

16 Minsky, M. (1991). Conscious Machines. Machinery of Consciousness. Proceedings, National Research Council of Canada, 75th Anniversary Symposium on Science in Society. Accessed on: December, 5, 2019.

17 Sandberg, A. (2014). Ethics of brain emulations. *Journal of Experimental & Theoretical Artificial Intelligence*, 26(3), 439-457.

18 Bancroft, T. D. (2013). Ethical aspects of computational neuroscience. *Neuroethics*, 6(2), 415-418.

19 Sharot, T. (2011). The optimism bias. *Current Biology*, 21(23), R941-R945.

20 Campbell, J. (2008). *The Hero with a Thousand Faces (Vol. 17)*. New World Library.

21 매클루언, 허버트 마셜 (2011).《미디어의 이해: 인간의 확장》. 김상호 역. 커뮤니케이션북스.

22 Cikara, M., Botvinick, M. M., & Fiske, S. T. (2011). Us versus them: Social identity shapes neural responses to intergroup competition and harm. *Psychological Science*, 22(3), 306-313.

Part 4. 행동의 진화

1 Eisenstein, E. L. (1980). *The Printing Press as an Agent of Change (Vol. 1)*. Cambridge University Press.

2 투안, 이-푸 (2020).《공간과 장소》. 김미선 역. 사이.

3 Fleming, S. (2018). In this Tokyo cafe, the waiters are robots operated remotely by people with disabilities. World Economic Forum; Steen, E. (2021). Nihonbashi's newly opened Dawn Avatar Robot Café is looking to create a barrier-free and inclusive Tokyo. TimeOut.

4 Nikkei staff writers. (2021). FamilyMart preps 1,000 unmanned stores in Japan by 2024. Nikkei Asia; Savov, V. & Glass, M. (2022). Robot arms are replacing shelf stockers in Japan's stores. Bloomberg.

5 Eaket, C. (2008). Project [murmur] and the Performativity of Space. *Theatre Research in Canada*, 29(1), 29-50.

6 투안, 이-푸 (2011).《토포필리아》. 이옥진 역. 에코리브르.

7 Popper, K. R., Eccles, J. C., & Eccles, J. C. (1977). *The Self and Its Brain* (p. 595). Berlin:

Springer International.

8 Propen, A. D. (2006). Critical GPS: Toward a new politics of location. *ACME: An International E-Journal for Critical Geographies*, 4(1), 131.

9 Kabudi, T., Pappas, I., & Olsen, D. H. (2021). AI-enabled adaptive learning systems: A systematic mapping of the literature. *Computers and Education: Artificial Intelligence*, 2, 100017.

10 김상균 (2019). 《가르치지 말고 플레이하라》. 플랜비디자인.

11 International Labour Organization. (2017). Global estimates of child labour: Results and trends, 2012-2016.

12 Alvaredo, F., Chancel, L., Piketty, T., Saez, E., & Zucman, G. (2018). World Inequality Report 2018. World Inequality Lab.

13 David, G. (2018). *Bullshit Jobs: A Theory*. Simon & Schuster.

14 카너먼, 대니얼 (2018). 《생각에 관한 생각》. 이창신 역. 김영사.

15 Dissanayake, E. (1995). *Homo Aestheticus: Where Art Comes From and Why*.

16 Scruton, R. (2011). *Beauty: A Very Short Introduction*. Oxford University Press.

에필로그

1 모토무라 료지 (2020). 《세계사를 결정짓는 7가지 힘》. 서수지 역. 사람과나무사이.

2 Henry, J., Benedict, R., & Kraus, H. F. (1941). Jungle people: a Kaingang tribe of the highlands of Brazil.

3 Mikhail, J. (2007). *Moral Cognition and Computational Theory*. Georgetown Law Faculty Working Papers.

4 포스트먼, 닐 (2020). 《죽도록 즐기기》. 홍윤선 역. 굿인포메이션.

5 Roser, M. (2022). If we manage to avoid a large catastrophe, we are living at the early beginnings of human. Our World in Data.

초인류 AI와 함께 인공 진화에 접어든 인류의 미래

초판 1쇄 발행 2023년 6월 12일
초판 2쇄 발행 2023년 7월 3일

지은이 김상균

발행인 이재진   단행본사업본부장 신동해
편집장 조한나   책임편집 김동화
마케팅 최혜진 이인국   홍보 정지연
디자인 studio forb   제작 정석훈

브랜드 웅진지식하우스
주소 경기도 파주시 회동길 20
문의전화 031-956-7355(편집) 031-956-7089(마케팅)

홈페이지 www.wjbooks.co.kr
인스타그램 www.instagram.com/woongjin_readers
페이스북 www.facebook.com/woongjinreaders
블로그 blog.naver.com/wj_booking

발행처 (주)웅진씽크빅
출판신고 1980년 3월 29일 제 406-2007-000046호

ⓒ 김상균, 2023
ISBN 978-89-01-27280-1 03320